Peters · Walldorf

Der Regenwurm — Lumbricus terrestris L.

Werner Peters · Volker Walldorf

# Der Regenwurm — Lumbricus terrestris L.

Eine Praktikumsanleitung

Quelle & Meyer Verlag
Heidelberg · Wiesbaden

Prof. Dr. Werner Peters
Dr. Volker Walldorf
Universität Düsseldorf
Institut für Zoologie II
Universitätsstr. 1
4000 Düsseldorf 1

**CIP-Kurztitelaufnahme der Deutschen Bibliothek**

*Peters, Werner:*

Der Regenwurm — Lumbricus terrestris L. : e. Praktikumsanleitung / Werner Peters ; Volker Walldorf. — Heidelberg ; Wiesbaden : Quelle und Meyer, 1986.
    ISBN 3-494-01124-9
NE: Walldorf, Volker:

Printed in Germany.
Gesamtherstellung: Pilger-Druckerei GmbH, Speyer

# Inhalt

# Vorwort

„Earthworms have played a most
important part in the history
of the world"

Darwin, 1881

Der Regenwurm ist seit langem schon ein sehr geeignetes Untersuchungsobjekt für
die Erarbeitung des Bauplans der Anneliden sowie zur Einführung in die Histologie oder verschiedene physiologische Themen. Die gleichmäßige Gliederung des
Körpers, die übersichtliche Anordnung der bei der Präparation leicht zugänglichen
Organe und die Vielfalt der an Hand dieses Objektes für Anfänger wie für Fortgeschrittene zu erarbeitenden Themen haben seine Bedeutung als Labortier auch im
Zeitalter der Molekularbiologie nicht gemindert. Bau und Leistungen des Regenwurms sind daher in zahlreichen Praktikumsbüchern sowie in Lehrbüchern verschiedenen Umfangs immer wieder beschrieben worden, so daß man sich fragen
muß, ob es denn notwendig sei, nun noch eine weitere Darstellung hinzuzufügen.

Auf Grund langjähriger Erfahrungen im Großpraktikum erscheint es uns wünschenswert, daß ein Band über den Regenwurm auf den Markt kommt. In einer
Zeit, in der eine zunehmende Verkürzung der Studienzeit und des morphologischen
Unterrichts angestrebt wird, hat auch ein besonders interessierter Student nicht
mehr die Zeit und Muße, in die Bibliothek zu gehen, um sich aus der Fülle der vorhandenen Literatur die gewünschten Informationen zusammenzutragen. Er braucht
ebenso wie der Kursleiter eine Zusammenstellung der wichtigsten Themen und eine
Literaturübersicht, die zwar nicht alle Einzelarbeiten berücksichtigt, aber Hinweise
auf die klassischen und neueren Arbeiten zu den behandelten Themen enthält, damit ein Nachlesen im Original doch eventuell möglich ist.

In der kurzen zur Verfügung stehenden Zeit ist eine so gründliche Untersuchung
des Regenwurms, wie sie hier beschrieben ist, gar nicht möglich. Es kommt daher
darauf an, eine Auswahl zu treffen und bestimmte Dinge gründlicher zu untersuchen, entsprechend den persönlichen Interessen, den Arbeitsschwerpunkten des In-
stituts, den technischen Möglichkeiten usw. Das Großpraktikum wird heute nicht
mehr ausschließlich als vergleichend-morphologisches Praktikum durchgeführt;
daher wurden auch physiologische und ökologische Aspekte berücksichtigt. Für die
Durchführung eines Blockpraktikums bietet sich dieses Objekt besonders an. Für
Lehrende und Lernende kommt es daher darauf an, eine möglichst vielseitig orien-
tierte Informationsquelle zu haben. Ebenso wichtig ist es, daß auch für diejenigen,
die außerhalb des Kursbetriebes ihre Kenntnisse vertiefen möchten, eine Quelle für
Anregungen und technische Hinweise geschaffen wird.

In der Literatur hat sich eine Fülle von Ergebnissen und Methoden angesammelt,
die in unserer schnellebigen Zeit zunehmend in Vergessenheit zu geraten drohen,
vor allem wenn es sich um ältere Arbeiten in schwer beschaffbaren Zeitschriften-
bänden handelt. Einiges davon auszugraben ist auch Aufgabe dieses Bandes.

Man kann in einer solchen Darstellung nicht mit dem enden, was Präparation
und Lichtmikroskop erkennen lassen, sondern sollte soweit wie möglich auch die
Ergebnisse elektronenmikroskopischer Untersuchungen berücksichtigen. Es kommt
darauf an, zu zeigen, daß die Untersuchung eines Tieres Stufe um Stufe, von einer
Größenordnung zur anderen und mit den verschiedensten, heute zur Verfügung stehenden Untersuchungsmethoden vorangetrieben werden muß – anders ausge-

7

drückt, daß man nicht ohne Vorkenntnisse aus dem makroskopischen Bereich mit Erfolg in den mikroskopischen, geschweige denn in den makromolekularen Bereich vordringen kann.

Es sollte aber keineswegs der Eindruck entstehen, daß die ganze Lichtmikroskopie überflüssig sei, da ihre Ergebnisse durch die Elektronenmikroskopie überholt seien. Vielmehr soll bei dieser Art der Darstellung klar werden, daß es hier um verschiedene Dimensionen geht, und daß beide Verfahren einander ergänzen müssen; ein Musterbeispiel hierfür ist die schräggestreifte Muskulatur des Regenwurms. Die Vielzahl der heute für lichtmikroskopische Untersuchungen zur Verfügung stehenden Techniken (Phasen- und Interferenzkontrast, Polarisation, Fluoreszenz usw.) kann eine Fülle von Informationen liefern, die in der ganz anderen Größenordnung, in der das Elektronenmikroskop arbeitet, nicht gewonnen werden können, oder durch die Elektronenmikroskopie erst sinnvoll ergänzt werden können. Es geht hier nicht um ein Entweder-Oder, wie der Anfänger leicht annimmt, sondern um eine sinnvolle Ergänzung.

In einem Zoologischen Großpraktikum sollte trotz aller Zeitnot und notwendigen Leistungskontrollen die Freude an persönlichen Entdeckungen nicht zu kurz kommen. Bei einer ganzen Reihe von Themen, wie etwa der Bewegungsweise des Regenwurms, sollte zunächst nicht der Text gelesen und anschließend eine Kontrolle seiner Richtigkeit durch eine Art Scheinbeobachtung erfolgen, sondern zunächst einmal eine sorgsame und unvoreingenommene Beobachtung und dann erst die Lektüre folgen. Dieses Verfahren schafft neben der Entdeckerfreude auch die bei späteren Forschungsarbeiten notwendige kritische Distanz gegenüber den eigenen Befunden durch den unmittelbar folgenden Vergleich mit den Ergebnissen anderer. Wesenberg-Lund (1939) schrieb hierzu im Vorwort zu seiner „Biologie der Süßwassertiere": „Ich habe stets das Studium einer Tiergruppe oder eines Problems mit so geringfügigem literarischen Ballast begonnen wie überhaupt möglich. Je weniger Wissen, desto größerer Friede bei den Studien, desto mehr Zeit, desto mehr Souveränität über Beobachtungen und Gedanken. Das literarische Studium wurde immer erst gegen Ende der Untersuchung eingesetzt ... Ob andere vor uns sie (Anm.: die biologischen Beobachtungen) schon angestellt haben, ist wissenschaftlich ganz ohne alle Bedeutung".

# 1. Systematische Stellung

„Am Fuß von einem Aussichtsturm
saß ganz erstarrt ein langer Wurm.
Doch plötzlich kommt die Sonn herfür,
erwärmt den Turm und auch das Tier.
Da fängt der Wurm sich an zu regen,
und Regenwurm heißt er deswegen.“

Heinz Erhardt

Innerhalb der Annelida wurden erstmals von Michaelsen (1909) diejenigen Formen zu einer Gruppe Clitellata vereinigt, die durch den Besitz einer sattel- oder ringförmigen drüsenreichen Partie der Epidermis, des Clitellums, ausgezeichnet sind: Oligochaeta und Hirudinea.

Innerhalb der Oligochaeta spielen die Arten der Familie Lumbricidae in den landwirtschaftlich genutzten Böden der Erde eine besonders wichtige Rolle. Sie haben zahlreiche abgeleitete Merkmale; daher nimmt man an, daß es sich um eine rezente Gruppe handelt. Die größten bodenbewohnenden Regenwürmer (Abb. 1) gehören nicht in diese Familie, sondern zu den nahe verwandten Megascolecidae; die in Australien vorkommende Art Megascolecides australis erreicht eine Länge von 2,5 – 3 m bei einem Durchmesser von 8 cm.

Für die systematische Gliederung der Familie Lumbricidae werden verwendet: Bau und Lagebeziehungen der einzelnen Teile des Geschlechtsapparats, Form und Anordnung der Borsten, die Differenzierungen der vorderen Darmabschnitte (Kalkdrüsen und Muskelmagen), die Pigmentierung, histologische Besonderheiten der Nephridien und der Längsmuskulatur, sowie neuerdings vor allem auch die Chromosomenzahlen (Omodeo, 1952, 1953, 1956). Etliche Arten sind verschieden hoch polyploid und pflanzen sich parthenogenetisch fort. In Deutschland sind 33 Arten der Familie Lumbricidae nachgewiesen (Füller, 1954); insgesamt gibt es etwa 220 Arten in dieser Familie (Cernosvitov und Evans, 1947).

Zu der in der ganzen Holarktis verbreiteten und weltweit verschleppten Gattung Lumbricus gehören insgesamt acht Arten, von denen sechs in Deutschland vorkommen. Ausführlichere Bestimmungstabellen stammen von Ude (1929), Wilcke (1949) und Graff (1953). Alle Arten gelten als diploid-amphigon, d. h. Parthenogenese ist in dieser Gattung nicht nachgewiesen. Die Chromosomenzahl beträgt n = 18 (Walsh, 1951).

Der Name Regenwurm geht nach Füller (1954) auf den althochdeutschen Namen regnwurm zurück; unsere Vorfahren wußten offensichtlich schon, daß diese Würmer nach stärkeren Regenfällen ihre Wohnröhren verlassen und auf dem Erdboden umherkriechen. Die englische Bezeichnung earthworm und der französische Name ver de terre beziehen sich dagegen auf den üblichen Aufenthalt der Tiere im Boden.

Der heute gültige Artname ist Lumbricus terrestris Linnaeus 1758; in der älteren Literatur findet man noch die Synonyme L. herculeus Savigny 1826 und L. agricola Hoffmeister 1845 (s. dazu Sims, 1973; Gates, 1973; Bouché, 1973; Brinck, 1973; Wilcke, 1974).

*Abb. 1:* a. Auf einer Darstellung von A. E. Clement aus dem frühen 19. Jahrhundert hat der Künstler vermutlich nach Reisebeschreibungen, aber wohl ohne eigene Anschauung gezeichnet, wie Riesenregenwürmer (Megascolecides australis Mc Coy) in Australien gefangen wurden (umgezeichnet von V. Walldorf).
b. Diese Zeichnung nach einer fotografischen Aufnahme aus Buchsbaum „Animals without backbones" zeigt, wie schwierig es ist, die bis zu 3 m langen, dünnen Riesenregenwürmer aus dem Boden zu ziehen (umgezeichnet von V. Walldorf).

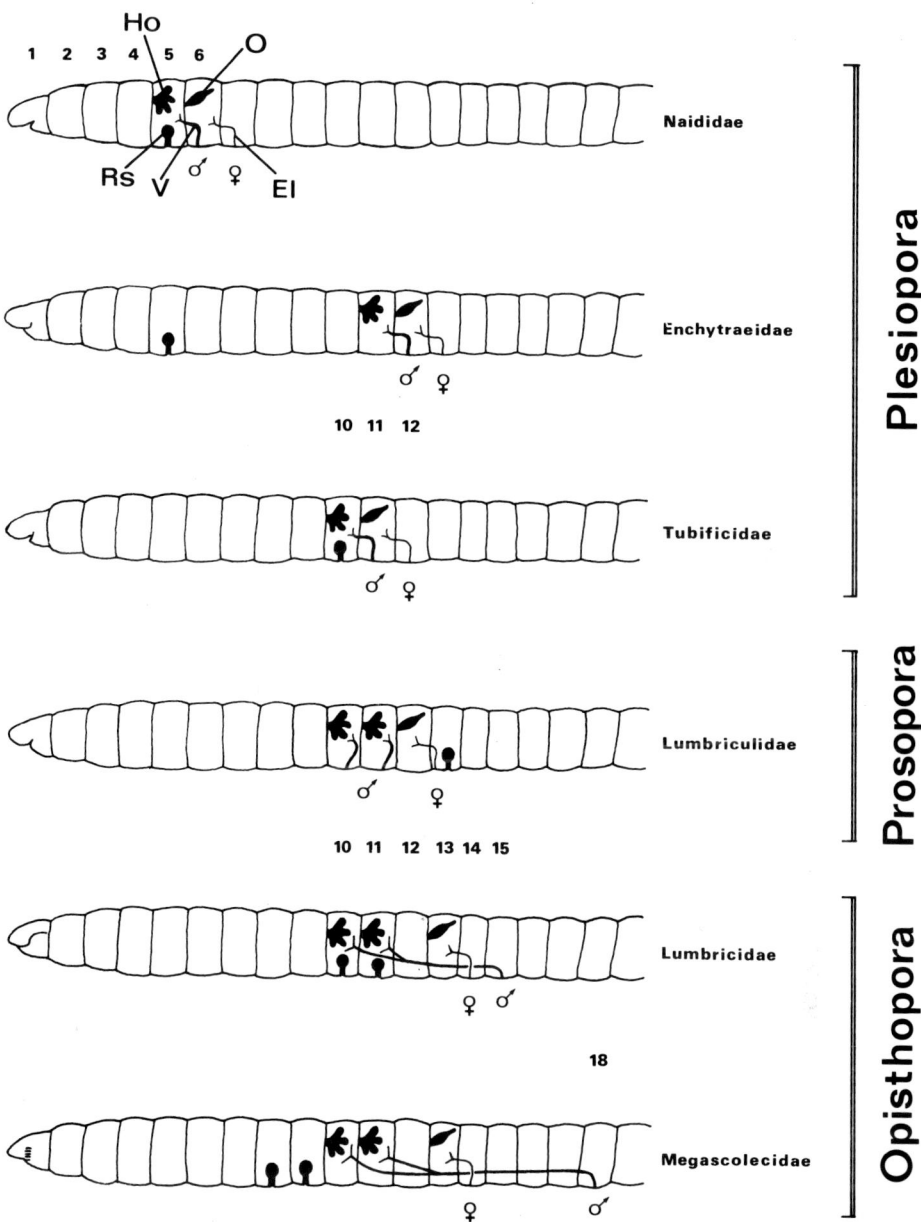

*Abb. 2:* Die Anordnung der Geschlechtsorgane ist bei den Oligochaeten recht verschieden und von besonderer Bedeutung für die Systematik. Hier sind als Beispiele für die Lagebezeichnungen der Geschlechtsorgane Vertreter einiger bekannter Familien aus den drei großen Gruppen herausgegriffen. Samenblasen, Eihälter und Clitellum sind weggelassen.
Ho Hoden, O Ovar, El Eileiter, Rs Receptaculum seminis, V Vas deferens oder Samenleiter.
Die ursprünglich relativ weit vorn liegenden Geschlechtsöffnungen (Plesiopora) liegen bei den landbewohnenden Formen, den Regenwürmern, viel weiter hinten: diese werden daher Opisthopora genannt. Während bei den ursprünglicheren wasserbewohnenden Formen die männliche Geschlechtsöffnung vor der weiblichen liegt, befindet sie sich bei den abgeleiteten Formen hinter der weiblichen Geschlechtsöffnung (verändert nach Avel, 1959).

# 2. Beschaffung und Hälterung von Regenwürmern

Regenwürmer kann man sammeln oder in Tierhandlungen und Fachgeschäften für Anglerbedarf kaufen. In beiden Fällen muß man sich darüber im klaren sein, daß „Regenwurm" ein Sammelausdruck für eine ganze Reihe von Arten im Boden lebender Lumbriciden ist, die sich in der Größe wie in mancherlei Baueigentümlichkeiten unterscheiden. Von Anglern wird Lumbricus terrestris L. als „Tauwurm", Lumbricus rubellus dagegen als „Regen-" oder „Laubwurm" bezeichnet. Eine weitere Art, die häufig als Versuchstier verwendet wird, Eisenia foetida, bezeichnet man auch als „Mistwurm", da sie in Mist- und Komposthaufen lebt; sie ist leicht an der hellroten Körperfärbung und dem penetranten Geruch zu erkennen.

Für die Bestimmung der einheimischen Regenwürmer eignen sich neben den Tabellen im Brohmer oder Stresemann vor allem die Arbeiten von Wilcke (1949) und Graff (1953).

In Praktika wird wegen seiner Größe ausschließlich Lumbricus terrestris verwendet. Diese Art hat ihre größte Aktivität während der wärmeren Jahreszeit in den frühen Nachtstunden. Die Tiere werden daher in warmen, feuchten Nächten auf Rasenflächen mit der Taschenlampe aufgespürt und vorsichtig aus ihren Röhren gezogen. Im Interesse einer Erhaltung unserer Bodenfauna soll hier von brutalen Sammelmethoden mit Stromstößen oder durch Berieseln der Sammelfläche mit bestimmten Chemikalien gar nicht erst berichtet werden.

Über Haltung und Zucht einheimischer Regenwürmer hat u. a. Ursula Meinhardt (1973) berichtet. Die Würmer können in Kunststoffschalen untergebracht werden, die mit gesiebter Erde (Maschenweite des Siebes 3 mm) vom Fundort gefüllt sind. Da die Regenwürmer stauende Nässe nicht vertragen, sollte der Boden eine mit Nylongaze gesicherte Öffnung erhalten. Die Behälter sollten im Dunkeln oder im Halbdunkel bei 10 – 15° C stehen; die Erde muß gleichmäßig feucht gehalten werden. Man kann auch rottendes Laub von Weiden, Pappeln, Linden usw. als Futter zugeben. Gekaufte, in Kunststoffbehältern längere Zeit im Kühlschrank aufbewahrte Regenwürmer sollte man vor dem Einsetzen in die Hälterschalen zunächst in eine Schale mit Wasser tun, damit sie sich von dem anhaftenden Schleim befreien können. In diesem Schleim sind nach Ursula Meinhardt (1973) wohl auch Exkrete angehäuft. Wenn die Würmer den Schleim abgestreift haben, werden ihre Schwimmbewegungen langsamer, und sie können in meist wesentlich vitalerem Zustand in die Hälterschalen gesetzt werden. Müssen die Würmer längere Zeit gehältert werden, oder strebt man eine Zucht an, so sind derartige, von Zeit zu Zeit erfolgende Bäder anscheinend sehr belebend für sie. Bei guter Pflege legt Lumbricus terrestris das ganze Jahr über Kokons ab, und zwar etwa vier bis sechs pro Monat (Ursula Meinhardt, 1973). Die schlecht sichtbaren, olivfarbenen, erdverkrusteten, 6 mm langen und 4 bis 5 mm breiten, zitronenförmigen Kokons werden am besten mit einem Sieb von 2 bis 3 mm Maschenweite ausgesiebt. Sie können zur Untersuchung der hier nicht beschriebenen Entwicklung des Regenwurms verwendet werden.

# 3. Beobachtungen am lebenden Tier

## 3.1 Normales peristaltisches Kriechen

Läßt man einen Wurm auf trockenem Filterpapier kriechen, so hört man deutlich ein raschelndes Geräusch, das von den Borsten verursacht wird. Will man im Unterricht die Kriech- und Fluchtbewegungen demonstrieren, so kann man den auf einem feuchten Stück Filterpapier befindlichen Wurm auf einen Tageslichtprojektor legen und ihn als Schattenriß an die Wand projizieren.

Das peristaltische Kriechen ist durch *Kontraktionswellen* gekennzeichnet, die von vorn nach hinten über den Körper laufen und durch das Wechselspiel von Ring- und Längsmuskulatur bedingt sind (Abb. 3). So lange der Wurm sich nicht bewegt, aber Kontakt zu der Unterlage hat, sind beide Muskelarten zumindest teilweise entspannt. Bei der Vorwärtsbewegung werden zunächst die Ringmuskeln der vorderen Segmente kontrahiert. Dadurch werden diese Segmente schlanker, und das Vorderende wird vorgestreckt. Die Welle von Kontraktionen der Ringmuskulatur wandert nach hinten über den Körper. Wenn die Kontraktionswelle etwa die Körpermitte (d. h. etwa das 60.–70. Segment) erreicht hat, entspannen sich die Ringmuskeln am Vorderende, und die Längsmuskeln beginnen sich hier zu kontrahieren. Die Folge ist eine Verdickung des Vorderendes. Auch in diesem Falle laufen die Kontraktionen und die damit verbundene Verdickung der Segmente wellenförmig nach hinten über den Körper. Sobald eine Kontraktionswelle etwa die Körpermitte erreicht hat, setzt am Vorderende eine erneute Kontraktion der Ringmuskeln ein. Wenn die Längsmuskeln maximal kontrahiert sind, liegt das betreffende Segment, oder richtiger die Gruppe von Segmenten mit gleichem maximalen Kontraktionszustand der Längsmuskulatur ruhig auf der Unterlage. Ein Zurückgleiten wird verhindert, indem die Körperborsten mit den an ihnen inserierenden Muskeln herausgestreckt und nach hinten gerichtet werden. Die Gruppe von Segmenten, die auf diese Weise Halt an der Unterlage findet, bildet eine Art „Fuß", der von den sich kontrahierenden benachbarten Segmenten als Widerlager verwendet werden kann. Ein Segment befindet sich gegenüber der Unterlage in Bewegung, wenn sich die Längsmuskulatur kontrahiert und wenn sie erschlafft; zur Ruhe gegenüber dem Boden kommt es nur in der Phase maximaler Kontraktion der Längsmuskulatur. Während der Entspannung der Längsmuskeln bewegt sich ein Segment mit zunehmender Geschwindigkeit vorwärts, bis die maximale Entspannung erreicht ist; die Borsten werden dabei wieder eingezogen. Bei der Kontraktion der Längsmuskeln nimmt hingegen die Bewegung des Segments gegenüber dem Boden ab, bis im Zustand maximaler Kontraktion der Ruhezustand erreicht und durch das Vorstrecken der Borsten Halt auf dem Boden gewonnen wird. Auf diese Weise kommen „Schritte" von 2–3 cm Länge zustande. Ein Bewegungszyklus dauert etwa 3–12 Sekunden (Gray und Lissmann, 1938; Seymor, 1969), d. h. pro Minute laufen 5–20 Kontraktionswellen über den Wurmkörper. Die Geschwindigkeit der Bewegung ist unter anderem auch temperaturabhängig; bei 35–36° C hört die Bewegung auf (Biedermann, 1904; v. Holst, 1933). Die miteinander abwechselnden Kontraktionen der Ring- und

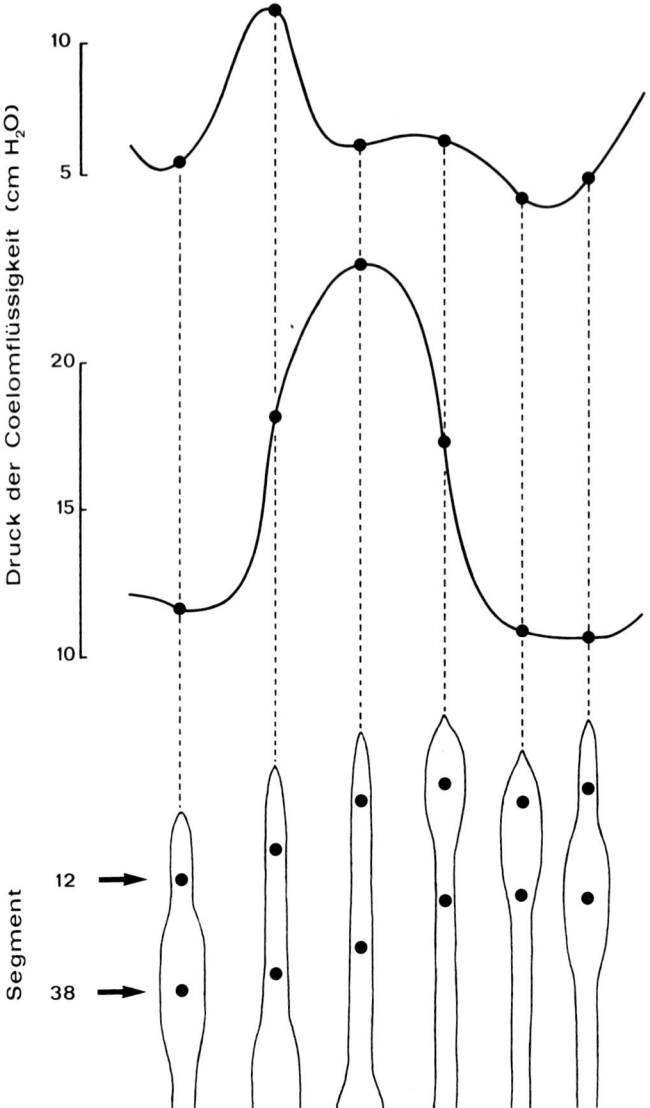

*Abb. 3:* Die Bedeutung der Coelomflüssigkeit als Hydroskelett und Antagonist der Längs- und Ringmusku-
latur wird durch diese Abbildung verständlicher. Im oberen Teil geben zwei Kurven den jeweils gleichzeitig
in den Segmenten 12 und 38 gemessenen Druck der Coelomflüssigkeit wieder, während im unteren Teil das
Vorderende eines Wurmes in der Aufsicht dargestellt ist; die Segmentgrenzen sind nicht eingezeichnet. Die
Lage der Segmente und die Formveränderungen während der abwechselnden Kontraktion von Ring- und
Längsmuskulatur sind angedeutet (verändert nach Seymor, 1969).

Längsmuskulatur führen beide zu einer Vorwärtsbewegung. Die Kontraktionswellen können auch schon vor Erreichen des Hinterendes auslaufen; dann wird das
Hinterende einfach passiv nachgeschleppt.

Das Abplatten des Hinterendes, das unter anderem nach schwacher Reizung des
Vorderendes auftritt, soll durch die Mitwirkung der Muskulatur der Dissepimente
zustande kommen, oder nach anderer Auffassung durch die schwache Ausbildung

der parietalen Muskulatur bedingt sein. Bei einer Reizung des Hinterendes kommt es fast nie zu antiperistaltischen Bewegungen, sondern lediglich zum Vorwärtskriechen oder bei stärkerer Reizung zu Zuckreflexen (Kap. 3.2.).

Muskeln können sich nur kontrahieren und entspannen, aber nicht strecken. Sie müssen beim Nachlassen der Kontraktion, d. h. beim Entspannen, durch *Antagonisten* wieder in die Ausgangslage zurückgebracht werden. Vertraut sind uns antagonistisch wirkende Muskeln, die an *starren Skeletten* bei Wirbeltieren, Arthropoden und Echinodermen ansetzen; ihre Wirkung wird durch Hebelwirkung verstärkt. An Stelle antagonistischer Muskeln können auch *elastische Elemente* die Rückführung eines Muskels in den Ausgangszustand bewirken. Beispiele hierfür sind die Mesogloea bei Medusen, das Ligament als Antagonist der Schalenschließmuskeln bei Muscheln und die Chorda bei Tunicaten und Branchiostoma. Bei weichhäutigen Tieren fungieren Flüssigkeitspolster als Antagonisten von Muskeln; sie werden seit Anfang der 50er Jahre als *hydrostatisches Skelett* oder kürzer als *Hydroskelett* bezeichnet. Flüssigkeiten haben ganz andere Eigenschaften als starre Skelette oder elastische Elemente. Sie sind praktisch nicht komprimierbar und übertragen Druck in alle Richtungen. Die Kontraktion eines Muskels veranlaßt daher alle übrigen Muskeln durch Kontraktion oder Entspannung zu reagieren. Anders als bei einem starren Skelett hat ein Muskel bei einem hydrostatischen Skelett nicht nur einen Antagonisten. Die antagonistischen Muskeln können gruppenweise angeordnet sein als Ring- und Längsmuskulatur in einem Hautmuskelschlauch wie bei Anneliden (Prinzip des Druckzylinders), oder räumlich voneinander getrennt sein wie bei den Ambulakralfüßchen der Echinodermen (Prinzip des Ausgleichsgefäßes). Ein hydrostatisches Skelett kommt unter anderem vor bei Anthozoen, Nemertinen (Ausstülpen des Rüssels), Nematoden (Schlängelbewegung), Muscheln (Vorstrecken des Fußes), Bryozoa (Ausstülpen des Polypids) und Anneliden. Es gibt auch Beispiele für die Kombination von festem und hydrostatischem Skelett bei primitiven Krebsen, Spinnen (Beinbewegung) und Schmetterlingen (Rüsselbewegung). Beim Regenwurm liegt eine Kombination von elastischen Elementen und hydrostatischem Skelett vor.

Seymor (1969) vermutet, daß die durch Kutikula und subepidermales Bindegewebe versteifte Körperwand als Antagonist der Ringmuskulatur mitwirkt; sie könnte wie eine Feder fungieren und bei der Kontraktion der Ringmuskulatur Energie speichern, die bei der Entspannung der Ringmuskeln frei wird und die Kontraktion der Längsmuskeln erleichtert.

Beim Regenwurm ist das Coelom — mit seiner als Hydroskelett fungierenden Flüssigkeit — kein einheitlicher, durchgehender Raum, sondern jedes Segment stellt eine Kammer dar, die gegen die benachbarten Segmente durch die Kontraktion von ringförmigen Muskeln (Sphinktern) in den Dissepimenten (Kap. 6.2.) abgeriegelt werden kann und im allgemeinen auch wird. Diese Abschottung läßt sich leicht zeigen, indem man Farblösung in das Coelom injiziert, z. B. 0,5% Methylenblau in Regenwurm-Ringerlösung.

Durch die Muskelkontraktionen wird bei der Fortbewegung ein *rhythmisch wechselnder Druck* in den einzelnen Coelomräumen erzeugt (Newell, 1950; Seymor, 1969). Im Ruhezustand beträgt der Druck durchschnittlich 0,26 cm $H_2O$. Bei der Kontraktion der Ringmuskulatur entsteht ein Druck von durchschnittlich 12 cm $H_2O$ und bei der Kontraktion der Längsmuskulatur von 7 cm $H_2O$.

Die Druckänderungen kann man verfolgen, wenn man eine feine Stahlkanüle durch die Körperwand eines Regenwurmes sticht und sie über einen dünnen Polyäthylenschlauch mit einem Transducer verbindet; diesen kann man an einen Schreiber anschließen und so kontinuierlich die Druckänderungen registrieren (Abb. 3)

Interessant ist in diesem Zusammenhang ein Vergleich mit einem im Meeresboden bohrenden Anneliden, Arenicola marina. Während Lumbricus ein segmental gekammertes Coelomsystem hat, dessen Kammern nur unter besonderen Umständen miteinander kommunizieren können, besitzt Arenicola durch den Wegfall der meisten Dissepimente einen praktisch ungeteilten, großen Coelomraum. Bei Arenicola findet man daher bei Druckmessungen, die gleichzeitig an verschiedenen Körperstellen erfolgen, gleiche Druckverhältnisse (Trueman, 1975). Bei Lumbricus erhält man dagegen sehr unterschiedliche Werte in Abhängigkeit vom Kontraktionszustand der Muskulatur des betreffenden Segments. Aber auch im Ruhezustand sind auffallende Unterschiede vorhanden. Das weitgehend ungekammerte System von Arenicola muß offenbar ständig unter Spannung gehalten werden, und so schwankt der Binnendruck um den relativ hohen Wert von 5 cm $H_2O$. Bei dem Kammersystem von Lumbricus mit seinem außerdem noch gegenüber Arenicola steiferen Hautmuskelschlauch ist ein solch hoher Druck im Ruhezustand anscheinend nicht erforderlich; der durchschnittliche Wert beträgt bei Lumbricus 0,26 cm $H_2O$ (Seymor, 1969).

Zwei einfache Versuche zur *nervösen Steuerung der Bewegungsvorgänge* beim Regenwurm sollen in deren Problematik einführen und zu weiterer Lektüre anregen:

1. Ein berühmt gewordener Versuch von Friedländer (1888) kann leicht durchgeführt werden. Man durchschneidet einen Regenwurm etwa in der Körpermitte und legt ihn auf feuchtes Filterpapier. Nach Abklingen des Operationsschocks bleiben die Hälften regungslos liegen. Verbindet man jedoch die beiden Stümpfe lose miteinander durch eine Fadenschlinge (Abb. 4a) und veranlaßt das vordere Teilstück, sich vorwärts zu bewegen, so übt es über die Fadenschlinge einen Zug auf das hintere Teilstück aus, das darauf mit einer Kontraktion der Ringmuskulatur reagiert; dieser folgt eine Kontraktion der Längsmuskeln usw. Friedländer schloß daraus, daß eine Kette von Reaktionen der einzelnen Segmente vorliegt. Die Bewegung eines Segments soll durch Dehnung des nachfolgenden einen Reflex auslösen, der zur Konzentration dieses Segments führt. So soll eine Reflexkette der einzelnen Segmente die peristaltische Fortbewegung veranlassen. Offensichtlich sind für die Auslösung von Kontraktionen Propriorezeptoren, die auf Dehnung ansprechen, sowie Rezeptoren verantwortlich, die Berührungsreize wahrnehmen. Das läßt sich dadurch zeigen, daß man die beiden durch eine Fadenschlinge verbundenen Wurmhälften nicht auf einer rauhen Unterlage, sondern auf einer glatten Fläche, etwa einer Glasscheibe, kriechen läßt. Bei glatter Unterlage hören die Kontraktionswellen auf, weil der Übergang von der Ringmuskel- zur Längsmuskelkontraktion nicht mehr zustande kommt. Hierfür sind zwei Erklärungen möglich (Gray und Lissmann, 1938). Entweder wird die Längsmuskelkontraktion durch Impulse von taktilen Sinnesorganen ausgelöst, die sich auf der Ventralseite befinden, oder der Übergang von der Ringmuskel- zur Längsmuskelkontraktion wird von einem zentralen Mechanismus veranlaßt, der inaktiv ist, wenn aus der Peripherie keine ausreichende Erregung eintrifft. Bisher ist noch keine Entscheidung zugunsten einer dieser Annahmen möglich.

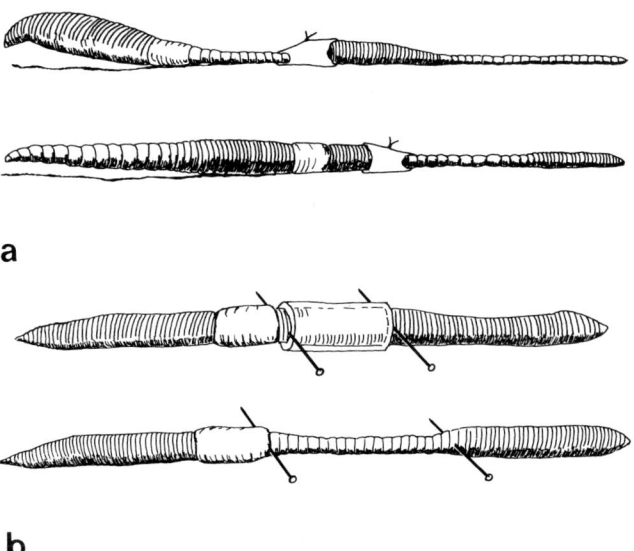

a

b

*Abb. 4:* a. Versuch nach Friedländer (1889). Ein Regenwurm wird in der Mitte durchgeschnitten und die Hälften durch einen Faden aneinandergekoppelt. Dennoch laufen Kontraktionswellen koordiniert über beide Hälften. Friedländer nahm daher an, daß Zugwirkung, in diesem Falle durch den Faden übertragen, die Kontraktion des folgenden Segments auslöst.
b. Versuch nach v. Holst (1932).

2. In diesem Zusammenhang können noch zwei einfache Versuche durchgeführt werden, die von v. Holst (1932) stammen. Man läßt einen Regenwurm in ein Stück Glasrohr oder Plastikschlauch von geeignetem Durchmesser bis etwa zur Körpermitte kriechen. Sobald der Wurm leicht kontrahiert ist, steckt man vor und hinter dem Rohr Nadeln durch den Wurmkörper, so daß das im Rohr befindliche Stück in seiner Lage fixiert ist (Abb. 4b). Beobachtet man nun den Verlauf der Kontraktionswellen, so stellt man fest, daß diese an der fixierten Partie blockiert werden.

Für einen weiteren Versuch steckt man zwei Nadeln in entsprechendem Abstand durch die mittlere Körperpartie eines Wurms, dehnt vorsichtig die zwischen den Nadeln liegende Partie und steckt dann die Nadeln fest in eine Präparierschale oder Korkplatte. In diesem Falle werden die Kontraktionswellen nicht blokkiert. Verdünnungswellen laufen auch über den in seiner Lage fixierten Wurmabschnitt, und zwar um so schneller, je mehr diese Partie gedehnt wird.

Aufgrund dieser und weiterer Beobachtungen hat v. Holst (1932, 1933) das Vorhandensein von *Hemmungszentren* in jedem Ganglion des Bauchmarks vermutet. Bei Dehnung eines Segments soll im folgenden Segment diese Hemmung aufgehoben und eine Ringmuskelkontraktion ausgelöst werden, der eine Längsmuskelkontraktion folgt. Kann ein Segment nicht gedehnt werden – wie bei dem Versuch mit dem übergestreiften und festgesteckten Glasrohr –, so sollen eingehende Impulse gehemmt werden und eine Kontraktion der Ringmuskulatur und nachfolgende Kontraktionswellen unterbleiben.

Als nächstes wäre die *Bedeutung des Bauchmarks für die Entstehung der Kontraktionswellen* zu untersuchen. Man weiß schon lange, daß durch Abtrennen des Vorderendes bzw. Entfernung des Gehirns die peristaltischen Bewegungen nicht beein-

17

trächtigt werden (Friedländer, 1894; Maxwell, 1897). Friedländer stellte außerdem fest, daß nach Exstirpation von Bauchmarkstücken mit einer Länge von 12–15 Segmenten die Kontraktionswellen über die Operationsstelle hinweglaufen. Diese Ergebnisse scheinen nicht gerade für eine besondere Bedeutung des Bauchmarks für die peristaltische Bewegung des Regenwurms zu sprechen.

Elektrophysiologische Untersuchungen haben aber gezeigt, daß das Bauchmark anscheinend eine *spontane rhythmische Aktivität* aufweist (Gray und Lissmann, 1938; Bullock, 1945), deren Frequenz genau mit der der Muskelkontraktionen bei der Fortbewegung übereinstimmt. Diese rhythmische Aktivität ist auch beim isolierten Bauchmark über längere Zeit vorhanden; es ist aber ungewiß, ob diese Aktivität irgendeine Beziehung zur Rhythmik der Muskelkontraktionen im intakten Tier hat (Gray und Lissmann, 1938). Neuerdings ist die Bedeutung des Bauchmarks für die Steuerung der Muskelkontraktionswellen wieder bezweifelt worden, weil isolierte Abschnitte des Hautmuskelschlauchs, auch ohne daß Bauchmark zugegen war, bei Zusatz von 5-Hydroxytryptamin rhythmische Muskelkontraktionen ausführten (Gardner und Cashin, 1975). 5-Hydroxytryptamin ist in Neuronen des Bauchmarks bereits nachgewiesen worden (Rude, 1966; Myhrberg, 1967; Kerkut et al., 1967). Somit ist nach wie vor trotz zahlreicher Untersuchungen unklar, wie eigentlich die peristaltischen Bewegungen des Regenwurms gesteuert werden. Unklar ist bisher auch, ob es direkte Nervenverbindungen zwischen Rezeptoren und Muskeln, evtl. über den subepidermalen Nervenplexus, gibt.

## 3.2. Schnelle Fluchtbewegungen, Zuckreflex

Zwickt man einen Regenwurm mit einer Pinzette am Vorderende, so versucht er, durch schnelle Rückwärtsbewegung zu entkommen. Es findet dabei eine gleichzeitige Kontraktion sämtlicher Längsmuskeln statt. In der Natur ist diese schnelle Rückwärtsbewegung von außerordentlicher Bedeutung für das Überleben des Regenwurms. Wenn sich ein Wurm mehr oder weniger weit zur Nahrungsaufnahme oder zum Eintragen von Blättern aus seiner Wohnröhre hervorgewagt hat und von einem Vogel ergriffen wird, so kann ein plötzlicher, schneller Rückzug in die Wohnröhre vielleicht noch sein Leben retten. Es kommt dabei auf die Schnelligkeit beim Rückzug an. Friedländer hat schon 1894 gezeigt, daß der Regenwurm hierfür im Bauchmark einen „heißen Draht" zur Verfügung hat in Form sehr schnell leitender, den ganzen Wurm durchziehender *Riesenfasern (Kolossalfasern, Neurochordstränge; s.a. Kap. 6.1.5.)* Dieses Ergebnis wurde von Bovard (1819) bestätigt, der außerdem nachwies, daß die Riesenfasern bei der peristaltischen Bewegung keine Rolle spielen. Schließlich hat sich gezeigt, daß die Fluchtreaktion bei vielen Anneliden vorkommt, daß sie aber bei den Arten fehlt, die keine Riesenfasern besitzen (Bullock und Horridge, 1965).

Die Riesenfasern dienen offenbar nur dem *Zuckreflex* (v. Holst, 1932). Durchschneidet man das Bauchmark, so endet die heftige Kontraktion nach mechanischer Reizung des Vorderendes bzw. auch des Hinterendes an der Schnittstelle (Friedländer, 1894; Bovard, 1918). Stough (1930) durchtrennte mit feinen Nadeln entweder die mittlere oder die beiden lateralen Riesenfasern und fand, daß die Riesenfasern offenbar polarisiert sind; die mittlere Faser leitete die Erregung nur von vorn nach hinten, die lateralen in umgekehrter Richtung. Die mittlere Riesenfaser reagiert auf Reizungen am Vorderende, die beiden lateralen auf Reizungen am Hinterende. Eccles, Granit und Young (1933) konnten aber durch elektrophysiologische Untersuchungen zeigen, daß beide Faserarten trotz der Septen (Synapsen; Kap. 6.1.5) wie alle Nervenfasern an sich in beiden Richtungen leiten können. Dies wurde von Bullock (1945) bestätigt, der außerdem fand, daß im intakten Tier doch eine Polarisation vorhanden ist. Die mittlere Riesenfaser reagierte nur bei mechanischer Reizung im Bereich der vorderen 40 Segmente, während die lateralen Riesenfasern nur auf Reize reagierten, die hinter dem 40. Segment einwirkten. Bullock vermutete daher, daß die mittlere und die beiden lateralen Riesenfasern ihre Afferenzen nur aus den entsprechenden Körperregionen erhalten, und daß auf diese Weise die Polarisation zustande kommt. Diese Vermutung hat sich aber nicht bestätigen lassen. Vielmehr hat Günther (1973) elektrophysiologisch nachgewiesen, daß sich mindestens zwischen dem 30. und 70. Segment die zu den jeweiligen Riesenfasersystemen gehörenden Sinnesfelder überlappen. Im Überlappungsbereich reagieren beide Riesenfasersysteme auf den gleichen Reiz (Abb. 5), wodurch der Regenwurm den unterschiedlichen Gefahrensituationen sicher besser ausweichen kann (s. a. Rushton, 1945).

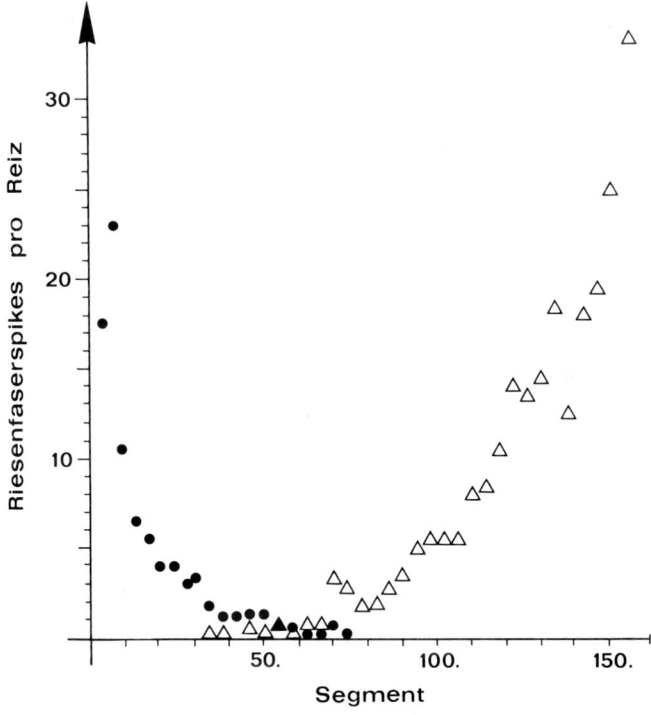

*Abb. 5:* Beim Regenwurm können stärkere Berührungsreize Fluchtreaktionen auslösen. Bei Reizung von Sinnesfeldern am Vorderende wird die mediane Riesenfaser aktiviert, während bei Reizung am Hinterende die beiden lateralen Riesenfasern aktiviert werden. Morphologische Untersuchungen führten zu der Annahme, daß die beiden Sinnesfelder etwa im Bereich des 40. Segments übergangslos aneinandergrenzen (Adey, 1951). Günther (1973) fand jedoch bei physiologischen Untersuchungen eine Überlappungszone, die sich über etwa 40 Segmente erstreckte. Mittlere Zahl der medianen (•) und lateralen (△) Riesenfaser-Impulse, die durch Berührungsreize in verschiedenen Körperregionen eines Regenwurms mit 158 Segmenten ausgelöst wurden. Die Punkte entsprechen bei den Segmenten 1—30 und 95—158 dem Durchschnitt von zwei Antworten (bei Reizung jeder Körperseite) und bei den Segmenten 30-95 dem Durchschnitt von sechs Antworten (wobei jede Körperseite je dreimal gereizt wurde).

Für *elektrophysiologische Untersuchungen* sind die Riesenfasern sehr geeignet, denn die Ableitung der großen und einzelnen spikes kann von der Körperoberfläche des intakten Tieres erfolgen (Abb. 6), wie Rushton und Barlow (1943) erstmals nachgewiesen haben. Kao und Grundfest (1957) stellten bei den Riesenfasern ein *Ruhepotential* von − 70 mV fest. Ein überschwelliger elektrischer Reiz ruft eine Alles-oder-Nichts-Antwort in Form von *zwei Impulsen* hervor (Eccles, Granit und Young, 1933). Ein *schneller fortgeführter Impuls* entsteht in der mittleren Riesenfaser und zeigt eine hohe Geschwindigkeit der Erregungsleitung von 17-25 m/sec (bei 10 − 12° C) bzw. bis zu 45 m/sec bei 24° C. Der *langsamer fortgeleitete Impuls* mit einer Leitungsgeschwindigkeit von 7 − 12 m/sec (bei 10 − 12° C) entsteht in beiden lateralen Riesenfasern, die offenbar wegen der engen Koppelung durch *Querbrükken*, die Kollateralen (Abb. 45a), einen einheitlichen Impuls erzeugen können (Wilson, 1961; Mulloney, 1970; Günther und Schürmann, 1973). Das *Aktionspotential* beträgt 80 − 100 mV; der spike dauert nur eine msec bei 20° C (Kao und Grundfest, 1957). Dieses Aktionspotential tritt bei Reizung der Riesenfasern oder unregelmäßig spontan auf; es steht aber nicht im Zusammenhang mit der normalen peristaltischen Fortbewegung (Günther, 1972). Die ungewöhnlich hohe Leitungsgeschwindigkeit in der mittleren Riesenfaser kommt vielleicht durch saltatorische Erregungsleitung zustande, denn Günther (1973) fand bei dieser Faser, nicht aber bei den lateralen Riesenfasern, pro Segment zwei dorsal liegende, ringförmige Öffnungen in der Myelinscheide (Abb. 45). Zusammen mit den funktionell vielleicht entsprechend wirksamen Ausgangsstellen der Kollateralen könnten diese Poren wie die Ranvier'schen Schnürringe der Wirbeltiere wirken.

In einem Physiologischen Praktikum kann man die Geschwindigkeit der Erregungsleitung in den Riesenfasern am intakten Tier messen. Drewes, Landa und Mc Fall (1978) haben eine ringförmige Arena beschrieben, in der solche Messungen durchgeführt werden können. Eine verbesserte Versuchsapparatur ist in Abbildung 6 wiedergegeben (nach Heinzel, unveröffentlicht). Der Wurm kriecht in der Arena auf feuchtgehaltenem Schmirgelpapier und kann mit einer Borste am Vorder- oder Hinterende gereizt werden. Die Reizung sollte frühestens nach fünf Minuten wiederholt werden, da sonst Ermüdung eintritt; hält man diese Ruhepausen ein, so kann man den gleichen Wurm viele Stunden lang untersuchen. Erschütterungen der Versuchsapparatur sollten gedämpft werden, indem man diese auf Moosgummi stellt. Die Temperatur in der Versuchseinrichtung wird durch einen Thermostaten konstant gehalten und mit einem Thermistor gemessen. Nach der Reizung folgt einem spike der mittleren Riesenfaser nach etwa 1,8 msec ein spike, der von einem Riesenmotoneuron hervorgerufen wird; diesem schließen sich noch Muskelpotentiale an. Besonders eindrucksvoll läßt sich mit dieser Versuchsanordnung nachweisen, daß nicht jeder spike, der nach mechanischer Reizung auftritt, zu einer Kontraktion des Wurms führt; dafür sind Serien von zwei bis drei oder mehr spikes erforderlich. Messungen mit einer solchen Apparatur ergaben, daß die mittlere Riesenfaser die Erregung beim intakten Wurm von vorn nach hinten mit einer Geschwindigkeit von durchschnittlich 32,2 m/sec leitet, während die lateralen Riesenfasern bei der Erregungsleitung von hinten nach vorn durchschnittlich 12,6 m/sec erreichen. Die oben angegebenen Werte nach Eccles, Granit und Young (1933) sind niedriger als diese Werte. Das könnte darauf zurückzuführen sein, daß die genannten Autoren die Messungen am freipräparierten Bauchmark durchführten. Betäu-

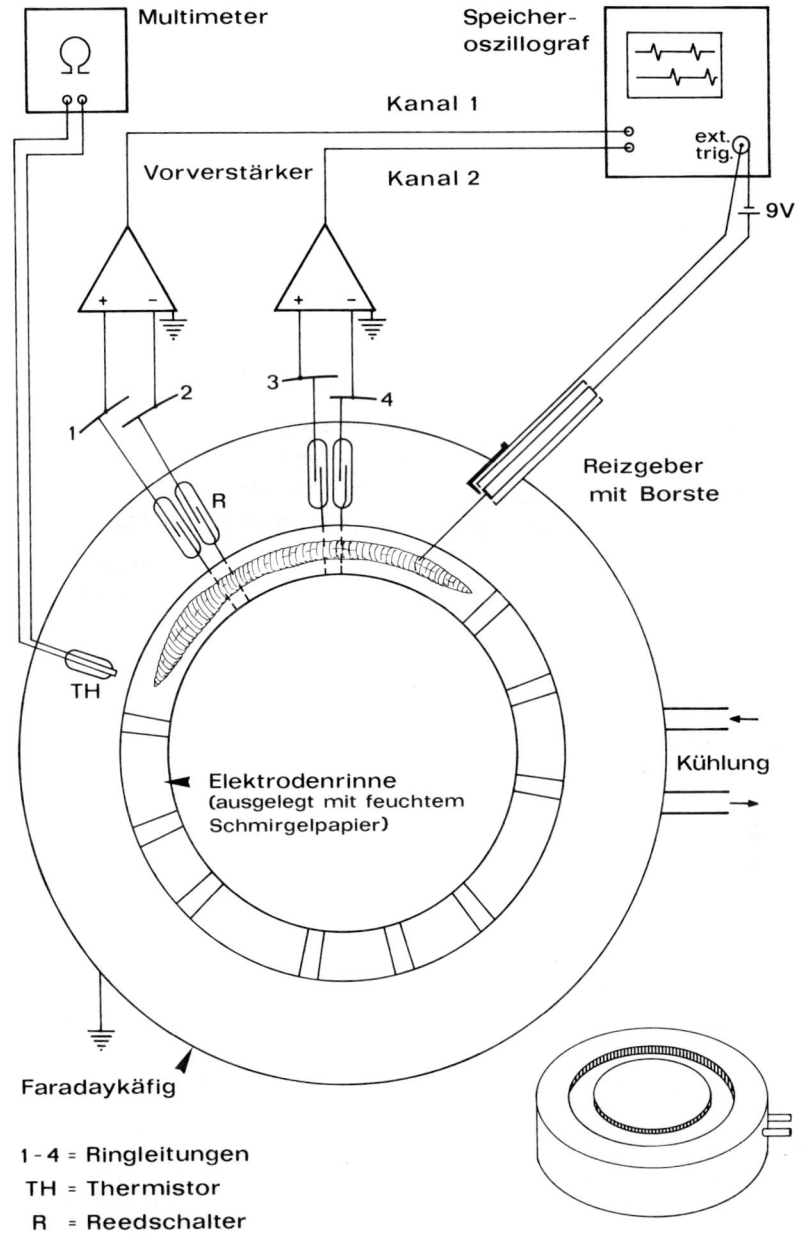

Multimeter

Speicher-
oszillograf

Kanal 1

Vorverstärker

Kanal 2

ext.
trig.

9V

2

3

1

4

R

Reizgeber
mit Borste

TH

Kühlung

Elektrodenrinne
(ausgelegt mit feuchtem
Schmirgelpapier)

Faradaykäfig

1 - 4 = Ringleitungen
TH = Thermistor
 R  = Reedschalter

*Abb. 6:* In einer derartigen Apparatur kann die Geschwindigkeit der Erregungsleitung in den Riesenfasern eines sich frei bewegenden, nicht betäubten Regenwurms gemessen werden (nach Heinzel, unveröffentlicht).

bungsmittel, Präparationsschäden und die Einwirkung physiologischer Salzlösung könnten zu Veränderungen geführt haben, die sich auch auf die Leitungsgeschwindigkeit auswirkten.

Entgegen früheren Vermutungen hat sich gezeigt, daß nur relativ wenige *Motoneurone mit großem Faserquerschnitt* (Kap. 6.1.5.) die Verbindung zwischen Riesenfasern und Längsmuskulatur herstellen und für eine zügige Weiterleitung der Erregung sorgen, so daß eine schnelle Fluchtbewegung möglich wird (Günther, 1969, 1972; Günther und Walther, 1971). Die Leitungsgeschwindigkeit in diesen Riesenmotoneuronen beträgt 1,25 – 1,85 m/sec, während sie in den kleineren efferenten Bahnen, die mit den schnellen Fluchtbewegungen nichts zu tun haben, nur 0,2 – 0,6 m/sec erreicht (Günther, 1972). Die *synaptische Verzögerung* bei der Erregungsübertragung von den Riesenfasern zu den Riesenmotoneuronen beträgt nur 0,6 m/sec für die mittlere Riesenfaser und 0,9 m/sec für die lateralen Riesenfasern, was auf eine schon aus morphologischen Untersuchungen erwartete *monosynaptische Übertragung* schließen läßt (Günther, 1972). Die synaptische Verzögerung beträgt bei den Synapsen mit chemischer Erregungsübertragung von Wirbeltieren bei vegetativen Synapsen 2 – 10 m/sec und bei Synapsen im Zentralnervensystem sowie neuromuskulären Synapsen der quergestreiften Muskulatur 0,3 – 0,8 m/sec.

Reizt man das Körperende eines Regenwurms wiederholt, so werden die heftigen Kontraktionen der Längsmuskulatur bald schwächer und hören schließlich ganz auf; die normale peristaltische Fortbewegung zeigt danach aber noch keine Ermüdung.

Die leichte *Ermüdbarkeit* scheint ein typisches Merkmal schneller Fluchtreaktionen beim Regenwurm wie bei Flußkrebs und Tintenfischen zu sein. Die Frage ist nur, was eigentlich ermüdet. Die Muskulatur dürfte es nicht sein, denn der Versuch hat gezeigt, daß die peristaltische Fortbewegung gar nicht betroffen ist. Zunächst stellte Roberts (1962) fest, daß beim Regenwurm die Ermüdung im afferenten Teil des Zuckreflexes auftritt, und zwar an den Synapsen zwischen Sinnesnerven und Rieseninterneuron (Kap. 6.1.5.) Günther (1972) fand aber, daß Ermüdungserscheinungen im efferenten Teil viel wesentlicher sind. Dabei verhalten sich die beiden Riesenfasersysteme ganz unterschiedlich, auch im Hinblick auf die vollständige Erholung nach längerer Reizung:

| Synapse zwischen | Ermüdung | Bahnung | Erholung |
|---|---|---|---|
| mittlerer Riesenfaser und Riesenmotoneuron 1 | gering | – | wenige Sek. |
| Riesenmotoneuron 1 und Längsmuskeln | + | + | bis 30 Min. |
| lateralen Riesenfasern und Riesen-motoneuron 2 | + | + | wenige Sek. |
| Riesenmotoneuron 2 und Längsmuskeln | gering | – | lang |

Die Ermüdung erweist sich somit als *Gewöhnung (Habituation)*. Sie tritt in besonderem Maße *an den neuromuskulären Synapsen* auf, und damit verhalten sich die Riesenfasersysteme des Regenwurms – entgegen früheren Annahmen – ebenso wie die anderer Tiere mit Fluchtreflexen.

22

### 3.3. Einbohren in den Boden

Legt man einen Regenwurm in eine mit lockerem Bodenmaterial gefüllte Schale, so versucht er sich sofort einzubohren. Dabei laufen im Prinzip die gleichen Bewegungsvorgänge ab, wie bei der in Kapitel 3.1. geschilderten peristaltischen Fortbewegung. Eine sehr gründliche Studie zu diesem Thema stammt von Darwin (1881); sie gilt immer noch als erstklassige Informationsquelle auf diesem Gebiet. Neuerdings haben sich besonders Newell (1950), sowie Betty Roots und Phillips (1960) mit diesem Problem beschäftigt.

Der Wurm streckt zunächst sein Vorderende durch *Kontraktion der Ringmuskulatur* und schiebt es in Bodenspalten oder in lockeren Boden. Dann werden die folgenden Segmente nachgezogen und wie ein gespannter Bogen vor der Einbohrstelle aufgewölbt (Abb. 7). Auf diese Weise scheint eine besonders günstige *Ausgangsstellung* für das anschließende Eindrücken in den Boden erreicht zu werden (Roots und Phillips, 1960). Bei der nachfolgenden *Kontraktion der Längsmuskeln* wird das Vorderende verdickt, und dadurch wird der umliegende Boden beiseite gedrückt, so daß weitere Segmente in die so geschaffene Öffnung gezogen werden können. Je mehr Widerstand der Boden bietet, desto kürzer werden die Streckphasen und desto länger und intensiver wird die Kontraktionsphase der Längsmuskulatur. Auf diese Weise wird auch die Wand der Wohnröhre ausgeformt. Vor dem Bohrloch wird der übrige Körper immer wieder nachgezogen und in die erwähnte Bogenform gebracht. Während des Einbohrens wird häufig die *Buccalhöhle* ausgestülpt. Dies kann man nur in einer *Versuchsapparatur* sehen, wie sie im folgenden Abschnitt beschrieben wird (Abb. 8).

Im lockeren Boden scheint die ausgestülpte Buccalhöhle als Geschmacksorgan zu fungieren (Kap. 6.4. und Abb. 58). Außerdem kann der ausgestülpte *Pharynxstempel als Anheftungsorgan* beim Kriechen in der Röhre benutzt werden (Roots und Phillips, 1960).

Die *Drücke*, die beim Einbohren des Regenwurms auf den umliegenden Boden ausgeübt werden, können beachtlich sein. Bei der peristaltischen Fortbewegung wurde im Coelom ein Druck von durchschnittlich 12 cm Wassersäule bei der Kontraktion der Ringmuskeln und 7 cm Wassersäule bei der Kontraktion der Längsmuskeln gemessen. Ausgehend von diesen Werten und von Formeln, die Chapman (1950) entwickelte, errechnete Seymor (1969), daß bei der Kontraktion der Ringmuskulatur ein Druck von 212 g/cm$^2$ und bei der Kontraktion der Längsmuskulatur ein Druck von 25 g/cm$^2$ erzeugt wird. Der höchste im Coelom eines stark gereizten Wurmes gemessene Druck betrug 75 cm Wassersäule; daraus kann man für die Ringmuskulatur eine Druckerzeugung von 1323 g/cm$^2$ und für die Längsmuskulatur von 265 g/cm$^2$ errechnen, d.h. die Längsmuskulatur des Regenwurms übt wesentlich weniger Druck auf den umliegenden Boden aus als die Ringmuskulatur. Zum Vergleich sei angeführt, daß ein Mensch mit einem Körpergewicht von 60 bzw. 70 kg und mit einer Fußfläche von insgesamt 300 cm$^2$ auf den Boden einen Druck von 200 g/cm$^2$ bzw. 250 g/cm$^2$ ausübt.

Die Ringmuskulatur des Regenwurms ist für die Ausdehnung der Wohnröhre von Bedeutung, während die Längsmuskulatur an der Festigung und Ausformung beteiligt ist.

Bei sehr festem Boden müssen sich die Regenwürmer, wie schon Darwin 1881 feststellte, regelrecht in diesen hineinfressen.

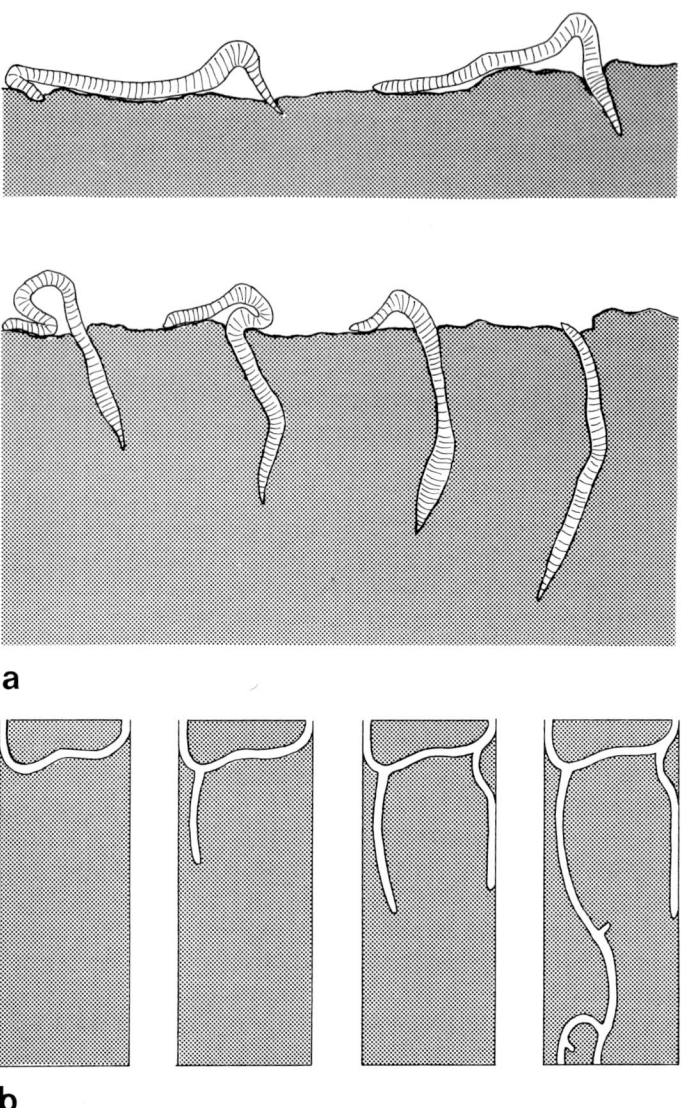

a

b

*Abb. 7:* a. Einbohren in den Boden (nach Roots u. Phillips, 1960).
b. Röhrenbau. Solange dem Wurm ausreichend Futter zur Verfügung steht, begnügt er sich mit einer flach
unter der Erdoberfläche, in etwa 5 cm Tiefe gelegenen U-förmigen Röhre. Erst bei Futtermangel, Austrocknung der oberflächennahen Schichten im Sommer oder Kälte baut er tiefergehende und verzweigte Röh-
rensysteme. In einer Versuchsanordnung ähnlich der in Abb. 8 war nach drei Wochen die Nahrung an der
Oberfläche verbraucht (zweite Skizze). Nach vier Wochen (dritte Skizze) bzw. sieben Wochen (vierte Skizze) war das Röhrensystem daher erweitert worden (nach Evans, 1947).

## 3.4. Bau der Wohnröhre

Die Wohnröhre wird vom Regenwurm längere Zeit bewohnt und nicht ständig neu gebaut. Nach und nach kann sie durch weitere *Gangsysteme* ergänzt werden (Evans, 1947; Abb. 7). *Die Herstellung der Wohnröhre* nimmt einige Stunden in Anspruch. Will man den Regenwurm bei dieser Arbeit im Boden beobachten, so stellt man sich eine einfache Vorrichtung nach Evans her, indem man zwei Glasplatten in Nuten einsetzt, die man in Leisten eingefräst hat; der Abstand der Glasplatten richtet sich nach der Größe des zu beobachtenden Wurms (Abb. 8). Man kann den Abstand der Glasplatten auch mit Streifen aus Holz, Gummi oder Gips regeln. Zwischen die Glasplatten füllt man lockeres Bodenmaterial (Blumenerde oder dergleichen) und stellt das Ganze in einen kühlen, dunklen Raum. Auf die Bodenoberfläche bringt man als Nahrung geeignete Blätter, Pflanzenreste, feuchtes Stroh usw. Das für die Beobachtung notwendige Licht liefert eine Rotlichtlampe (Dunkelkammerbeleuchtung). Damit der Wurm den Beobachtungskasten nicht verlassen kann, wird dessen Oberseite mit Gaze verschlossen.

Der Regenwurm beginnt mit seiner Bohrtätigkeit, sobald er auf die Bodenoberfläche gelegt wird. In etwa 24 Stunden legt er eine *U-förmige Röhre* an, die er, solange Nahrung zur Verfügung steht, unverändert läßt. Erst nach längerer Zeit, unter Umständen erst nach Wochen, kommt es zur Anlage weiterer Gangteile (Abb. 7).

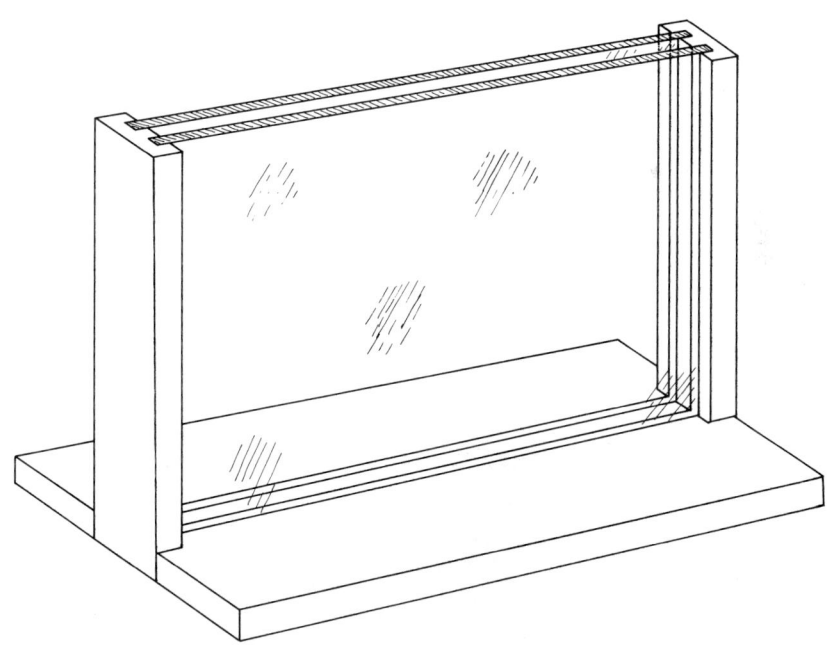

*Abb. 8:* Zur Beobachtung des Verhaltens von Regenwürmern im Boden kann man ein einfaches Gestell verwenden, das lediglich zwei Glasplatten im Abstand von 1 cm halten soll (in Anlehnung an Edwards und Lofty, 1972). Der Zwischenraum wird mit gesiebtem Boden gefüllt; nähere Einzelheiten siehe Text.

Im Freiland kann Lumbricus terrestris Röhren bis in 2—3 m Tiefe vortreiben. Regenwürmer ohne Vorderende können nicht mehr im Boden bohren. Der Maulwurf nutzt dies aus, indem er Regenwürmern, die für seinen Wintervorrat bestimmt sind, das Vorderende abbeißt (Füller, 1954).

Nach nächtlichen Regenfällen findet man im Sommer häufig Regenwürmer außerhalb ihrer Wohnröhren. Das in die Wohnröhren eingedrungene Wasser treibt die Würmer nicht aus dem Boden, denn sie können einige Zeit unter Wasser leben. Merker (1931) nahm an, daß zunehmender Sauerstoffmangel die Würmer aus den wassergefüllten Röhren treibe. Gruner und Zebe (1978) stellten jedoch fest, daß Lumbricus terrestris im Wasser unter anaeroben Bedingungen bei 15° C erst nach 35 Stunden zugrunde geht. Auch als Landbewohner hat der Regenwurm die bei vielen wasserbewohnenden Wirbellosen vorhandene Fähigkeit behalten, unter anaeroben Bedingungen auf einen glykolytischen Stoffwechsel umzuschalten *(fakultative Anaerobiose)*. Bei der *Glykolyse* bildet Lumbricus terrestris aber nicht wie die Wirbeltiere vorwiegend Lactat, sondern ebenso wie andere Anneliden bzw. Mollusken vorwiegend *Succinat* und das Folgeprodukt Propionat. Succinat und Propionat machen insgesamt 60% der Stoffwechselprodukte aus, die bei Sauerstoffmangel innerhalb von 24 Stunden gebildet werden. Was die Regenwürmer veranlaßt, ihre Wohnröhren nach nächtlichen Regenfällen im Sommer zu verlassen, ist immer noch unbekannt.

Bei Kälte oder längerer Trockenheit verschließen die Regenwürmer die Öffnung ihrer Wohnröhre mit *Kotballen* (Abb. 9) und ziehen sich in tiefere Bodenzonen zurück. Eine rundliche, höhlenartige Erweiterung am Ende der Röhre kleiden sie dann mit Kot und Schleim aus. Sie leeren den Darm dabei vollständig und rollen

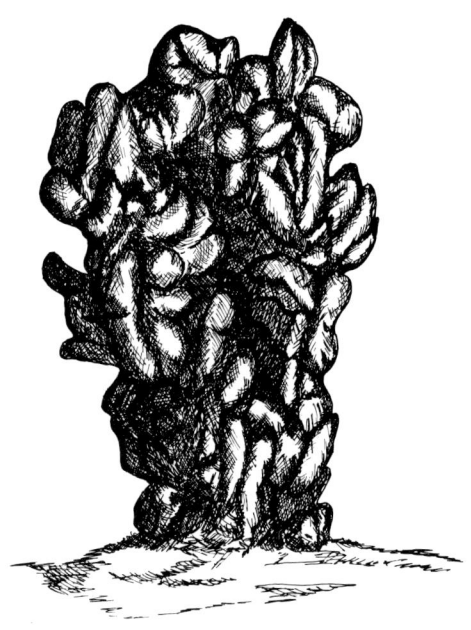

*Abb. 9:* Kothaufen eines Regenwurms wie er im Winter den Eingang der Wohnröhre verschließt.

26

sich anschließend spiralförmig zusammen. In diesem Zustand können sie ungünstige Lebensbedingungen überdauern. Man spricht von *Quieszenz*, von Ruhephasen, die aufgegeben werden können, sobald die Lebensbedingungen wieder günstiger werden. Es kann sich entweder um *Kältestarre oder Hibernation*, bzw. um *Trokkenstarre oder Aestivation* handeln.


## 3.5. Verhalten in der Wohnröhre

Versuche zu diesem interessanten Thema sind langwierig und entbehrungsreich, denn Regenwürmer sind vor allem von 18—24 Uhr aktiv (Baldwin, 1917; Ralsh, 1957), bevorzugen Umgebungstemperaturen von 10—15° C, hohe Luftfeuchtigkeit und Dunkelheit. Da Rotlicht ihn nicht stört (Bennett, 1974) kann man den Wurm bei derartiger Beleuchtung beobachten. Eine Umkehr des Tag-Nacht-Rhythmus kann man durch eine entsprechende Umstellung der Hell-Dunkel-Phasen erreichen und damit die Beobachtungszeit in eine geeignete Tageszeit verlegen.

Da Versuche über das Verhalten des Regenwurms in seiner Wohnröhre nicht in ein übliches Praktikumsprogramm passen, sollen hier nur einige Hinweise für diejenigen gegeben werden, die sich mit diesem noch keineswegs abgeschlossenen Gebiet beschäftigen möchten.

Für *Untersuchungen über das Lernvermögen* des Regenwurms werden Wahlversuche in einer T- oder Y-förmigen Versuchseinrichtung aus Gips oder aus zusammengesteckten Glas- oder Polyäthylenröhren verwendet. Der Röhrendurchmesser richtet sich nach der Größe des Wurms und kann zwischen 0,5—2 cm liegen; die Würmer sollten die Wandung möglichst gleichmäßig und nicht einseitig berühren. Der Wurm benutzt als Aufenthaltsort den unpaaren Schenkel der Versuchseinrichtung. Psychologen verwenden bei Lernversuchen gern eine Bestrafung durch einen Elektroschock in einem der beiden zur Auswahl stehenden Schenkel; zur Anbringung der Elektroden s.u.a. Edwards und Lofty (1972).

Seit Yerkes (1912) die ersten Versuche auf diesem Gebiet durchführte, sind derartige Einrichtungen immer von neuem variiert worden, neuerdings vor allem unter dem Eindruck der Ergebnisse von Ressler et al. (1968). Normaler Körperschleim scheint eine Spur zu liefern, der ein Wurm immer wieder folgen kann. Ressler et al. behaupten nun, daß bei starker Reizung ein anderer, monatelang haltbarer und wenig wasserlöslicher Schleim abgegeben wird, der als *Alarmpheromon* wirkt, d.h. auf Tiere der gleichen Art alarmierend und abschreckend wirkt. Die zahlreichen, seit Yerkes unternommenen Versuche zum Nachweis eines Lernvermögens beim Regenwurm könnten somit hinfällig sein, falls der Regenwurm lediglich Spurstoffe in den Röhren wahrnahm und folglich nichts gelernt hatte. Rosenkoetter und Boice (1975) wechselten daher ständig die Teilstücke ihrer T-förmigen Versuchseinrichtung, um eine Kontamination mit Spurstoffen zu vermeiden. Sie stellten fest, daß der Regenwurm anscheinend nicht lernt, sondern mit der Coelomflüssigkeit Stoffe abgeben kann, die als *Spurstoffe* dienen und als *Lockstoffe (Attractants)* wirken. Bei einer anderen Art, Diplocardia riparia, wirkte die Coelomflüssigkeit abschreckend für Tiere der gleichen Art. Im Schleim des Regenwurms konnte kein Pheromon nachgewiesen werden; wohl aber wirkte ein Pharynxsekret abschreckend *(Repellent)*. Bei weiteren Versuchen müssen diese Ergebnisse berücksichtigt werden.

Im Freiland ziehen Regenwürmer in der Nähe des Eingangs der Wohnröhre liegende Blätter in die Röhre, um sie anschließend zu fressen. Darwin (1881) behauptete, daß Regenwürmer in der Lage seien, beim *Einziehen von Kiefernadeln und Blättern* erstaunlich sinnvoll zu handeln, indem sie die Blätter an der schmalsten Partie und nicht an der Blattspreite packten. Er hat aber wohl mehr das Ergebnis am anderen Morgen als das Verhalten der Regenwürmer während der Nacht beobachtet. Das hat erst Jordan (1913) getan und festgestellt, daß die Regenwürmer nach dem *Prinzip von Versuch und Irrtum* schließlich Blätter in der zweckmäßig erscheinenden Weise in die Röhre ziehen. Man kann diese Versuche mit Papierschnitzeln von geeigneter Form durchführen, um chemische Unterschiede zwischen Stiel und Blattspreite auszuschließen.

Anregungen zu Untersuchungen über den *chemischen Sinn* des Regenwurms findet man bei Mangold (1925, 1931, 1951). Über die Vorliebe von Regenwürmern für bestimmte Blattarten berichtet Füller (1954).

## 3.6. Lichtwahrnehmung

Sucht man in feucht-warmen Nächten auf Rasenflächen mit einer Taschenlampe nach Regenwürmern, so stellt man fest, daß Regenwürmer, die nur wenig aus ihrer Wohnröhre hervorgekommen sind, blitzschnell wieder darin verschwinden, sobald der Lichtschein sie trifft. Andere Würmer, die sich schon weiter aus ihrer Wohnröhre hervorgewagt haben, brauchen zum Zurückziehen so viel Zeit, daß sie inzwischen gefangen werden können. Tiere, die ihre Wohnröhre vollständig verlassen haben, sind noch reaktionsträger und reagieren einige Zeit gar nicht auf den Lichtreiz.

Der Regenwurm zeigt bei höheren Lichtintensitäten negative Phototaxis. Mondlicht schreckt ihn hingegen nicht, denn er sucht auch in mondhellen Nächten in der Umgebung der Wohnröhre nach Nahrung; niedrige Lichtintensitäten erzeugen bei ihm eher eine positive Phototaxis.

Durch eine Reihe einfacher Versuche kann das Verhalten des Regenwurms gegenüber Lichtreizen im Labor näher untersucht werden. Die Versuche werden in der Dunkelkammer oder einem entsprechend verdunkelten Raum bei Rotlicht durchgeführt, da Lumbricus terrestris gegenüber rotem Licht unempfindlich ist. Die Würmer läßt man in Glasröhren kriechen, deren Durchmesser dem des Wurms entspricht; anschließend sollten sich die Würmer vor dem eigentlichen Versuch einige Zeit wieder beruhigen und an die Umgebung gewöhnen können.

Zunächst kann man prüfen, ob die Lichtempfindlichkeit überall am Wurmkörper gleich ist. Ein Röhrchen mit darin befindlichem Wurm wird auf einen Bogen Millimeterpapier gelegt und die Länge des Wurmes bestimmt. Anschließend werden in gleichen Abständen – beispielsweise jedes Fünftel der Wurmlänge – einige Segmente des Regenwurms belichtet. Hierfür engt man den Lichtaustritt bei einer Taschenlampe mit schwarzen Klebestreifen so weit ein, daß nur noch ein schmaler Spalt übrig bleibt: dann hält man die so präparierte Lampe an das Röhrchen und schaltet die Lampe an. Bei jeder Lichtreizung wird die Zeit zwischen deren Beginn und der ersten Reaktionsbewegung des Wurms gemessen. Zwischen zwei Reizungen muß der Wurm sich mindestens zwei Minuten erholen können. Die Reaktionszeiten aus mehreren Versuchsreihen werden graphisch ausgewertet, indem sie gegen die Körperlänge (Gesamtlänge = 100 %) aufgetragen werden (allgemeines zur Technik der Versuchsauswertung s. Nachtigall, 1972).

Je kürzer die Reaktionszeit ist, desto höher muß die Empfindlichkeit sein. Man kann daher auch die längste Reaktionszeit gleich 100 wählen und dazu die übrigen Zeiten in Relation setzen. Trägt man gegen die so in Prozent errechnete Empfindlichkeit die Körperlänge in Prozent auf, so erhält man eine sehr klare Darstellung der sehr unterschiedlichen Lichtempfindlichkeit der einzelnen Körperregionen des Regenwurms. Die Lichtempfindlichkeit ist am Vorderende am größten, nimmt in den folgenden Körperabschnitten allmählich ab, erreicht kurz hinter der Körpermitte ein Minimum und steigt dann wieder an. Am Hinterende wird jedoch nicht die gleiche Empfindlichkeit wie am Vorderende erreicht. Genauere Untersuchungen haben gezeigt, daß das Vorderende etwa 3,5mal lichtempfindlicher als das Hinterende sein kann (Unteutsch, 1937).

In einer weiteren Versuchsreihe kann man die eingangs erwähnten Freilandbeobachtungen überprüfen. Zunächst wird wieder die Länge des in einem Glasröhrchen befindlichen Wurms gemessen. Dann wird über das Glasrohr eine hinreichend lange, aus schwarzem Papier geformte Röhre geschoben, so daß nur das Vorderende des Wurms zu etwa einem Zehntel der Wurmlänge zu sehen ist. Wird nun Licht eingeschaltet — eine Taschen- oder Schreibtischlampe —, so versucht der Regenwurm, sich ins Dunkle zurückzuziehen. Die Zeit zwischen Einschalten des Lichts und Zurückziehen des Wurms wird gemessen. Anschließend wird die Röhre aus dunklem Papier jeweils um ein weiteres Zehntel der Wurmlänge zurückgezogen und so ein weiteres Vorrücken aus der Wohnröhre (s. o.) simuliert. Nach jeder Lichtreizung muß dem Wurm eine Ruhepause von mindestens zwei Minuten gegönnt werden. Die Reaktionszeiten, die an mehreren Würmern gemessen wurden, werden in einer graphischen Darstellung in Relation zur belichteten Körperlänge eingetragen.

Das paradox erscheinende Ergebnis zeigt, daß die Reaktionszeit entsprechend der belichteten Körperoberfläche ansteigt; oder anders ausgedrückt, die Reaktionszeit ist um so länger, je kürzer das im Dunkeln befindliche Körperende ist.

Wo beginnt das Zurückziehen, wenn der Wurm zu weniger als 50 % mit dem Hinterende im Dunkeln liegt? Was geschieht, wenn statt des Vorderendes das Hinterende dem Licht ausgesetzt wird?

Nach Exstirpation des Oberschlundganglions, bzw. nach Ausschalten von Ober- und Unterschlundganglion durch Abtrennen der vorderen 5—6 Segmente waren bei den Versuchen von Unteutsch (1937) die Reaktionen der Würmer nach einem Ruhetag keineswegs beeinträchtigt; d. h. diese beiden Zentren sind für die *Steuerung der Licht-Schatten-Reflexe* nicht in besonderem Maße notwendig. Weitere Versuche zeigten, daß Teilstücke von Regenwürmern ganz entsprechend reagieren wie der intakte Wurm; Unteusch vermutet daher, daß jedes Bauchmarkganglion für die neuronale Steuerung des Licht-Schatten-Reflexes in Frage kommt.

Mast (1917) hat die *spektrale Empfindlichkeit* des Regenwurms geprüft und ein Maximum bei etwa 483 nm, d. h. im blauen Bereich, gefunden. Unteusch (1937) kam bei der Untersuchung des Licht-Schatten-Reflexes zu der Auffassung, daß zwei verschiedene Rezeptorsysteme vorhanden sind, wobei das Absorptionsmaximum der Lichtrezeptoren im blauen, und das der Schattenrezeptoren im gelben Bereich des Spektrums liegen soll. Die Verteilung der Licht- und Schattenempfindlichkeit längs der Oberfläche des Regenwurms ist aber ganz verschieden. Die Empfindlichkeit gegenüber Schatten ist überall gleich, während die Lichtempfindlichkeit am Vorderende besonders groß, am Hinterende etwas geringer und etwa in der Körpermitte am schwächsten ausgeprägt ist. Der Licht-Schatten-Reflex sollte beim Regenwurm erneut, und zwar mit elektrophysiologischen Methoden wie bei der Muschel Mya arenaria untersucht werden.

## 3.7. Regeneration und Autotomie

Bisweilen findet man Regenwürmer, deren Hinterende, in wesentlich selteneren Fällen auch einmal das Vorderende, sich durch eine auffallend hellere Färbung und geringeren Durchmesser von den benachbarten Körperteilen unterscheiden. Hier handelt es sich um Regenerate.

Der Regenwurm hat ein beachtliches *Regenerationsvermögen,* doch verhalten sich Vorder- und Hinterende in dieser Hinsicht verschieden (Hescheler, 1896, 1897). Das Vorderende ist nur bedingt regenerationsfähig. Bis zu vier abgetrennte Segmente werden hier vollständig regeneriert. Nach Abtrennung von mehr als vier Segmenten wird weniger regeneriert als entfernt wurde, und bei Amputation von 9 – 15 Segmenten nimmt die Regenerationsfähigkeit noch mehr ab. Werden mehr als 15 Segmente entfernt, so kommt es im allgemeinen zu gar keiner Neubildung mehr. Die Geschlechtsorgane werden beim Regenwurm überhaupt nicht regeneriert (Hübner, 1902; Avel, 1929). Das Hinterende ist hingegen in besonderem Maße zur Regeneration fähig, doch nimmt auch hier wieder das Regenerationsvermögen zur Körpermitte hin ab. Das Regenerat erscheint als mehr oder weniger dünnes Anhängsel von hellerer Färbung als die benachbarte Körperpartie. Vorder- und Hinterende können auch gleichzeitig zur Regeneration gebracht werden. Das Regenerationsvermögen eines Wurms ist natürlich von seinem physiologischen Zustand, seinem Alter, und im Freiland auch von der Jahreszeit abhängig.

Regenerationsversuche sind in einem Praktikum kaum durchzuführen, da man im allgemeinen Tage bis Wochen auf das Ergebnis warten muß. Dieses Thema wurde hier nur behandelt, weil Laien immer wieder danach fragen, und der Zoologe deshalb darüber Bescheid wissen sollte.

Ebenso wie die Regeneration ist auch die Fähigkeit zur *Autotomie oder Selbstverstümmelung* für den Regenwurm von großem biologischen Nutzen. Der Regenwurm hat bekanntlich eine Vielzahl von Feinden — den Maulwurf, zahlreiche Vögel und Insekten usw. —, die ihn zu packen und aus der Wohnröhre zu ziehen versuchen, um ihn dann zu fressen. Er wehrt sich dagegen durch die schon erwähnten schnellen Fluchtbewegungen (Kap. 3.2.) und durch die Abschnürung von Körperteilen, die von einem Räuber festgehalten werden. Ausgelöst wird die Autotomie im allgemeinen durch Druck oder Zug an mittleren und vor allem hinteren Körperpartien. Wird das Hinterende eines Regenwurms kräftig gedrückt, so schnürt der Wurm eine Reihe von Segmenten des Hinterendes ab. Autotomie kann auch durch chemische Reize (Salze, Säuren und Laugen, nicht aber Zucker und Alkohol), durch Schnittverletzungen, elektrische Reizung, Wärme, Verbrennungen, Hunger und Infektionen (Kap. 6.3.5.) ausgelöst werden. Maximal können etwas mehr als 50 Segmente autotomiert werden; am Vorderende wird nicht autotomiert (Kriszat, 1932).

Die Abschnürung erfolgt vor der gereizten Stelle, d. h. zum Vorderende hin, und zwar meist innerhalb weniger Sekunden. Es handelt sich um einen reflektorischen Vorgang, an dem Ober- und Unterschlundganglion anscheinend nicht beteiligt sind. Die Ringmuskeln werden an der zu durchschnürenden Partie heftig kontrahiert; die Längsmuskeln werden nur hinter der Durchschnürungsstelle kontrahiert, davor nicht. Der Darm wird durch diese starken Muskelkontraktionen einfach durchgerissen (Kriszat, 1932).

Im Anschluß an eine Autotomie werden die abgeschnürten Segmente regeneriert. An regenerierenden Wurmenden hat man die Einwanderung von Zellelementen und ihre Ausdifferenzierung während der Regeneration verfolgen können (s. u. a. Burke, 1974; Burke und Ross, 1975).

# 4. Äußere Merkmale

Der Regenwurm ist von langgestreckter *Gestalt,* fast drehrund, vorn je nach Kontraktionszustand mehr oder weniger zugespitzt, im hinteren Körperabschnitt etwas abgeplattet und am Hinterende abgerundet. Seine Oberfläche ist glatt, leicht irisierend und entsprechend dem Erregungszustand mehr oder weniger stark mit Schleim versehen. Der Schleim dient vor allem der Feuchthaltung der Körperoberfläche, als Schutz gegen Austrocknung und als Gleitmittel an der Wandung der Wohnröhre.

Der Körper des Regenwurms ist in zahlreiche Ringel gegliedert, die den Segmenten entsprechen, wie die Präparation und die mikroskopische Untersuchung zeigen wird. Diese Übereinstimmung zwischen *Ringelung und Segmentierung* ist keineswegs selbstverständlich. Das zeigen einige Polychaeten (u. a. der Wattwurm, Arenicola marina) ebenso wie vor allem die Hirudineen; bei letzteren verdeckt die sekundäre Ringelung vollständig die Segmentierung. *Die Zahl der Segmente* schwankt beim Regenwurm erheblich; sie kann zwischen 110 − 180 liegen.

Die durch das Coelom bedingte *Metamerie* des Regenwurms ist nicht ganz gleichartig ausgeführt. Das erkennt man schon äußerlich an den Öffnungen und sonstigen Strukturen des vorderen Körperbereichs und des Clitellums, und das wird noch deutlicher bei der Präparation der etwa 40 ersten Segmente mit ihren unterschiedlichen Darmdifferenzierungen und komplizierten Geschlechtsorganen (Abb. 10, Abb. 11, Abb. 12).

Das Vorderende besitzt keine auffallenden Anhänge mit Sinnesorganen in Form von Fühlern, Tastern oder Palpen; Augen fehlen ebenfalls, wohl sind aber mikroskopisch kleine Lichtsinnesorgane am Vorder- und auch am Hinterende besonders zahlreich vorhanden, während sie in den übrigen Körperpartien in geringerer Häufigkeit vorkommen.

Der erste Ringel am Vorderende entspricht nicht dem ersten Segment. Es handelt sich um den Kopflappen, das *Prostomium,* das kein Coelom enthält. In der Dorsalansicht erkennt man, daß das Prostomium bei der Gattung Lumbricus das erste Segment vollständig durchsetzt (Abb. 10); eine solche Anordnung nennt man tanylobisch. Wird das erste Segment nur unvollständig vom Prostomium durchsetzt, so liegt eine Art der Gattung Allolobophora vor (epilobisch).

bindung nach außen erhält; bei Lumbricus terrestris befindet sich der 1. Rückenporus in der Furche zwischen dem 7. und 8. Segment (Ude, 1885). Der Rückenporus liegt im allgemeinen kurz hinter der Segmentgrenze. Nur in den hinteren Segmenten befindet er sich etwa in der Segmentmitte; diese besondere Lage hängt anscheinend mit dem Ausstoßen der Bällchen zusammen (Tu, 1937; Kap. 5. 1.). Rückenporen kommen nur bei den landbewohnenden, nicht aber bei den im Süßwasser lebenden Oligochaeten vor (Stolte, 1938). Die Rückenporen sind am lebenden Regenwurm besser zu erkennen, wenn man das Tier durch Zwicken mit einer Pinzette reizt. Dann gibt der Wurm durch diese Poren Coelomflüssigkeit mit den darin enthaltenen Zellelementen ab. Am auffallendsten sind die gelben Elaeocyten (Kap. 5.1.), die durch Ablösen von Chloragocyten entstehen und durch ihre Gelbfärbung den Porus markieren. Deutlicher als bei Lumbricus ist diese Farbmarkierung der Rückenporen beim Mistwurm, Eisenia foetida, zu erreichen.

Noch schlechter als die Rückenporen sind die ebenfalls normalerweise durch Ringmuskeln (Sphinkter) verschlossenen Öffnungen der Exkretionsorgane, die Nephridialporen, zu sehen. Sie werden später bei der isolierten Kutikula besser zu erkennen sein (Kap. 5.7.1.).

Wesentlich leichter als Rückenporen und Nephridialporen sind die Öffnungen der Geschlechtsausführgänge auf der Ventralseite zu finden. Am hinteren Rand des 9. und 10. Segments liegen am Rand der Ventralpartie jederseits die *Öffnungen der Samentaschen, der Receptacula seminis* (Abb. 10), die mit bloßem Auge kaum sichtbar sind und deshalb mit einer Lupe oder einem Binokular gesucht werden müssen. Im 14. Segment befinden sich die beiden weiblichen und im 15. Segment die beiden männlichen Geschlechtsöffnungen. Ein auffallend hellerer Bezirk, Drüsengürtel oder *Clitellum* genannt, erstreckt sich vom 31. oder 32. bis zum 37. Segment. Da seine Drüsenmassen sich nicht auf die Ventralseite ausdehnen, sollte man besser von einem Sattel als von einem Gürtel sprechen (Kap. 6.3.2.).

Zur Zeit der Geschlechtsreife werden besondere Drüsenkomplexe aktiv. So sind die Öffnungen der Receptacula seminis ebenso wie die männlichen Geschlechtsöffnungen, nicht aber die weiblichen Geschlechtsöffnungen, von Drüsen umgeben und dadurch besser sichtbar. Die Schleimdrüsen im Bereich der männlichen Geschlechtsöffnungen sind von Blutlakunen unterlagert, so daß hier offensichtlich erektile Bereiche entstehen. Im 10., 11. und 26. Segment sind die ventralen Borsten ungewöhnlich lang und in besonderem Maße strukturiert (Kap. 5.7.2.).

Diese von Feldkamp (1924) als Stechborsten bezeichneten Gebilde spielen bei der Begattung eine besondere Rolle und sind mit großen Drüsenkomplexen versehen, den Divertikeldrüsen. Ihre Sekrete sollen im Verein mit den Stechborsten eine bessere Haftung der Partner während der Samenübertragung gewährleisten. Das Clitellum tritt zur Zeit der Geschlechtstätigkeit durch die starke Blutzufuhr und die erheblich zunehmende Drüsentätigkeit besonders deutlich hervor. Schließlich sind im ventralen Bereich des Clitellumabschnitts (31. oder 32.—37. Segment) Drüsenkomplexe vorhanden, die vom 33.—36. Segment reichen. Sie bilden kleine Wälle, die man als Pubertätswälle oder -hügel bzw. als Tubercula pubertatis bezeichnet.

Vor Erreichen der Geschlechtsreife und in geschlechtlichen Ruhephasen sind sowohl alle diese Drüsenkomplexe wie auch das Clitellum zurückgebildet. Es handelt sich hier um *sekundäre Geschlechtsmerkmale,* deren Ausbildung vermutlich hormonal gesteuert wird. Nach Untersuchungsergebnissen von Heumann (1931) löst die Oogenese nicht die Entwicklung der Drüsenpolster im Clitellumbereich aus. Die

Ausbildung der Drüsen findet vielmehr in zwei Phasen statt, von denen die erste während der Spermiogenese und die zweite nach Füllung der Receptacula seminis abläuft. Sind die Receptacula nach der Begattung leer, so wird das Clitellum zurückgebildet. Avel hat aber in zahlreichen Versuchen (Zusammenfassung Avel, 1929) an Allolobophora caliginosa und A. terrestris zeigen können, daß die Gonaden nicht selbst für die Ausbildung des Clitellums verantwortlich sind. Diese beiden Arten zeigen periodisch, und zwar in den Wintermonaten, geschlechtliche Aktivität.

Nach Entfernung der Gonaden, die nicht regeneriert werden, kam es dennoch während des folgenden Winters zur Ausbildung des Clitellums. Gonaden und Clitellum entwickeln sich demnach unabhängig voneinander, und die Ausbildung beider dürfte von einem noch unbekannten Faktor induziert und gesteuert werden. Herlant-Meewis (1960) machte hierfür Neurosekrete aus dem Unterschlundganglion verantwortlich.

*Aufgaben:*

1. Wie groß ist die Zahl der Segmente bei den Ihnen vorliegenden Regenwürmern?
2. Ist die Lage der Geschlechtsöffnungen und des Clitellums variabel?
3. In welchem Zustand befindet sich das Clitellum? Wie sieht bei der folgenden Präparation und mikroskopischen Untersuchung der Inhalt von Samenblasen (Kap. 5.2.1.) und Receptacula seminis (Kap. 6.6.) sowie das Ovar aus (Kap. 5.2.2.).
4. Wo liegen bei verwandten Arten die Geschlechtsöffnungen und das Clitellum? Leicht beschaffbar sind hierfür vor allem Lumbricus rubellus, der Laubwurm, und Eisenia foetida, der Mistwurm.

# 5. Präparation

Die Präparation des vorderen Körperabschnitts des Regenwurms erfolgt wohl immer noch in allen Anfängerpraktika. Die dabei gewonnenen Kenntnisse schwinden aber erfahrungsgemäß bald, so daß eine Wiederholung fast ein neuer Anfang ist. Im Großpraktikum sollte die Präparation gerade dieses Körperabschnitts sehr viel gründlicher erfolgen. Daher beginnen wir mit einer Präparation, die zunächst eine Übersicht vor allem über die Gliederung des Darms liefert und anschließend eine nähere Betrachtung der Geschlechtsorgane zum Ziel hat. In gesonderten Präparationen, die eventuell als Gruppenarbeit durchgeführt werden können, folgen dann die Untersuchung des Nerven- bzw. Blutgefäßsystems, sowie der Metanephridien. Ein besonderer Abschnitt ist den am besten bei dieser Gelegenheit zu untersuchenden Coelomzellen gewidmet. Von speziellem Interesse sind bei diesen Präparationen die vorderen Körperabschnitte. Die übrig bleibenden Stücke und auch die ausgeräumten Vorderenden lassen sich noch für einige interessante Untersuchungen verwenden, die im Kapitel „Resteverwertung" beschrieben sind (Kap. 5.7.). Nervensystem, Nephridien und Geschlechtsorgane kann man auch im Zusammenhang mit der histologischen Untersuchung präparieren.

Die Präparation des gesamten Regenwurms kann in den üblichen Präparierschalen stattfinden. Für die Präparation bestimmter Körperabschnitte, die teilweise unter dem Stereomikroskop stattfinden muß, sind kleinere Schalen geeigneter. Man kann hierfür Schalen aus Glas oder Kunststoff verwenden, die mit Paraffin ausgegossen werden; Kerzenwachs ist auch geeignet. In jedem Fall setzt man etwas Bienenwachs zu, damit das Paraffin geschmeidiger wird und beim Einstechen der Nadeln nicht bröckelt. Außerdem gibt man etwas Ruß oder fein gemahlene Aktivkohle zu, damit der Kontrast zwischen Wurmgewebe und Unterlage besser wird. Ist die Schale nicht schwer genug und gerät zu leicht ins Rutschen, so kann man sie dadurch schwerer machen, daß man Bleischrot auf dem Boden verteilt und anschließend das Paraffin eingießt. Zwischen Paraffinoberfläche und Oberkante der Glasschale sollte genügend Platz sein, um so viel Regenwurm-Ringerlösung (S. 154) einzufüllen, daß der zu präparierende Wurm ausreichend davon bedeckt wird. Zum Feststecken von Randstücken sollten kurze Stecknadeln verwendet werden, die schräg eingestochen werden, damit sie beim Präparieren weniger hinderlich sind.

Für die feinsten Präparationsschritte ist eine Pinzettenschere wünschenswert. Da diese aber recht teuer sind, kann man sich behelfsmäßigen Ersatz schaffen, indem man kleine Rasierklingenstücke mit Picein, einer asphaltartigen Dichtungsmasse für Aquarien, in das Ende eines geeigneten Glasrohres einkittet.

Für die in diesem Kapitel vorgesehenen Präparationen sind die ersten Schritte immer wieder gleich und sollen daher an dieser Stelle kurz dargestellt werden. Die Würmer werden in Regenwurm-Ringerlösung oder in 0,4 %ige Natriumchloridlösung gelegt, die als Betäubungsmittel 0,2–0,3 % Chloreton enthält. Die Regenwürmer werden erst dann entnommen, wenn sie vollkommen erschlafft sind und auf Zwicken mit einer Pinzette nicht mehr mit Kontraktionen reagieren. Für Kapitel 5.1. und 5.2. wird der Wurm anschließend in 50%iges Äthanol übertragen. Der Alkohol tötet den Wurm und löst den während der Betäubung abgegebenen Schleim auf.

Die Wirbellosen werden im allgemeinen von dorsal aufpräpariert. Die Dorsalseite ist beim Regenwurm leicht an der starken Pigmentierung und vor allem an dem durchscheinenden Dorsalgefäß zu erkennen. Zunächst wird der Wurm vor dem Clitellum mit einer gröberen Schere quer durchschnitten, weil der vordere Körperabschnitt von besonderem Interesse ist und in einer kleinen Petrischale besser als in einer großen Schale unter dem Binokular präpariert werden kann. Anschließend wird der Hautmuskelschlauch dorsal der Länge nach bis zur Körperspitze aufgeschnitten. Um Darm und Rückengefäß nicht zu verletzen, kann man den Schnitt etwas seitlich der Medianen legen. An der bereits angeschnittenen Stelle vor dem Clitellum (s. o.) hebt man mit der Pinzette den Hautmuskelschlauch ein wenig an, schneidet ihn etwa 1–2 cm auf und steckt die Seitenteile fest. Dann schneidet man nach vorn zu, wobei der untere Scherenschenkel die Führung übernimmt und fest gegen den Hautmuskelschlauch gedrückt wird. Man arbeitet dabei möglichst zügig, denn kurze, ängstliche Schnitte führen leicht zu Verletzungen des Darms oder anderer Organe. Die Schere muß flach über der Präparierschale gehalten und nicht etwa steil angesetzt werden. Man kann auch den Wurm beim Auftrennen in der Hand halten, indem man sein Vorderende zwischen Zeige- und Mittelfinger einklemmt und das übrige Stück mit dem Daumen straff hält.

Nach diesem Längsschnitt müssen die Dissepimente noch durchgetrennt werden, damit die Seitenteile ausgebreitet und festgesteckt werden können. Da diese Arbeit etwas Zeit erfordert, bedeckt man den in der Präparierschale liegenden Wurm mit Regenwurm-Ringerlösung, so daß er nicht austrocknen kann. Die ausgebreiteten Seitenteile sollten nicht wahllos mit Nadeln gespickt werden. Zur leichteren Orientierung bei der weiteren Präparation sollten die Nadeln in jedes 5. oder jedes 10. Segment gesteckt werden.

Falls bei der Präparation der Darm, Blutgefäße oder eine Samenblase angeschnitten wurden, spült man das ausgetretene Material, das die Sicht behindert, mit einer Pipette beiseite. Genügt das nicht, so wechselt man vorsichtig die gesamte Regenwurm-Ringerlösung.

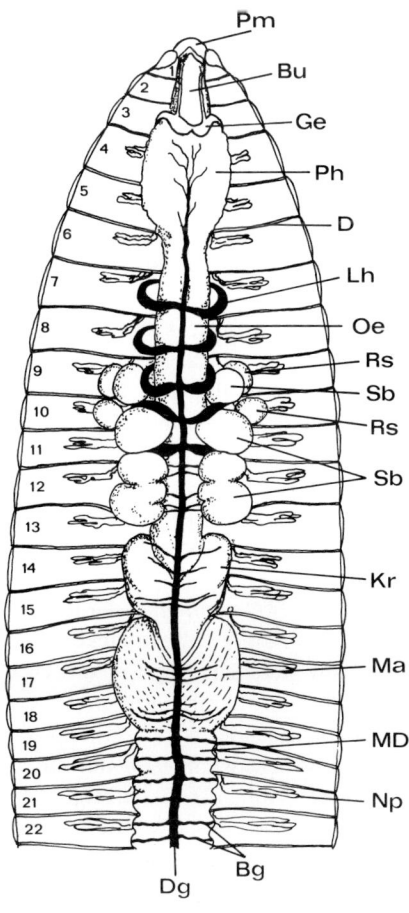

*Abb. 11:* Anatomie des aufpräparierten Vorderendes eines geschlechtsreifen Regenwurms
Bg Blutgefäßschlingen, Bu Buccal-Mundhöhle, D Dissepiment, Dg Dorsalgefäß, Ge Gehirn, Kr Kropf, Lh Lateralherzen, Ma Muskel- oder Kaumagen, MD Mitteldarm, Np Nephridium, Oe Oesophagus, Ph Pharynx, Pm Prostomium, Rs Receptaculum seminis, Sb Samenblase

## 5.1. Übersicht über den Bau des Darmkanals

Der Darmkanal ist im vorliegenden Präparat das beherrschende Organ (Abb. 12).
Er verläuft als gerades Rohr ohne größere Windungen durch den gesamten Körper.
Lediglich peristaltische Wellen von 3—5 Segmenten Länge können im eigentlichen
Darmkanal vorhanden sein. Die Mundöffnung liegt beim Regenwurm nicht unmittelbar am Vorderende, sondern etwas unterständig. Sie ist daher im Präparat nicht
zu sehen. Die an die Mundöffnung anschließende *Mund- oder Buccalhöhle* liegt unmittelbar hinter dem Prostomium als dünnwandiger, blaß erscheinender ausgedehnter Anfangsteil des Darms. Beim Einbohren in den Boden und bei der Nahrungsaufnahme kann sie ausgestülpt werden (Kapitel 3.3.). Am Übergang der
Mundhöhle in den Pharynx liegen dorsal die auffallenden weißen Oberschlund-
oder Cerebralganglien. Jederseits sind diese durch die Schlundkonnektive mit dem
Unterschlundganglion verbunden.

Der *Pharynx* erscheint auf den ersten Blick als ein gelbliches, umfangreiches Gebilde, das durch zahlreiche Muskeln mit dem Hautmuskelschlauch verbunden ist.
Mit diesen Muskeln kann er vor- und zurückgezogen werden. Klarheit über den
Aufbau dieses Darmabschnitts gewinnt man nur, wenn man ihn aufschneidet. Zur
Orientierung sind am besten Querschnitte geeignet, die man mit einer Rasierklinge
herstellt. An diesen erkennt man, daß das gesamte Gebilde aus drei verschiedenen
Anteilen besteht:
1. einem ventralen, den eigentlichen Darmabschnitt darstellenden Teil;
2. einem mit Muskeln und Blutgefäßen versehenen Teil;
3. einem median und nach dorsal ausgedehnten drüsenreichen Abschnitt (Kap.
   6.4.).

Der Darmkanal gliedert durch seitliche Einfaltung eine etwas dorsal gelegene,
nach hinten blind geschlossene und ventral median offene Rinne ab, in welche die
Drüsen nach Keilin (1921) ihr Sekret abgeben. Heran (1956) stellte fest, daß diese
Speicheldrüsen Amylase und eine bei pH 5,2 — 5,7 besonders wirksame Protease liefern; außerdem sollen sie nach Keilin (1921) Schleim sezernieren. Buccalhöhle und
Pharynx sind mit einer kollagenhaltigen Kutikula ausgekleidet. Die Muskelschichten sind im Pharynx stärker entwickelt als in der Buccalhöhlenwandung. Beide sind
ektodermaler, die folgenden Darmabschnitte entodermaler Herkunft (Menzi, 1919;
s. Abb. 53 und Kap. 6.4.).

Auf den Pharynx folgt ein langer *Oesophagus,* der teilweise von den Geschlechtsorganen verdeckt sein kann, wenn diese voll entwickelt sind. Will man nach der Betrachtung des Darmkanals am gleichen Präparat die Geschlechtsorgane untersuchen, so wartet man besser mit dem Freipräparieren des Oesophagus bis die Untersuchung der Geschlechtsorgane beendet ist. Die Einmündung des Pharynx in den
Oesophagus ist am besten zu sehen, wenn man mit einer Rasierklinge das Über-
gangsstück median aufschneidet (Abb. 12). Dann zeigt sich, daß der Pharynx dorsal
in den Oesophagus mündet, und daß dieser ventral eine kleine, nach vorn gehende
Tasche aufweist. Das Lumen des Oesophagus ist klein. Man kann drei Abschnitte
unterscheiden, vor allem wenn man den gesamten Oesophagus median aufschneidet oder Querschnitte herstellt (Arthur, 1963). Der erste Abschnitt reicht vom 7.—9.
Segment, hat einen rundlichen Querschnitt und besitzt ein auffallendes Faltensy-
stem im Innern. Der zweite Abschnitt liegt im 10. und 11. Segment und ist durch
Längsfalten des Epithels gekennzeichnet. In diesem Bereich liegen die *Kalkdrüsen*

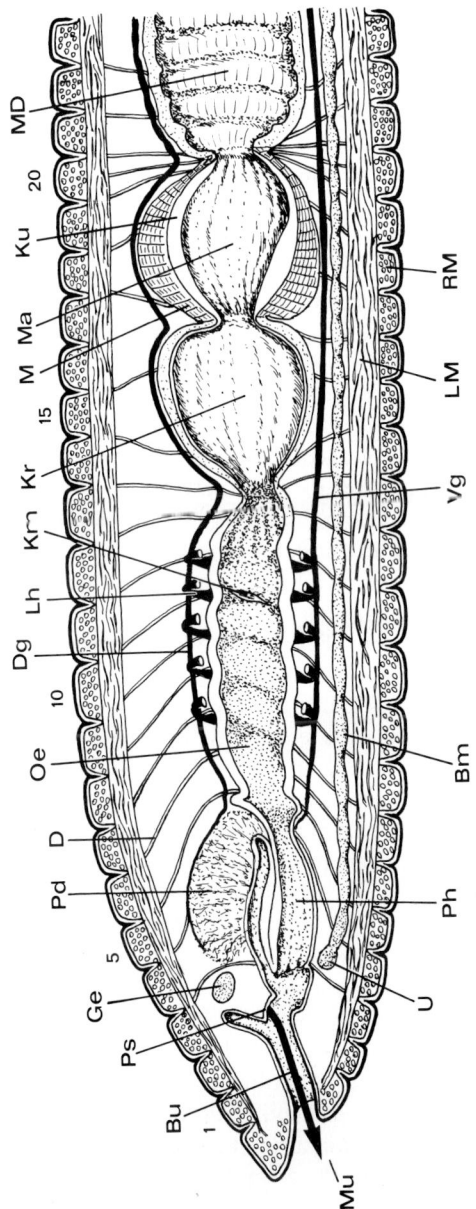

*Abb. 12:* Ein Medianschnitt durch das Vorderende des Regenwurms zeigt die Differenzierungen des Darmkanals, das Fehlen von Dissepimenten im vordersten Körperbereich und die unterschiedliche Lage der Dissepimente in den folgenden Bereichen, sowie die Rückverlagerung des Gehirns (Ge).

Bu Buccalhöhle, Bm Bauchmark, D Dissepiment, Dg Dorsalgefäß, Ge Gehirn, Lh Lateralherz, LM Längsmuskulatur, Km Mündung der Kalkdrüsen in den Oesophagus, Kr Kropf, Ku Kutikula des Muskelmagens, die u. a. Enzyme und Chitin enthält, Mu Mundöffnung, aus der der Pharynxstempel vorgestülpt werden kann (durch Pfeil angedeutet; s. a. Abb. 58), MD Mitteldarm, M starke Muskulatur des Muskel- oder Kaumagens (Ma), Oe Oesophagus, Pd Pharynxdrüsen geben ihre Sekrete über einen nach vorn führenden Gang in den Pharynx (Ph) ab, Ps Pharynxstempel, RM Ringmuskulatur, U Unterschlundganglion, Vg Ventralgefäß, 1–20 = Segmentnummer

39

(Näheres Kap. 6.3.1.), die durch ihre weiße Farbe und ihre starke Blutversorgung auffallen. Sie münden jederseits im 10. Segment in den Darm und reichen in Form eines langen Blindsacks, der im 11. und 12. Segment Auftreibungen zeigt, bis ins 13. Segment (Abb. 49). Die beiderseits vorhandenen Blindsäcke liegen dem Darm eng an. Schneidet oder reißt man die Drüsen auf, so sieht man, daß die Blindsäcke feine, weiße Körnchen enthalten, während in der Aussackung im 10. Segment größere Kristalle vorhanden sein können (Abb. 51); es handelt sich dabei um Calciumcarbonat. Das mit Längsfalten versehene Epithel dieses Oesophagusabschnitts ist lateral, aber nicht dorsal und ventral, mit Cilien versehen; die Tätigkeit der Cilien kann man unter Umständen indirekt am Transport von Schleim, Darminhalt oder Kalkkonkrementen erkennen. Das Lumen ist in diesem Bereich seitlich stark eingeengt. Erst im dritten Teil des Oesophagus ist sein Querschnitt wieder rundlich.

Als Sonderbildungen des Oesophagus bei bodenbewohnenden Oligochaeten (Terrikolen) werden die folgenden Abschnitte *Kropf und Muskel- oder Kaumagen* aufgefaßt. Beide fallen beim aufpräparierten Wurm sofort durch ihre Größe und starke Blutversorgung auf und erstrecken sich über mehrere Segmente (Abb. 12). Bei der Skizzierung dieses Darmabschnitts sollte unbedingt die Lage der zugehörigen Dissepimente notiert und mit den Abbildungen in der Literatur verglichen werden. Ein Medianschnitt zeigt auch bei diesen Abschnitten interessante Einzelheiten. Der Oesophagus ragt im ventralen Bereich mit einem stark gefalteten, gelb gefärbten Epithel in den Kropf. Auf diese Weise wird vermutlich eine Ventilwirkung erreicht und ein Zurückströmen von Nahrung aus dem Kropf/Muskelmagen in den Oesophagus verhindert. Das Epithel des Kropfes ist stark gefaltet. Seine Muskulatur ist bei weitem nicht so stark entwickelt wie die des *Muskel- oder Kaumagens* (englisch: gizzard), dessen Lage schon am intakten Wurm leicht zu erkennen ist. Die dünne, chitinhaltige Kutikula des Kropfes ist kaum zu finden. Die dickere, ebenfalls Chitin enthaltende Kutikula des Muskelmagens ist dagegen ohne weiteres zu erkennen und läßt sich leicht von dem mit auffallenden, regelmäßigen feinen Querfalten versehenen Epithel abziehen. Dieses Epithel sezerniert ständig neues Kutikulamaterial (Kap. 6.5.). An der Lumenseite wird die Kutikula durch Nahrungsbestandteile ständig abgeschilfert. Dadurch werden die in ihr enthaltenen Enzyme, Amylase und Protease, mit der Nahrung vermischt. Nachweismöglichkeiten für die Enzyme sind im Anhang, Seite 161 ff., aufgeführt.

Der Muskelmagen scheint mehrere Aufgaben gleichzeitig zu erfüllen. Mit seiner kräftigen Muskulatur dürfte er Kontraktionen ausführen, durch die die Nahrung gemischt und ein Zerreiben weicherer Nahrungsanteile an härteren erreicht wird. Außerdem könnte er eine Pumpeinrichtung für den Weitertransport der Nahrung darstellen. Schließlich sorgt er für die geschilderte Vermischung von Nahrung und Enzymen.

Der Muskelmagen reicht mit einem gelb gefärbten, stark gefalteten Epithel in den Mitteldarm hinein (Abb. 12). Hier dürfte es sich um eine Ventileinrichtung handeln, die ein Zurückströmen von Nahrung aus dem Darm in den Muskelmagen verhindert.

Am Anfangsteil des *Mitteldarms* sind bisweilen auffallende stärkere Aussackungen vorhanden als am übrigen Darmtrakt. Nach Arthur (1963) soll deren Epithel nicht anders aufgebaut sein als üblich. Der Mitteldarm ist vollständig mit gelb gefärbten Chloragogzellen bedeckt, die aus dem Mesoderm hervorgegangen sind, das während der Entwicklung die Darmanlage überzog. Pinselt man die Chloragogzellen vorsichtig ab, so kann man besser den Verlauf der dorsal auf dem Darm verlaufenden Gefäße sehen (Kap. 5.5.).

Fertigt man mit einer Rasierklinge Querschnitte des Mitteldarms in verschiedenen Segmenten des mittleren und hinteren Körperabschnitts an, so findet man in den ersten zwei Dritteln des Mitteldarms eine von dorsal mehr oder weniger weit in das Darmlumen ragende Einfaltung, die *Typhlosolis* (Abb. 47a und Abb. 48a). Sie zeigt eine unterschiedliche Form und soll der Oberflächenvergrößerung des Darmepithels dienen. Zum ersten Mal wurde sie von Willis (1672) beschrieben unter der Bezeichnung „intestinum in intestino". Der Name Typhlosolis stammt von Morren (1825/26). Leider ist immer noch in Lehrbüchern die Auffassung zu finden, die Typhlosolis erstrecke sich durch den ganzen Darm. An Hand der Querschnitte oder durch Auftrennen des Darms kann man leicht ihre Ausdehnung selbst ermitteln. Jordan (1913) hat den Darmabschnitt ohne Typhlosolis *Enddarm* genannt (Kap. 6.3.3.).

Bringt man Darminhalt oder Kot des Regenwurms in ein Blockschälchen und spült mit einer Pipette alle feinen Partikel heraus, so bleiben neben größeren Nahrungsresten zahlreiche zarte Membranen übrig. Hierbei handelt es sich um *peritrophische Membranen,* die vom Mitteldarmepithel sezerniert werden (Kap. 6.1.6.). Sie können zwischen Nahrungsresten verteilt sein oder auch diese umgeben. Diese peritrophischen Membranen enthalten unter anderem chitinhaltige Mikrofibrillen, die ihre Haltbarkeit und mechanische Festigkeit bedingen (Peters, 1966, 1968; Vierhaus, 1971).

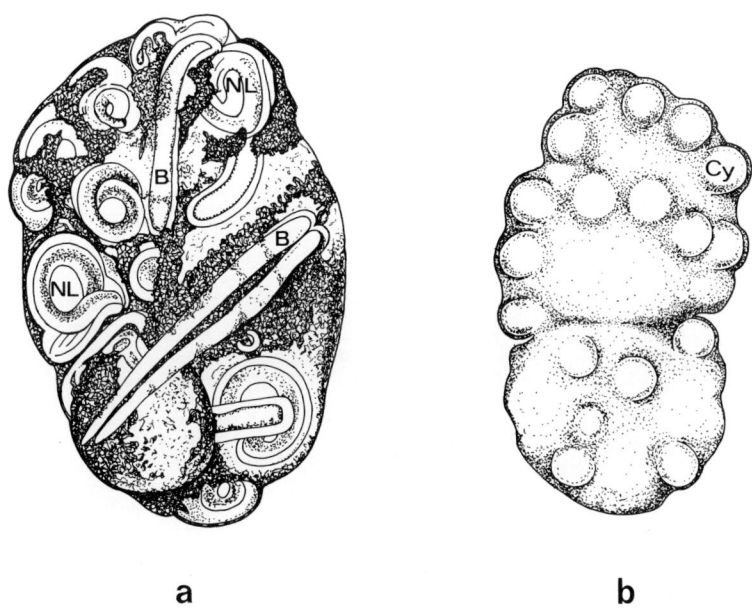

a                    b

*Abb. 13:* Bällchen oder „braune Körper" können vorwiegend Borsten (B) und Nematodenlarven (NL) oder Gregarinencysten (Cy) enthalten. a nach Cuénot, 1898; b nach Tu, 1937.

Beim Aufpräparieren der hinteren Segmente findet man im Coelom in verschieden großer Zahl sogenannte *Bällchen,* die weißlich oder gelbbraun aussehen können. Einzelne Bällchen kann man auch in den vorderen Körpersegmenten antreffen. Betrachtet man diese Gebilde zerzupft oder unbehandelt im Mikroskop, so erkennt man, daß es sich um Konglomerate aus Gregarinencysten, Borsten, Nematodenlarven usw. handelt, die von Coelomzellen verbacken wurden (Abb. 13 und Abb. 14). Sie sammeln sich in den hinteren Körpersegmenten an, nachdem sie mit der Coelomflüssigkeit durch die ventral in jedem Dissepiment vorhandene Öffnung (Kap. 6.2.) von Segment zu Segment befördert wurden. In den hinteren Segmenten werden sie durch die Rückenporen abgegeben (Tu, 1937).

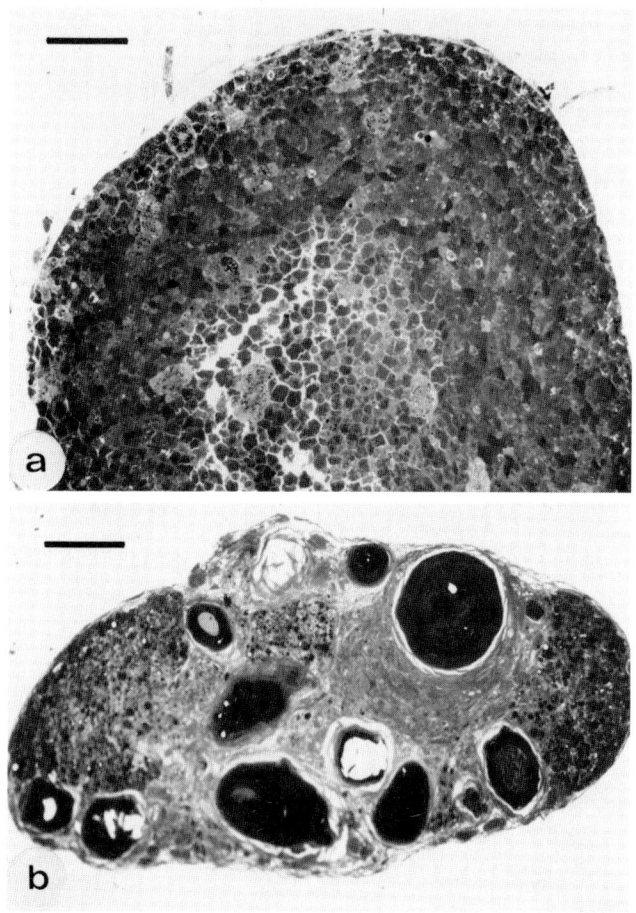

*Abb. 14:* Lichtmikroskopische Aufnahmen von Semidünnschnitten durch Bällchen, gefärbt mit Toluidinblau
a. Semidünnschnitt durch ein frisches Bällchen. Nach Fixierung mit Glutaraldehyd und Osmium sind die Amoebocyten noch deutlich erkennbar.
b. Paraffinschnitt durch ein älteres Bällchen mit Borstenresten. Vergrößerung 110 x. Maßstab = 100 µm

## 5.2. Geschlechtsorgane

Der Regenwurm ist wie alle Oligochaeten ein Hermaphrodit, d. h. er enthält männliche und weibliche Geschlechtsorgane. Der gesamte Geschlechtsapparat ist entsprechend kompliziert gebaut und mit einigen Besonderheiten versehen. Im Gegensatz zu den Polychaeten sind bei Clitellaten die Geschlechtsorgane auf bestimmte vordere Segmente beschränkt. Die Spermien werden bei Lumbricus terrestris nicht im eigentlichen Hoden, sondern in besonderen, die Hoden umgebenden Coelomräumen entwickelt, die vom übrigen Coelom abgetrennt sind. Die Eier gelangen aus dem Ovar zunächst in eine Aussackung des dem gleichen Segment zugehörigen Dissepiments, den Eihälter, und werden darin bis zur Ablage aufbewahrt. Penisbildungen kommen ebenso wie bei vielen anderen Oligochaeten nicht vor. Die Samenübertragung erfolgt bei Lumbricus wechselseitig, Selbstbefruchtung erfolgt nicht. Bei einigen mit Lumbricus terrestris verwandten Gattungen und Arten kommt Parthenogenese vor, bei Lumbricus terrestris selbst anscheinend nicht.

Der Reifezustand der Geschlechtsorgane hängt vom Ernährungszustand des Wurms, den Temperaturverhältnissen und der Jahreszeit ab. Wenn das Clitellum gut ausgebildet ist, sind auch die Gonaden reif. Ist das Clitellum aber kaum zu erkennen, so sind auch die Geschlechtsorgane nur wenig ausgebildet und ohne die verschiedenen, im folgenden geschilderten Entwicklungsstadien der Spermien. Im Spätherbst und Winter gefangene Würmer enthalten in den Samenblasen unter Umständen nur ganz bestimmte Stadien der Spermabildung.

Wenn die hier angegebene Lage der Geschlechtsorgane nicht mit der im Präparat übereinstimmt, so kann das zwei Gründe haben:

1. Es handelt sich vielleicht gar nicht um Lumbricus terrestris; die Gattungen und Arten der Lumbricidae unterscheiden sich u. a. in der Anordnung der Geschlechtsorgane (s. die in Kap. 2.1. angegebene Bestimmungsliteratur);
2. Unregelmäßigkeiten in der Anlage des Geschlechtsapparats sind in der Literatur für Lumbricus terrestris und andere Lumbriciden beschrieben worden (Bergh, 1886; Woodward, 1893; Foxon, 1933; Stephenson, 1930); es kann eine Asymmetrie oder eine Reduktion bzw. Vermehrung von Teilen des Geschlechtsapparats vorliegen.

Die Präparation beginnt wie in Kapitel 5 bisher beschrieben.

Beim geschlechtsreifen Wurm fallen sofort die stark entwickelten, gelbweißen, drei Paar Samenblasen *(Vesiculae seminales)* auf. Es handelt sich um mehr oder weniger ausgedehnte Ausstülpungen, die über einen stielartigen Teil mit zwei median in den Segmenten 10 und 11 liegenden Räumen verbunden sind (Abb. 11 und Abb. 15). Diese Räume, die *Samenkapseln,* umgeben die ventral, beiderseits der Medianen in diesen Segmenten liegenden, zwei Paar Hoden. Es sind Coelomräume, die vom übrigen Coelom getrennt sind. Darm und Ventralgefäß verlaufen oberhalb der Samenkapseln, während das Bauchmark durch diese hindurchgeht (Abb. 61a). Die vorderen Samenblasen gehen ebenso wie die mittleren von der Samenkapsel im 10. Segment aus und reichen bis in das 11. Segment. Die größte Ausdehnung erreichen die von der Samenkapsel im 11. Segment ausgehenden hinteren Samenblasen, die bis weit in das 13. Segment reichen können. In den Samenblasen, und nicht in den eigentlichen Hoden, findet beim Regenwurm die Bildung und Ausdifferenzierung der Spermien statt (s. u.).

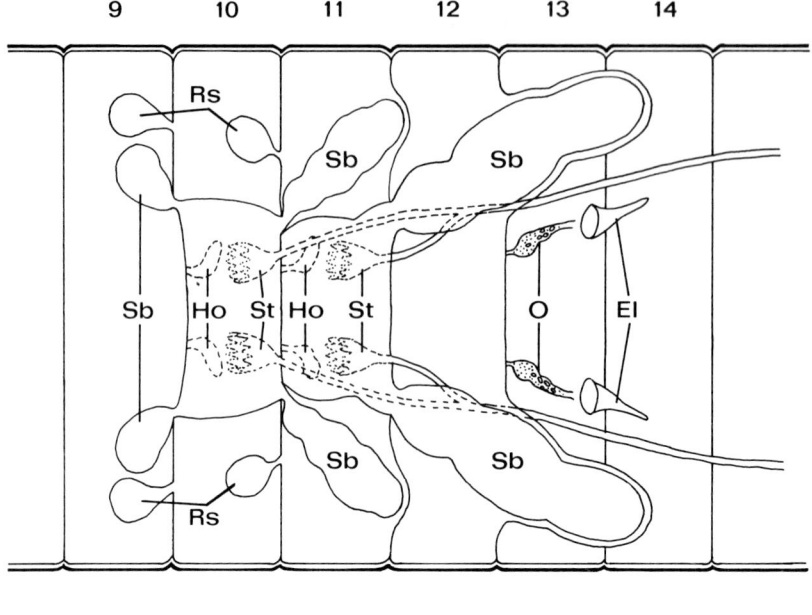

a

b

Abb. 15: a. Schematisierte Darstellung einer Aufsicht auf die Geschlechtsorgane von Lumbricus terrestris (verändert nach Hesse, 1894). Die Segmentzahl ist angegeben. (Vergleiche die Seitenansicht Abb. 61).
El Eileiter, Ho Hoden, O Ovar, Rs Receptaculum seminis, Sb Samenblase, St Samentrichter
b. Kopulation von Lumbricus terrestris
Die Würmer liegen derart aneinander, daß das Clitellum (C) jeweils dem 9.–15. Segment des Partners gegenüberliegt. Der vom Clitellum reichlich produzierte, schnell erhärtende Schleim (Sch) ist an der Fixierung dieser Stellung beteiligt. Die aus den Samenleitermündungen (Slm) im 15. Segment austretenden Spermatröpfchen werden in den Samenrinnen (Sr) bis zum Clitellum transportiert. Dort erfolgt die Übertragung in die im 9. und 10. Segment befindlichen Receptacula seminis des Partners, die auf der Abbildung nicht sichtbar sind.

Die Samenblasen enthalten im allgemeinen Unmassen von Gregarinencysten (Kap. 5.8.2. und Abb. 33). Diese Cysten können anscheinend an der Unterseite der Samenblasen ausgeschleust werden. In diesem Bereich erscheint die Samenblasenwand unter dem Binokular wie von Beulen übersät. Die Samenblasen werden nun mit der Pinzette am Stielteil gefaßt, proximal an der Samenkapsel abgeschnitten und in ein Blockschälchen mit Regenwurm-Ringerlösung übertragen. In 2 ml Ringerlösung werden die Samenblasen aufgetrennt und ausgespült. Mit der Pipette überträgt man einen Tropfen des so verdünnten Inhalts der Samenblase auf einen Objektträger, legt ein Deckglas auf und untersucht ihn mit dem Phasenkontrastmikroskop (Kap. 5.2.1.).

Im 9. und 10. Segment befindet sich je ein Paar kugelförmiger, weißlicher Gebilde, die *Receptacula seminis*. Diese enthalten nach der wechselseitigen Begattung massenhaft Fremdsperma (Kap. 6.6. und Abb. 63). Sie münden über einen kurzen Gang nach außen. Trennt man ein solches Receptaculum ab und spült den Inhalt in einem Tropfen Ringerlösung auf einem Objektträger aus, so kann man im Mikroskop die reifen Spermien beobachten. Die Größe der Receptacula ist je nach Funktionszustand außerordentlich variabel.

Den restlichen Teil des männlichen Geschlechtsapparats untersuchen wir erst später und wenden uns zunächst dem weiblichen Anteil zu. Die weißlichen, zipfelförmigen *Ovarien* liegen im 13. Segment und sind, nachdem der Darm vorsichtig entfernt wurde, unter dem Binokular leicht zu finden. Sie liegen beiderseits des Bauchmarks etwas versteckt zwischen den Kanalschleifen der Nephridien und ragen ausgehend vom vorderen Dissepiment des 13. Segments mehr oder weniger weit in den Coelomraum (Abb. 15); ihre Ausdehnung hängt vom Reifezustand ab. Die Ovarien sind im proximalen Teil flach, bandförmig und gehen distal in eine perlschnurartige, verschieden lange Kette von größeren Eizellen über. Man kann die Ovarien entweder mit einer sehr feinen Uhrmacherpinzette an der Basis abtrennen oder sie mit der Schere zusammen mit einem Stückchen Dissepiment herausschneiden. Anschließend werden die Ovarien in einem Tropfen Regenwurm-Ringerlösung (S. 154) auf einen Objektträger übertragen und zur Untersuchung der Eibildung verwendet (Kap. 5.2.2.).

Gegenüber den vom vorderen Dissepiment des 13. Segments ausgehenden Ovarien liegen am hinteren Dissepiment des gleichen Segments Eihälter und Ovidukt. Das Ovar reicht im reifen Zustand so weit nach hinten, daß die reifen Eier einzeln oder in Gruppen ohne weiteres nach der Ablösung vom Ovar in den *Eihälter* fallen können. Dieser stellt eine nach hinten gerichtete, bewimperte Aussackung des Dissepiments dar und ist in voll entwickeltem Zustand wegen der guten Durchblutung rötlich gefärbt. Bei geringer Entwicklung ist er kaum oder gar nicht im Präparat zu erkennen. Im Eihälter werden die Eier gesammelt und bis zur Ablage aufbewahrt.

Zur Ablage gelangen sie in die ventralwärts liegenden breiten Flimmertrichter der beiden *Ovidukte*. Ihre ausleitenden Teile sind etwas nach außen gerichtet und münden etwa in der Mitte des 14. Segments. Der Ovidukt ist nur ein kurzes Stück zu verfolgen, dann verschwindet er im Hautmuskelschlauch.

Die männlichen Ausführgänge beginnen in den Samenkapseln mit den *Samentrichtern*. In jeder Samenkapsel sind beiderseits der Medianen ein Paar Samentrichter vorhanden. Trennt man die Samenkapseln dorsal median auf, so quellen die in zahllose Falten gelegten Samentrichter sofort heraus. Sie irisieren stark und sind daher leicht zu finden. Schneidet man ein Stückchen eines Samentrichters ab und untersucht es unter dem Mikroskop, so findet man die Falten dicht besetzt mit reifen Spermien. Diese hängen zwischen den Cilien der Trichterwand. Hat man die Samentrichter sorgsam entfernt, so gießt man zunächst die durch die Spermamassen trübe gewordene Regenwurm-Ringerlösung ab, ersetzt sie durch frische Lösung und spült die Region mit einer Pipette gründlich frei von Spermien. Dann erst beginnt man mit der Suche nach den relativ kleinen, unscheinbaren *Hoden*. In der Literatur wird immer wieder behauptet, es sei schwer, wenn nicht unmöglich, die Hoden zu finden, weil sie bei reifen Tieren infolge der starken Produktion von Spermatogonien außerordentlich klein seien. Prüfen Sie selbst, ob diese Behauptung zutrifft. Die Hoden inserieren innerhalb der Samenkapseln beiderseits der Medianen an den vorderen Dissepimenten der Segmente 10 und 11 (Abb. 15). Die Samenkapseln wurden bei der Präparation der Samentrichter bereits geöffnet. Man kann daher unter dem Binokular die erwähnten Partien der Dissepimente beiderseits der Medianen und dabei die Nephridien mit einer feinen Nadel oder Uhrmacherpinzette beiseite schieben. Die Hoden sehen aus wie plattgedrückte Rosen. Sie sind von weißlicher Farbe; apikal ist eine gelbliche Partie vorhanden, in der man bei der mikroskopischen Untersuchung ein Knäuel aus kleinen Blutgefäßen erkennt.

Die ausführenden Kanäle, die *Samenleiter oder Vasa efferentia* sind schwer zu finden und zu verfolgen. Um Zeit für die mikroskopische Untersuchung der Samenblasen, der Samentrichter und des Ovars zu gewinnen, kann man auf diesem Stadium der Präparation das Präparat nach Abgießen der Regenwurm-Ringerlösung einfach mit 70%igem Äthanol fixieren, dem 2 – 5% Glyzerin zugesetzt werden. Nach Abschluß der mikroskopischen Untersuchung kann die Präparation der Samenleiter unter dem Binokular fortgesetzt werden, indem zunächst die großen Nephridien aus den Segmenten 12 – 15 entfernt werden (Kap. 5.6.). Dann zieht man einen Samentrichter vorsichtig so weit aus der Samenkapsel bis die charakteristische Schlinge des Anfangsteils des Samenleiters erkennbar wird. Hat man dabei zu heftig gezogen, so versucht man es bei den drei verbleibenden Samentrichtern mit mehr Geschick. Im Bereich des Hautmuskelschlauchs vereinigen sich die Vasa efferentia einer Körperseite zu einem gemeinsamen Ausführgang, dem *Vas deferens*. Es mündet im 15. Segment nach außen.

Der komplizierte und in manchem ungewöhnliche Bau der hermaphroditischen Geschlechtsorgane des Regenwurms wurde in jahrzehntelanger Forschungsarbeit über eine Vielzahl von Irrtümern während des 19. Jahrhunderts aufgeklärt. Ein Meilenstein auf diesem Wege war die Arbeit des Medizinstudenten Ewald Hering (1857). Die Lektüre dieser keineswegs langatmigen, klar gegliederten klassischen Arbeit und die Betrachtung der zugehörigen Abbildungen kann man nur empfehlen. Sie beseitigte die Unklarheiten vorhergehender Untersuchungen und zeigt die bewunderungswürdige Beobachtungsgabe von Hering, der lediglich eine Lupe und ein Mikroskop, aber noch kein Binokular zur Verfügung hatte.

*Die Begattung (Paarung, Kopulation)* erfolgt beim Regenwurm in folgender Weise (Hering, 1857; Feldkamp, 1924; Grove, 1925): Zwei Würmer, die meistens benachbarte Röhren bewohnen, legen sich gegenläufig aneinander, so daß schließlich das Clitellum des einen jeweils dem 9. und 10. Segment des anderen Partners gegenüberliegt (Abb. 15b); im 9. und 10. Segment befinden sich die Receptacula seminis. Die Würmer verlassen im allgemeinen während der Paarung ihre Wohnröhre nur mit den Vorderenden und bleiben mit den Hinterenden darin verankert. Nachdem sie sich aneinander gelegt haben, sezernieren beide Partner zwischen dem

9. Segment und dem Clitellum erhebliche Schleimmengen, so daß jeder Wurm während der Paarung in dieser Region von einer Schleimhülle umgeben ist, die rasch erhärtet. Nur im Bereich der 9. und 10. Segmente und der gegenüberliegenden Clitellumregionen sind beide Schleimröhren miteinander verbunden (Abb. 15b). Im übrigen Teil liegen sie an den Ventralseiten eng aneinander. Die Verbindung der beiden Wurmkörper wird außer durch den Schleim durch besondere Borsten und Drüsensekrete gesichert. Im 6. bis 10. Segment sind Klammerborsten vorhanden, die ein Drittel länger und etwa dreimal so dick wie normale Körper- oder Hakenborsten sind. Außerdem gibt es im 10., 15., und 26. Segment, sowie im Bereich des Clitellums, vom 31.–38. Segment, Stechborsten, die mehr als doppelt so lang wie die Hakenborsten sind. Bei der Paarung werden diese Stechborsten in den Partner gestochen und durch ein von den Divertikeldrüsen abgegebenes, rasch erhärtendes Sekret verankert (Feldkamp, 1924). Unter Mitwirkung von Muskeln, die auf Querschnitten durch das 15.–32. Segment im Bereich der Längsmuskulatur besonders deutlich bogenförmig verlaufen, bilden sich in diesem Körperbereich jederseits entlang der Oberfläche der Ventralseite Rinnen aus (Abb. 15b). Anschließend wird aus den männlichen Geschlechtsöffnungen tropfenweise samenhaltige Flüssigkeit abgegeben, die durch peristaltische Bewegungen der Rinnen zu den Öffnungen der Receptacula seminis des Geschlechtspartners transportiert und von diesen aufgenommen wird. Die *Paarungsdauer* beträgt insgesamt etwa zwei bis drei Stunden.

### 5.2.1. *Spermabildung*

Eine Übersicht über die Stadien der Spermiogenese erhält man am besten anhand eines *Ausstrichpräparats*. Die Herstellung eines solchen Präparats kann in verschiedener Weise erfolgen.

1. *Lebendmaterial* untersucht man im Phasenkontrastmikroskop, indem man einen Tropfen des mit Regenwurm-Ringerlösung verdünnten Inhalts einer Samenblase auf einen Objektträger bringt und mit einem Deckglas bedeckt.
2. Ein fixiertes, aber nicht haltbares *Schnellpräparat* stellt man her, indem man einen Tropfen Samenblaseninhalt auf dem Objektträger mit 1–2 Tropfen Karmin- oder Orcein-Essigsäure (S. 160) vermischt, kurze Zeit reagieren läßt, und dann ein Deckglas auflegt.
3. Zur Herstellung von *Dauerpräparaten* werden saubere Objektträger zunächst mit Chromalaun-Gelatine überzogen (S. 159). Der Überzug aus Chromalaun-Gelatine sorgt für eine gute Haftung der Spermiogenese-Stadien. Mit 1 ml Regenwurm-Ringerlösung, die 1 % Rinderserumalbumin enthält, spült man die Spermiogenese-Stadien aus den Samenblasen eines Regenwurms. Einen Tropfen dieser gut durchmischten Flüssigkeit bläst man mit einer Pipette auf einen mit Chromalaun-Gelatine überzogenen Objektträger und läßt ihn antrocknen. Anschließend fixiert man zehn Minuten mit absolutem Alkohol (Äthanol oder Methanol), läßt wieder lufttrocken werden und färbt schließlich 60 Minuten lang mit Giemsalösung (S. 159).

Zur Darstellung der Chromosomen ist die Herstellung eines *Quetschpräparats* besser geeignet. Zunächst werden die Samenblasen in einem Gemisch aus drei Teilen 96%igem Äthanol und einem Teil Eisessig in Stücke geschnitten und bis zur weiteren Verarbeitung aufbewahrt. Die Herstellung eines Quetschpräparats ist in Kapitel 5.2.2. beschrieben.

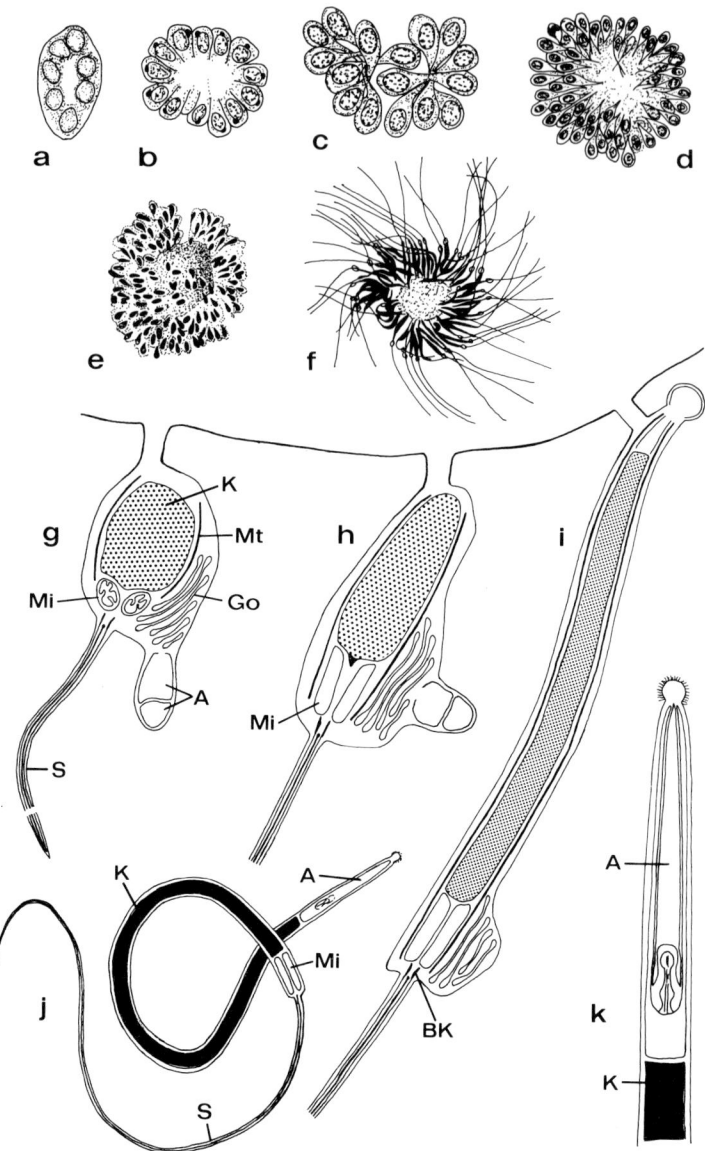

*Abb. 16:* Spermabildung

Von den Hoden werden vielkernige Follikel (a) abgegeben, die in die Samenblasen gelangen und sich teilen (b und c). Im Verlauf weiterer Teilungen entsteht eine zentral gelegene Plasmamasse, der Cytophor, an dem sich die Spermatocyten (d) und nach der Meiose die Spermatiden bilden (e).

Die Umwandlung der Spermatiden in reife Spermien kann lichtmikroskopisch nur unzureichend verfolgt werden (f). Erst durch elektronenmikroskopische Untersuchungen konnte geklärt werden, daß die Acrosomanlage (A) vom Golgiapparat (Go) gebildet wird, daß die Mitochondrien (Mi) sich rosettenförmig zwischen Kern (K) und Basalkörper (BK) des mit 9 x 2 + 2 Mikrotubuli versehenen Schwanzabschnitts (S) anordnen, und daß der Kern während der Verdichtungsphase von Mikrotubuli (Mt) umgeben ist. Die Acrosomanlage wandert an dem in Bildung befindlichen Spermium an dessen Spitze entlang und entwickelt sich hier zur endgültigen Form.

a–f nach lichtmikroskopischen Befunden (a und b nach Calkins, 1895; c–f nach Bugnion und Popoff, 1905), g–k nach elektronenmikroskopischen Ergebnissen von Troyer und Cameron, 1980, und eigenen Befunden

Die gefärbten Ausstriche zeigen je nach dem Grad der Geschlechtsreife des untersuchten Regenwurms bzw. zu verschiedenen Jahreszeiten nur bestimmte oder sämtliche Stadien der Samenbildung (Abb. 16).

Im Hoden werden *Spermatogonien* gebildet, die den Hoden im allgemeinen in Gruppen von acht Zellen verlassen. Es ist fraglich, ob Einzelzellen den Hoden verlassen. Gruppen von zwei und vier Zellen trifft man nur selten an; sie könnten durch Zerfall größerer Gruppen entstanden sein. Die erwähnten Gruppen von acht Zellen gelangen in die Samenblasen und teilen sich hier weiter. Die Teilungen erfolgen in den Gruppen synchron. Man findet daher in den Samenblasen Gruppen von 8, 16, 32 Zellen; auch diese Zellen sind noch Spermatogonien. Sie sind von birnenförmiger Gestalt und bleiben durch stielförmige Plasmabrücken miteinander in Verbindung. In Teilungsstadien der Spermatogonien werden 36 Chromosomen gezählt, die alle fast gleich lang und dick sind, so daß man kaum die homologen Paare ermitteln kann; Satelliten oder Einschnürungen werden nicht beobachtet (Walsh, 1954). Anaphase und Telophase scheinen nur kurze Zeit zu dauern und werden daher selten gefunden.

Bei den meisten Tieren folgt auf die Vermehrung der Spermatogonien eine Wachstumsphase der so entstandenen Zellen. Bei Lumbricus beginnt dagegen nach Erreichen eines Stadiums mit 32 Zellen im allgemeinen die Meiose. So kommt es, daß die Spermatocyten kleiner als die Spermatogonien sind. Die *Meiose* läßt sich wegen der Kleinheit der Stadien und wegen der Verklumpung von Chromosomen bei schlechter Fixierung schwerer verfolgen. Sie verläuft aber in entsprechender Weise wie bei anderen Tieren (Walsh, 1954). Noch kleiner als die in Gruppen von 32 Zellen angeordneten *Spermatocyten I. Ordnung* sind die in Gruppen von 64 Zellen auftretenden *Spermatocyten II. Ordnung*. In der 2. Reifeteilung werden 18 Chromosomen gezählt, was dem haploiden Chromosomensatz entspricht. Bei dieser Teilung entstehen aus den 64 Spermatocyten II. Ordnung wiederum durch synchrone Teilung 128 *Spermatiden;* ganz selten kommen auch 256 Spermatiden in einer Gruppe vor. Die kernhaltigen Anteile liegen an der Peripherie einer umfangreichen, kernlosen Cytoplasmamasse, die *Cytophor oder Blastophor* genannt wird (Hesse, 1909). Seit Bugnion und Popoff (1905) ist man allgemein der Ansicht, daß der Cytophor für die Ernährung der sich weiter entwickelnden Spermatiden von Bedeutung sei. Stephenson (1930) vertrat jedoch die Auffassung, daß er die bei der Spermabildung nicht verwendeten Plasmaanteile übernimmt. In der Tat erinnert dieses Gebilde an die Restkörper, die bei der Gamogonie der Sporozoen auftreten; besonders groß und auffallend sind diese in den Gregarinencysten, die in den Samensäcken der Regenwürmer vorkommen (Kap. 5.8.2., Abb. 33). Nachdem die ausdifferenzierten Spermien sich vom Cytophor abgelöst haben, wird dieser anscheinend von Amoebocyten phagocytiert.

Aus den Spermatiden differenzieren sich allmählich die etwa 70 μm langen und im Kernbereich einen Durchmesser von weniger als 1 μm aufweisenden *Spermien oder Spermatozoen*. Lichtmikroskopisch sind wichtige Einzelheiten schwer zu erkennen. So findet man in der klassischen Literatur gegensätzliche Auffassungen über die Lage des späteren Vorder- bzw. Hinterendes. Die Ausbildung des am Vorderende liegenden, für das Eindringen in die Eizelle wichtigen *Acrosoms* konnte erst durch elektronenmikroskopische Untersuchungen geklärt werden. Die zunächst hinter dem Kern vom Golgiapparat gebildete Acrosomanlage wandert, während der Kern sich immer mehr in die Länge streckt, bis in seine endgültige Posi-

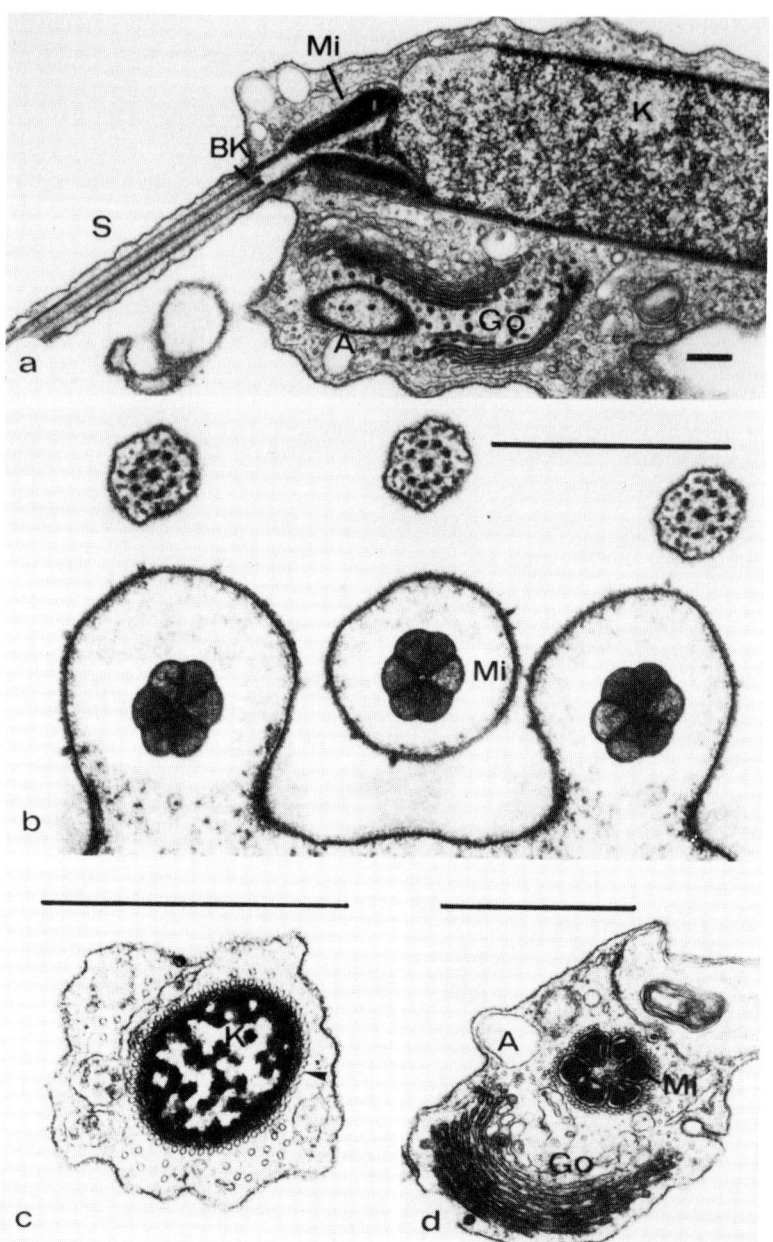

*Abb. 17:* Spermabildung

Das Elektronenmikroskop hat erst die Klärung der Acrosombildung und der Anordnung der Mitochondrien ermöglicht.

a. Ein Längsschnitt zeigt den Kern (K), die Mitochondrien (Mi), den Golgiapparat (Go), Basalkörper (BK) und Cilienstruktur des Schwanzabschnitts (S). Vergrößerung 7200 x

b. Im Querschnitt sind hier die rosettenförmig angeordneten Mitochondrien (Mi) und die Cilienstruktur mit 9 x 2 + 2 Mikrotubuli des Schwanzabschnitts getroffen. Vergrößerung 37 000 x

c. Ein Querschnitt im Kernbereich enthält die nur während der Verdichtungsphase des Kerns vorhandenen, ihn umgebenden Mikrotubuli, sowie verstreut im Plasma liegende Mikrotubuli. Vergrößerung 47 500 x

d. Ein Querschnitt in der Mitochondrienregion läßt den benachbarten Golgiapparat (Go) und die wohl von ihm gebildete Acrosomanlage (A) erkennen. Vergrößerung 30 400 x. Maßstab = 1 μm

tion vor dem Kern. Hier erfolgt erst die Ausdifferenzierung und das Längenwachstum von ursprünglich 2,5 µm auf 6,3 µm (Abb. 16 und Abb. 17).

Ohne spezielle Färbeverfahren sind weder der Golgiapparat noch die hinter dem Kern rosettenförmig angeordneten Mitochondrien sichtbar zu machen (Abb. 17). Die Untersuchung dieser Zellorganellen, ebenso wie die der fibrillären Elemente, erfolgt heute besser mit dem Elektronenmikroskop.

Die Spermabildung des Regenwurms ist, nicht zuletzt wegen der leichten Beschaffbarkeit reichlichen Materials, immer wieder untersucht und beschrieben worden. Nach den klassischen lichtmikroskopischen Arbeiten u. a. von Calkins (1895), Erlanger (1896), Bugnion und Popoff (1909), Depdolla (1905 und 1906) und E. Hesse (1909) folgten erst nach längerer Pause weitere lichtmikroskopische Arbeiten u. a. von Antonie Heumann (1931), Chatton und Tuzet (1941) und Walsh (1954), und schließlich elektronenmikroskopische Untersuchungen u. a. von Gatenby und Dalton (1959), Cameron und Fogal (1963), Anderson, Weissmann und Ellis (1967), Anderson und Ellis (1968), Lanzavecchia und Donin (1972) und Catherine Henley (1973); Troyer und Cameron (1980).

## 5.2.2 Eibildung

Die Stadien zur Vorbereitung der Meiose kann man sehr schön in Quetschpräparaten von Ovarien beobachten; außerdem kann man anhand derartiger Präparate auch die Chromosomenzahl von Lumbricus terrestris ermitteln.

Zur Herstellung solcher *Quetschpräparate* werden Ovarien isoliert und in einem Gemisch aus drei Teilen 96%igem Äthanol und einem Teil konzentrierter Essigsäure fixiert. In dieser Fixierlösung kann das Material bis zur weiteren Bearbeitung liegen bleiben. Zur Färbung werden die Ovarien in ein Röhrchen mit 2 ml Karmin — Essigsäure (S. 160) übertragen und über Nacht gefärbt. Nach dem Färben bringt man die Ovarien mit einem Tropfen Karmin-Essigsäure auf einen Objektträger und legt ein Deckglas auf. Dann deckt man das Deckglas mit einem Stückchen Filterpapier ab und drückt senkrecht, ohne das Deckglas zu verschieben, mit Daumen oder Zeigefinger darauf; das Stück Filterpapier soll lediglich verhindern, daß ein mehr oder weniger gelungener Fingerabdruck auf dem Deckglas verbleibt und die anschließende Untersuchung stört. Man kann entweder sofort bei hoher Vergrößerung, möglichst mit Ölimmersion und Phasenkontrast, das Präparat ansehen oder ein Dauerpräparat herstellen. Dazu muß zunächst das Deckglas entfernt werden. Man legt das Präparat entweder zwei Minuten lang auf Kohlensäureschnee oder taucht es in flüssige Luft. Dadurch wird das Deckglas so weit gelockert, daß es anschließend leicht mit einer Rasierklinge abgehoben werden kann. Das Präparat wird sofort für einige Minuten in eine Färbeküvette mit absolutem Äthanol gebracht und dann mit Euparal eingedeckt.

Der Eisessig lockert die Verbindung zwischen den Zellen; der Quetschvorgang führt dann zur vollständigen Auflösung des Zellverbandes und zu flach gepreßten oder völlig zerquetschten Zellen. Deutlich sind im Phasenkontrast die Gruppen von verschieden stark kondensierten Chromosomen zu sehen (Abb. 62b). An günstigen Stellen mit Pachytänstadien kann man ohne weiteres die Zahl der Chromosomen ermitteln: 2 n = 36. Nähere Einzelheiten werden im Zusammenhang mit der Histologie der Geschlechtsorgane im Kapitel 6. behandelt (s. a. Abb. 61 und Abb. 62). Eine vergleichende Darstellung der Chromosomenverhältnisse bei den Lumbriciden und ihre taxonomische Bedeutung stammt von Omodeo (1952).

## 5.3. Nervensystem des Vorderendes

Das Nervensystem des Regenwurms ist wegen seines einfachen, regelmäßigen Baus und seiner leichten Zugänglichkeit ein gutes Beispiel für den Grundbauplan des Nervensystems der Anneliden und Arthropoden, die seit Cuvier als Articulata zusammengefaßt werden. Während die Polychaeten am Vorderende eine Reihe von prostomialen Anhängen und Sinnesorganen haben können, weist das Vorderende des Regenwurms keine Anhänge und auffallenden Sinnesorgane auf; die Vielzahl der verstreut liegenden Sinneszellen und Sinneszellgruppen (Kap. 5.7.1.) tritt makroskopisch nicht in Erscheinung.

Das Bauchmark der Anneliden besteht ursprünglich aus paarigen Ansammlungen von Nervenzellen, den *Ganglien,* die durch Längsstränge, die Konnektive, und Querstränge, die *Kommissuren,* verbunden sind. Dieses *strickleiterartige Nervensystem* ist bei den Regenwürmern durch die *Reduktion der Kommissuren* nicht mehr in der typischen Form vorhanden. Die paarige Anlage des Bauchmarks ist äußerlich an einer schwachen dorsal-median vorhandenen Furche in seiner bindegewebigen Hülle und mikroskopisch an geeigneten Querschnittpräparaten (Kap. 6.1.5.) zu erkennen. Bei den Arthropoden wird die ursprünglich regelmäßige Konstruktion durch Fusion und Konzentration von Ganglien noch weiter verwischt.

Präpariert man das Nervensystem des Regenwurms frei, so erkennt man ohne weiteres Gehirn, Bauchmark und Segmentalnerven; wichtige Einzelheiten treten aber erst nach einer Osmierung deutlicher hervor. Zunächst wird ein Regenwurm, wie in Kapitel 2.2 beschrieben, behandelt und dann dorsal aufgetrennt und mit den Seitenteilen in einem kleinen Präparierschälchen festgesteckt. Im Bereich des Gehirns muß sehr vorsichtig präpariert werden, damit dieses samt den nach vorn reichenden Nervensträngen nicht zerstört wird; eine feine Nadel sollte allenfalls in das Prostomium gestochen werden. Nun wird sorgfältig der Darm von hinten nach vorn fortschreitend entfernt. Vor und hinter dem Schlundring wird der Darm quer durchgeschnitten und das den Schlundring durchziehende Stück herausgezogen und abgetrennt. Die restliche, dünnwandige Buccalhöhle kann im Präparat verbleiben. Anschließend wird die Regenwurm-Ringerlösung abgegossen und das Präparat mit 1 – 2%iger Osmiumlösung beträufelt; hierfür genügt gebrauchte Lösung, sofern metallisches Osmium noch nicht in stärkerem Maße ausgefallen ist. Osmiumtetroxid hat einen hohen Dampfdruck und kann sehr intensiv vor allem Nasen- und Augenschleimhäute reizen. Man arbeitet daher möglichst unter einem Abzug und bringt die Präparierschale schnell in ein größeres, gut schließendes Gefäß. Nach 10 – 30 Minuten gießt man die Osmiumlösung ab, spült das Präparat gründlich in fließendem Leitungswasser ab und bedeckt es dann wieder mit Regenwurm-Ringerlösung; man kann es auch in 70% Äthanol aufheben und wiederholt für Kurszwecke verwenden.

An einem solchen Präparat kann man sich schnell eine Übersicht über den Bau des Nervensystems des Regenwurms verschaffen. Wir orientieren uns dabei an den Darstellungen des Nervensystems des Vorderendes wie sie von Hess (1925) und Laura Henry (1947) erarbeitet wurden (Abb. 18).

Das *Gehirn* oder *Oberschlundganglion* besteht aus zwei *Cerebralganglien,* die rundliche, miteinander verbundene Massen aus Nervengewebe sind. Am intakten Tier liegen sie dorsal auf dem Vorderdarm, und zwar an der durch eine Delle markierten Grenze zwischen Buccalhöhle und Pharynx (Abb. 18). Während der Ent-

52

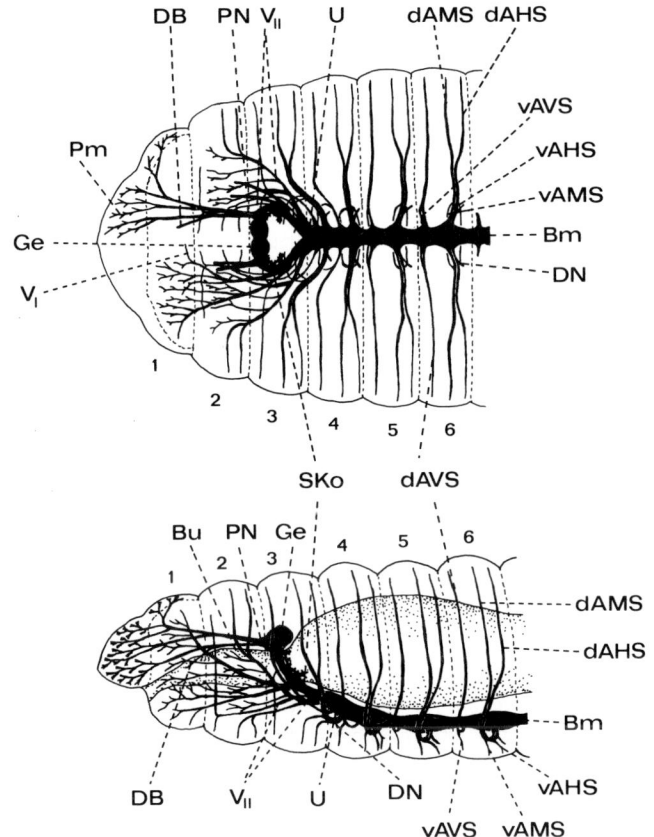

Abb. 18: Das Nervensystem des Vorderendes in Aufsicht und Seitenansicht (nach Hess, 1925)
Bu Buccalhöhle, Bm Bauchmark, DN Dissepimentnerv, DB Nervenast für die Versorgung der dorsalen Buccalhöhle, Ge Gehirn, dAHS dorsaler Ast des hinteren Segmentalnervs, vAHS ventraler Ast des hinteren Segmentalnervs, dAMS dorsaler Ast des mittleren Segmentalnervs, vAMS ventraler Ast des mittleren Segmentalnervs, Pm Prostomium, PN Prostomialnerv, SKo Schlundkonnektiv, U Unterschlundgaglion, dAVS dorsaler Ast des vorderen Segmentalnervs, vAVS ventraler Ast des vorderen Segmentalnervs, V$_I$ Nerv von der Mitte der Schlundkommissur zum Segment 1, V$_{II}$ Nerv vom ventralen Teil der Schlundkonnektive zu Segment 2, 1–6 = Segmentnummern

wicklung entstehen diese beiden Cerebralganglien zunächst unabhängig und getrennt voneinander aus den vordersten Zellen der beiden inneren Längsreihen ektodermaler Teloblasten, die man Neuroblasten nennt. Dorsad des nach hinten auswachsenden Stomodaeums entsteht schließlich eine Brücke aus Nervenzellen ektodermaler Herkunft, die beide Cerebralganglien miteinander verbindet (Wilson, 1889).

Im Präparat erkennt man leicht, daß die Cerebralganglien im dritten Segment liegen. Snodgrass (1938) vermutete, daß diese *Rückverlagerung der Cerebralganglien* mit dem Fehlen von Prostomialanhängen und Augen beim Regenwurm zu tun haben könnte; man könnte allerdings auch funktionelle Gründe, im Zusammenhang mit dem Bohren im Boden, annehmen. Die Cerebralganglien versorgen das Prostomium. Sie entsenden jederseits aus ihren Seitenpartien zwei auffallende, stärkere Nerven in das Prostomium. Diese gliedern sich im Prostomium auf und versorgen die zahlreichen verstreuten Sinnesorgane (Abb. 56).

53

Ein Ast soll nach Hess (1925), nicht aber nach Henry (1947), das erste Segment erreichen; welche Auffassung stimmt mit Ihren Beobachtungen überein?

Die Cerebralganglien sind über die seitwärts des Vorderdarms verlaufenden *Schlundkonnektive* mit dem Unterschlundganglion verbunden. Etwa in der Mitte geben die Schlundkonnektive je einen Nervenast in den dorsalen und einen weiteren, kleineren Ast in den ventralen Teil des ersten Segments ab. An der Abzweigstelle hat schon Hess (1925) einige Nervenzellen gefunden, so daß man annehmen kann, daß sich hier das *Ganglion des ersten Segments* befindet.

Das zweite Segment wird auf beiden Körperseiten von einem größeren und einem kleineren Nervenstrang versorgt, der aus dem Anfangsteil des Unterschlundganglions stammt. Aus dem gleichen Bereich stammt auch die Nervenversorgung des dritten Segments in Form von jederseits drei Nerven, die sich in den einzelnen Parteien des Hautmuskelschlauchs verzweigen. Das Unterschlundganglion besteht demnach aus zwei Ganglienpaaren, die miteinander verschmolzen sind und im Anfangsteil des vierten Segments liegen; d. h. das Unterschlundganglion ist ebenfalls caudad verlagert.

Das eigentliche Ganglion des vierten Segments liegt im hinteren Teil dieses Segments. Im vierten Segment beginnt nun eine Nervenanordnung, die in gleicher Weise auch in allen folgenden Segmenten, mit Ausnahme des Caudalsegments, vorhanden ist. In jedem Segment gehen vom *Bauchmarkstrang* drei Paar Segmentalnerven ab; Dechaut (1906) und Henry (1947) erwähnen vier Paar, doch wies schon Stolte (1935) darauf hin, daß der vierte Nerv mit dem von Hess (1925) Septalnerv genannten Anteil identisch sein dürfte, der zum Dissepiment zieht. Bei Polychaeten können drei Paar (Aphrodite, Hermodice) oder vier Paar Segmentalnerven (Nereis, Harmothoe) vorkommen (Dorsett, 1978).

Die *Ganglien* stellen nur geringfügige Verdickungen des Bauchmarkstrangs dar und liegen im hinteren Drittel eines jeden Segments. Beim Regenwurm sind die *Zellkörper (Somata, Perikaryen)* der Nervenzellen nicht nur in den Ganglien vorhanden, sondern auch in den zwischen den Ganglien liegenden Partien des Bauchmarks; in den Ganglien sind die Zellkörper nur zahlreicher als in den benachbarten Anteilen des Bauchmarks. Somit handelt es sich nicht um Ganglien im strengen Sinne.

Im vorderen Drittel eines jeden Segments verläßt auf jeder Seite ein Segmentalnerv das Bauchmark und im hinteren Drittel gehen jederseits zwei Segmentalnerven vom Bauchmark aus. Im vorliegenden Präparat verschwinden sie nach kurzer Strecke in der Muskulatur. Die Segmentalnerven verlaufen zwischen Längs- und Ringmuskulatur und versorgen diese ebenso wie die Drüsen- und Sinneszellen in der Epidermis. Sie reichen bis in die Dorsalpartie und bilden in jeder Körperhälfte einen *Halbring;* man spricht daher auch etwas mißverständlich von *Nervenringen.* Ein schwächerer ventraler Ast des Segmentalnervs versorgt jederseits den ventralen Bereich, während ein stärkerer Ast sich in den Körperseiten und im dorsalen Bereich aufgliedert (Abb. 19). Die Segmentalnerven versorgen anscheinend nur das zugehörige Segment; Verbindungen zu den Segmentalnerven benachbarter Segmente sind bisher nicht gefunden worden.

Über die Segmentalnerven gelangt eine unvorstellbare Fülle von Informationen zur Verarbeitung in das Bauchmark. Knapp (Näheres s. Mill, 1978) hat ermittelt, daß die Segmentalnerven eines mittleren Körpersegments insgesamt etwa 20 000 sensorische, aus der Peripherie kommende Nervenfasern enthalten; 90 % der

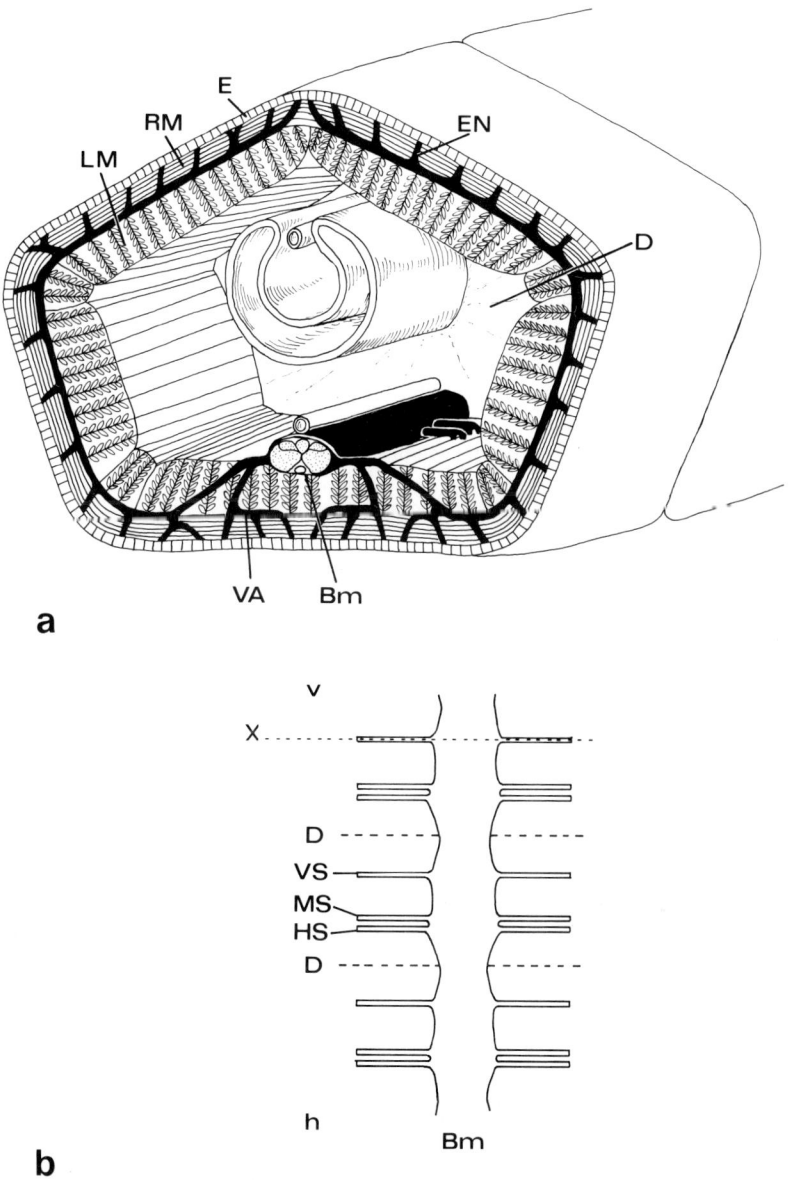

a

b

*Abb. 19:* a. Räumliche Darstellung eines Segments zur Darstellung des Prinzips der Nervenringe
Vom Bauchmark ausgehend kann man die Segmentalnerven nur über eine kurze Strecke beim aufpräparierten Wurm verfolgen. Sie verzweigen sich im Bereich des Hautmuskelschlauchs. Der ventrale Ast (VA)
versorgt den ventralen Teil des Wurms. Jederseits verlaufen Nervenstränge als Halbringe zwischen Ring-
und Längsmuskulatur, um mit ihren Ausläufern Muskeln und Epidermis zu versorgen. Darm, Dorsal- und
Ventralgefäß sind der Übersichtlichkeit halber nicht gekennzeichnet.
Bm Bauchmark, D Dissepiment, E Epidermis, EN Epidermisnerven, LM Längs-, RM Ringmuskulatur, VA
ventraler Ast (verändert nach W. N. Hess, 1925)
b. Dorsalansicht des isolierten Bauchmarks (Bm) mit den abgehenden drei Segmentalnerven: VS vorderer,
MS mittlerer und HS hinterer Sementalnerv, D Dissepiment, v vorn, h hinten, X Schnittebene in a

Axone haben Durchmesser unter 0,5 μm und nur 2 % einen Durchmesser größer als 1 μm.

Nach Behandlung mit Osmiumlösung sind die drei dorsal im Bauchmark liegenden *Riesenfasern* (Kap.6.1.5) außerordentlich deutlich als auffallende, dicke Stränge erkennbar. Wie weit reichen sie am Vorder- und Hinterende?

Ein besonderer Teil des Nervensystems im Vorderende von Lumbricus ist bisher noch nicht erwähnt worden, weil dieser Teil bei der angegebenen Präparationsweise nicht darstellbar ist. Es handelt sich um das *stomodaeale System,* auch *stomatogastrisches oder sympathisches System* genannt. Dieses System versorgt den Darm. Es wurde in der klassischen Arbeit von Hesse (1894) gar nicht erwähnt, von Hess (1925) nur unvollständig beschrieben, und erst von Chen (1930) und Henry (1947) gründlicher untersucht. Parallel und rostrad vor der Schlundkommissur verläuft ein Nervenstrang, der von den Seitenteilen der Cerebralganglien bis in den ventralen Bereich zieht und als *stomodaeale Kommissur* bezeichnet wird. Auf der Bauchseite vereinigen sich die Stränge beider Seiten. Dieser Teil wurde lange Zeit übersehen, weil er in das Darmgewebe eingebettet ist. Von der Schlundkommissur ziehen jederseits sechs kurze Verbindungsstränge zur stomodaealen Kommissur, die nach vorn und hinten zahlreiche Äste zum Darm abgeben. Dorsal zieht ein langer, als Nervus recurrens bezeichneter Ast am Darm entlang.

## 5.4. Coelomzellen

Reizt man einen Wurm durch kräftiges Zwicken mit einer Pinzette, so stößt er aus den Rückenporen Coelomocyten und Chloragocyten aus. Auffallender als bei Lumbricus sind diese Zellen bei Eisenia foetida, wo sie gelb sind und sich besonders gut untersuchen lassen. Man braucht das ausgestoßene Material nur mit einem Objektträger oder einem Deckgläschen abzutupfen und kann es sich anschließend, möglichst im Phasenkontrast, ansehen. Eine nähere Analyse sollte aber von Coelomflüssigkeit ausgehen, die mit einer Kapillare durch einen seitlichen Einschnitt am Wurm abgesaugt und schnell zu einem hängenden Tropfen verarbeitet wird. Im hängenden Tropfen kann man die Coelomzellen längere Zeit in Ruhe beobachten, wenn die Deckglasränder mit Vaseline versiegelt werden, oder unter das Deckglas eine Maske aus feucht gehaltenem Filterpapier gelegt wird.

Seit der klassischen Arbeit von Rosa aus dem Jahre 1896 hat es viel Verwirrung und viele Widersprüche bei der Charakterisierung der verschiedenen Typen von Coelomocyten und hinsichtlich ihrer Entstehung gegeben. Wir folgen den Angaben von Liebmann (1942), der mit verschiedenen Methoden und vor allem der langfristigen Beobachtung in vitro eine gründliche Untersuchung lieferte. Seine Ergebnisse wurden durch die elektronenmikroskopischen Untersuchungen von Stang-Voss (1971) an Eisenia foetida bestätigt.

Liebmann fand, daß sich die scheinbare Vielfalt der Coelomocyten auf zwei Zelltypen zurückführen läßt, die sich nicht mehr teilen können, sich in Größe, Struktur, färberischen Eigenschaften sowie Funktionen unterscheiden und eine Reihe unterschiedlicher Funktionszustände durchlaufen können: *Elaeocyten oder Oleocyten und Leukocyten.* Zahl und Art der Coelomocyten wechseln erheblich entsprechend dem physiologischen Zustand des untersuchten Wurms und während der Jahreszeiten.

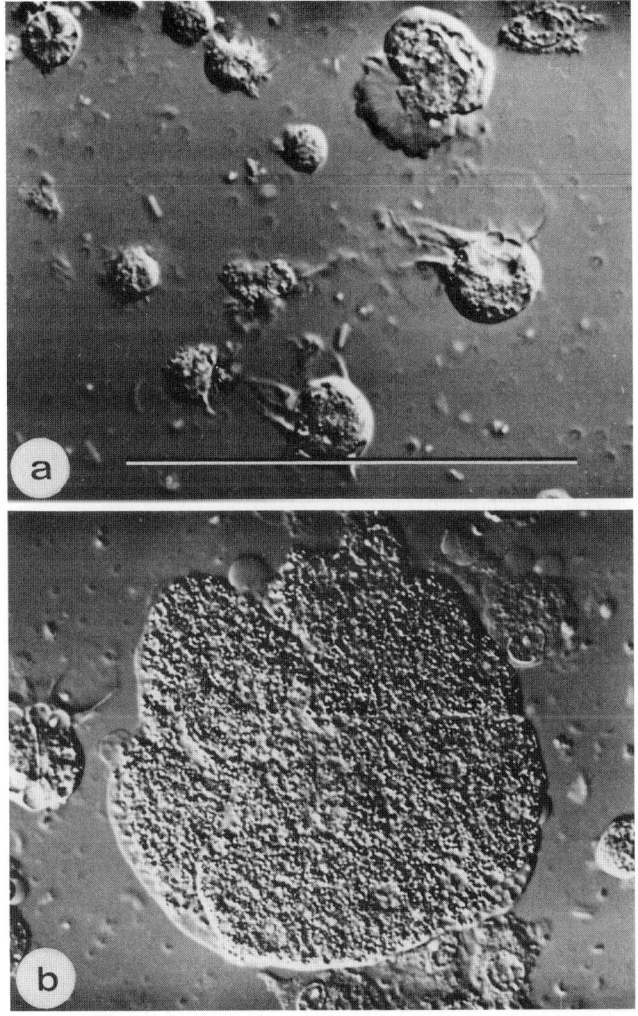

Abb. 20: Lebende, freie Zellen in der Coelomflüssigkeit. Aufnahmen im Differential-Interferenzkontrast, der auch feine Plasmaausläufer sehr plastisch hervortreten läßt.
a. Die Amoebocyten zeigen besonders lebhafte Bewegung und verschieden ausgebildete Plasmaausläufer.
b. Ein Elaeocyt mit schmalem Plasmasaum ist gekennzeichnet durch die massenhaft vorhandenen, Lipid enthaltenden Vesikel.
Vergrößerung 600 x. Maßstab = 100 μm

Der Ausdruck *Elaeocyten* wurde von Rosa eingeführt für die nicht amoeboid beweglichen Coelomocyten, die Fettkügelchen enthalten; wegen dieser Eigenart nennt man sie auch *Oleocyten*. Liebmann unterschied fünf Stadien. Das erste Stadium entsteht aus Chloragocyten, die sich einzeln oder in Gruppen ablösen können und massenhaft Chloragosomen enthalten (Abb. 20b). Letztere sollen sich anschließend in Fettkügelchen umwandeln. In einem zweiten Stadium werden die Elaeocyten mehr eiförmig. die Fettkügelchen werden größer und ihre Zahl geringer. Erst in einem dritten Stadium erreichen die Elaeocyten eine kugelförmige Gestalt; ihr

57

Durchmesser beträgt nunmehr etwa 15 μm. Die Fettkügelchen im Innern sehen hellgrün aus und werden schließlich in die Coelomflüssigkeit abgegeben; zahlreiche Elaeocyten zerfallen dabei vollständig. Die übrig bleibenden enthalten keine Fettkügelchen mehr, sondern lediglich Vakuolen. Rosa nannte diese von Liebmann als 4. Stadium bezeichneten Zellen „vakuolisierte Lymphocyten". In einem fünften Stadium zerfällt der Kern und schließlich löst sich die ganze Zelle auf. Elaeocyten zerfallen auch an der Luft.

Bei manchen Elaeocyten werden die Fettkügelchen nicht während des dritten Stadiums ausgeschieden, sondern im Innern der Zelle selbst verarbeitet. Auf diese Weise entsteht schließlich eine nicht vakuolisierte, hyalin erscheinende Zelle, die Rosa als besonderen Typ, als „Mucocyten" auffaßte. Werden derartige Zellen durch die Rückenporen nach außen abgegeben, so können sie durch die Bewegungen des Regenwurms zu langen, schleimigen Fäden ausgezogen werden.

Die Funktion der Elaeocyten ist noch in mancher Hinsicht unbefriedigend geklärt. Liebmann nimmt an, daß sie Nährstoffe in die Coelomflüssigkeit und auch an andere Zellen abgeben; ferner sollen sie bei der Wundheilung und Regeneration eine wichtige Rolle spielen. Werden sie durch die Rückenporen ausgestoßen, so dienen sie anscheinend der Feuchthaltung des Körpers, der Wohnröhre und des Substrats; bei Eisenia foetida, dem Mistwurm, sollen sie infolge ihres unangenehmen Geruchs abschreckend gegenüber Angreifern etwa wie ein Repellent wirken.

Die *Leukocyten* stammen nicht aus dem Chloragog (Kap. 6.1.6. und Abb. 47), sondern aus dem übrigen Peritoneum (Abb. 39 und Abb. 40). Sie können sich ebenfalls nicht mehr teilen. Liebmann unterscheidet hier zwischen Amoebocyten und eosinophilen Leukocyten. Nach ihrer Ablösung aus dem Peritoneum sind die *Amoebocyten* (Abb. 20) rund-, birn- oder spindelförmig mit einem durchschnittlichen Durchmesser von 8 μm. Der Kern wird von einem schmalen Saum hyalinen Plasmas umgeben, der Pseudopodien ausbildet. Schließlich zeigt die Zelle eine deutliche Polarität, indem die stärkste Pseudopodientätigkeit an einem Ende der Zelle auftritt und der Kern am entgegengesetzten Ende liegt. An der Luft hört die Pseudopodienbildung auf. Die Amoebocyten sind als Phagocyten tätig. Sie beseitigen die Zerfallsprodukte von Elaeocyten, abgestorbene Zellen, Bakterien, Parasiten, Fremdkörper usw. (Kap. 5.1.)

*Eosinophile Leukocyten* kommen nur in geringer Anzahl vor, ähneln in Form und Größe jungen Amoebocyten, bilden aber kaum Pseudopodien aus. Ihr Plasma enthält acidophile Granula von 0,5 – 1 μm Durchmesser. Die Funktion der eosinophilen Leukocyten ist noch unbekannt.

In der Literatur werden die Begriffe Amoebocyten und Leukocyten nicht immer getrennt; es wird vielfach entweder der eine oder andere Ausdruck allein verwendet (Christiane Stang-Voss, 1971), oder es wird der Begriff Leukocyten als Oberbegriff verwendet. Diese Zellen sind verantwortlich für die Phagocytose von Bakterien und Zerfallsprodukten im Körper, sowie für die Abkapselung von Parasiten.

Neuere Untersuchungen haben Anhaltspunkte für das Vorhandensein eines einfachen Immunsystems ergeben (Pierette Chateaureynaud-Duprat u. F. Izoard, 1978). Die Leukocyten sind danach in der Lage, für die Abstoßung von Transplantaten zu sorgen. Die Leukocyten sollen hierbei ein immunologisches Gedächtnis entwickeln. Sie sollen außerdem für eine spezifische humorale Immunität allein zuständig sein; diese soll sich lediglich zur Ergänzung der zellulären Reaktion und nur langsam ausbilden und zu Agglutination und Lyse der Fremdkörper führen.

## 5.5. Blutgefäßsystem

Der Regenwurm hat ein *geschlossenes Blutgefäßsystem;* kein Gefäß geht in das Coelom über. Das Blutgefäßsystem dient dem Transport und der Verteilung von Sauerstoff, Nährstoffen usw. Die Funktionen der im Blut vorhandenen, meistens aber den Gefäßwänden anliegenden Zellen, der *Amoebocyten* (Abb. 42), sind noch unbekannt. Die Rotfärbung des Blutes kommt durch das im Blutplasma gelöste *Hämoglobin* zustande; die Amoebocyten enthalten kein Hämoglobin. Das Hämoglobin ist für den Sauerstofftransport zuständig und hat ein ungewöhnlich hohes Molekulargewicht von 3 840 000; das Hämoglobin des Menschen hat ein Molekulargewicht von 68 000. Die hochmolekularen Hämoglobine von Wirbellosen werden vielfach *Erythrocruorine* genannt. Beim Regenwurm hat dieser Blutfarbstoff in der Ultrazentrifuge einen Sedimentationskoeffizienten von 60 s und besteht aus 24 Untereinheiten von 10 s, die vier Lagen zu je sechs Untereinheiten bilden (David und Daniel, 1974). Im Elektronenmikroskop erscheint er als ein aus vier Ringen mit je sechs Untereinheiten und einem Hohlraum in der Mitte bestehendes Aggregat, das einen Durchmesser von 37 nm und eine Höhe von 23,7 nm hat (Ben-Shaul, 1974; Abb. 21).

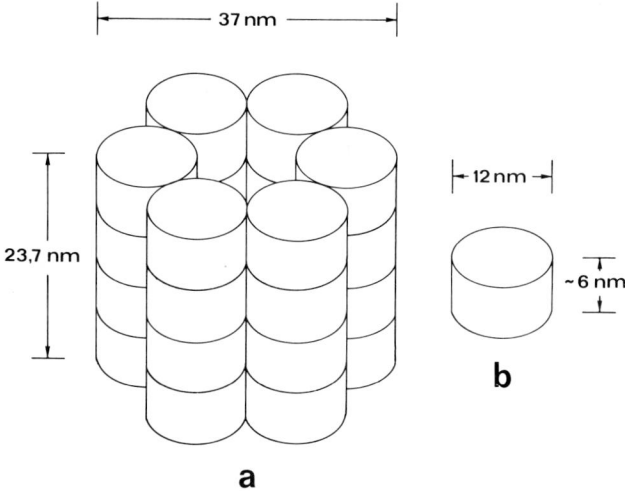

*Abb. 21:* Modell des Regenwurm-Hämoglobins (Erythrocruorin) (nach David und Daniel, 1974); es basiert auf elektronenmikroskopischen Untersuchungen von Negativkontrastpräparaten. Das Regenwurm-Hämoglobin besteht aus 24 gleichartigen Untereinheiten, deren Abmessungen an einem Beispiel (rechts) notiert sind.

Um eine Übersicht über das Blutgefäßsystem des Regenwurms zu gewinnen, wird seit dem vorigen Jahrhundert empfohlen, Chloroformdämpfe etwa zehn Minuten auf den Wurm einwirken zu lassen, um eine gleichmäßige Verteilung des Blutes in den Gefäßen zu erreichen. Die schon von Perrier (1874) empfohlene Fixierung mit 1 %iger Chromsäure soll zu einer Ansammlung und anschließenden Fixierung des Blutes im Darmbereich führen; sie ergibt nach unseren Erfahrungen eine ungleichmäßige Verteilung des Blutes, d. h. blutleere Gefäßstrecken, die dann im

Präparat nicht erkennbar sind. Die in der Wirbeltieranatomie gebräuchliche Darstellung von Kapillaren und Gefäßen mit Benzidin-Nitroprussidnatrium nach Pickworth (1935; Romeis, 1968) läßt sich in dieser Form nicht mehr durchführen, weil das Benzidin als möglicher Krebserzeuger nicht mehr im Handel ist. Am besten verwendet man für die Präparation einen in Chloretonlösung betäubten Wurm (S. 154). An einem solchen Präparat kann man das Pulsieren der kontraktilen Anteile des Gefäßsystems und damit die Strömungsrichtung des Blutes verfolgen. Ein weiterer Vorteil des lebendfrischen Präparates ist die Elastizität der Gewebe. Man kann beispielsweise den Darm beiseite drücken, um die ventralen Gefäße zu suchen. Im mittleren Körperbereich, hinter dem Clitellum, kann man ein Stück des Wurms von ventral präparieren und auf diese Weise besser die in das Bauchmark einbezogenen Gefäße sichtbar machen.

Das Gefäßsystem des Regenwurms (Abb. 11 und Abb. 24) besteht aus

1. einer Reihe von längsverlaufenden Gefäßen,
2. metamer angeordneten, querverlaufenden, die Längsstämme miteinander verbindenden Gefäßen,
3. einem unregelmäßigen Netzwerk von Bluträumen im Darmbereich, dem gefäßartigen Darmsinus (Kap. 6.1.6.)

Bereits am intakten Wurm schimmert das *Dorsalgefäß* oder Rückengefäß (Vas dorsale) durch den Hautmuskelschlauch hindurch. Damit es beim Auftrennen nicht vom unteren Scherenschenkel getroffen wird, kann man sicherheitshalber etwas seitwärts davon den Hautmuskelschlauch der Länge nach aufschneiden. Anschließend trennt man sorgfältig die Dissepimente so weit durch, daß die Seitenteile des Wurms in der Präparierschale festgesteckt werden können. Dabei steckt man die Nadeln am besten in jedes 10. Segment und erleichtert sich auf diese Weise die Orientierung. Es genügt, zunächst nur das Vorderende bis etwa zum Clitellum aufzuschneiden.

Das *Dorsalgefäß* ist nunmehr deutlich als stark kontraktiler, in der dorsalen Mittellinie unmittelbar dem Darm aufliegender Schlauch zu erkennen (Abb. 11). Es ist dorso-ventral leicht abgeplattet und hat den größten Durchmesser im vorderen Bereich des Mitteldarms, unmittelbar hinter dem Muskelmagen. Das Dorsalgefäß ist mit gelblichen Choragogzellen bedeckt; diese faßt man als Reste eines dorsalen Mesenteriums auf (s. a. Abb. 23). An den Dissepimenten ist das Dorsalgefäß ein wenig eingeengt. Am Vorderende des Regenwurms läuft es immer dünner werdend im vorderen Teil des Pharynx in Kapillaren aus. Wie weit reicht es am Hinterende? Durch peristaltische Wellen wird das Blut im Dorsalgefäß von hinten nach vorn befördert. Mit welcher Frequenz erfolgen diese rhythmischen Kontraktionen bei Umgebungstemperaturen zwischen + 10° und + 25°? Ein Zurückströmen des Blutes wird durch besondere Zellgruppen verhindert, die als Ventilklappen fungieren (Abb. 22 und Abb. 23). Die paarigen Ventilklappen sind im Dorsalgefäß dort gut sichtbar, wo der Chloragogüberzug fehlt oder entfernt worden ist. Sie sind in der Nähe des Dissepiments jederseits im Innern des Gefäßes vorhanden. In der Diastole weichen sie auseinander und in der Systole legen sie sich aneinander. Die Ventilklappen der zuführenden Gefäße sind wegen des Chloragogüberzugs meist nicht zu sehen.

In jedem Segment führt vom Dorsalgefäß auf jeder Seite eine Querverbindung zum Ventralgefäß. Diese *Querverbindungen* sind im vorderen Körperbereich kontraktil und werden daher *Herzen, Lateral- oder Pseudoherzen* genannt. Durch ihre

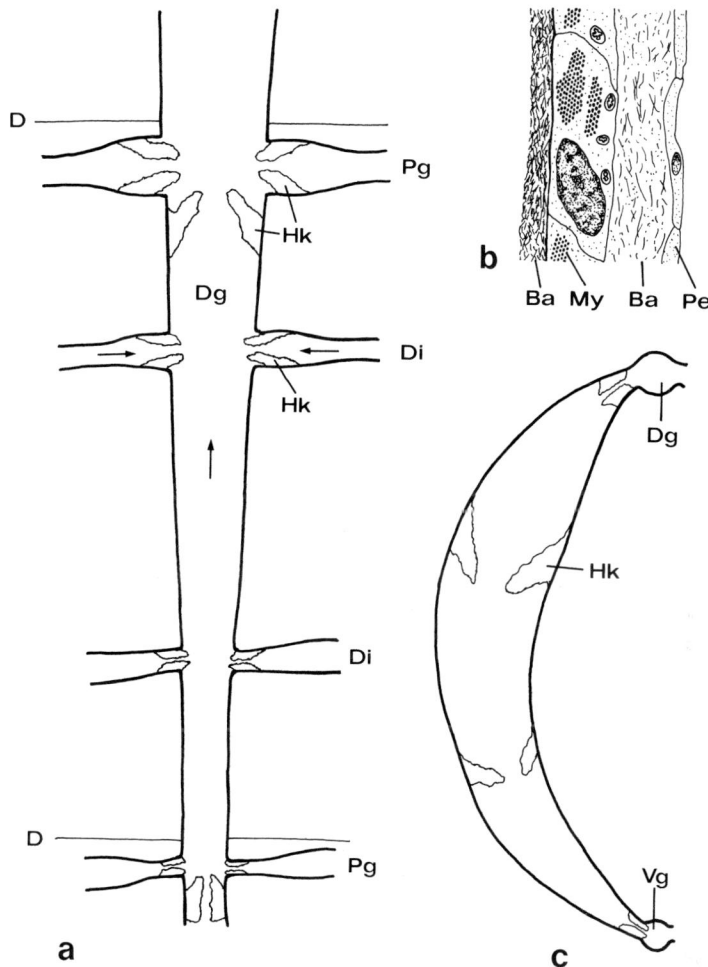

*Abb. 22:* Ventileinrichtungen sorgen im Dorsalgefäß und in den Lateralherzen für die Ausrichtung des Blutstroms. Man kann die Herzklappen (Hk) beim betäubten, aufpräparierten Tier in Bewegung sehen.

a. Horizontalschnitt durch das Dorsalgefäß mit den zuführenden Gefäßen; unterer Teil kontrahiert. Pro Segment sind zwei Paar Dorsointestinalgefäße (Di) vorhanden, die den Darmbereich versorgen; auf der Rückseite der Dissepimente (D) verlaufen die Parietalgefäße (Pg); die Strömungsrichtung des Blutes ist durch Pfeile angegeben (verändert nach Johnston, 1903).

b. Ausschnitt aus der Wand eines Blutgefäßes nach elektronenmikroskopischen Aufnahmen; lumenseitig (links) ist eine verstärkte Basallamina (Ba) vorhanden; die Myoendothelzellen enthalten Myofibrillen (My) und sind durch zahlreiche Desmosomen miteinander verbunden; auf der Coelomseite (rechts) sind eine locker erscheinende Basallamina und eine flache Lage Peritonealepithel (Pe) vorhanden.

c. Die Lateralherzen besitzen ebenfalls Herzklappen (Hk), das Ventralgefäß dagegen nicht; Dg Dorsalgefäß, Vg Ventralgefäß (Längsschnitt; verändert nach Johnston, 1903).

starke Blutfüllung und die regelmäßigen Kontraktionen fallen sie im vorliegenden Präparat sofort auf (Abb. 11). Insgesamt fünf derartige kontraktile Schlingen umgreifen im 7.—11. Segment jederseits den Oesophagus; sie liegen jeweils kurz vor dem Dissepiment. Sie pumpen das aus dem Dorsalgefäß kommende Blut in den unter dem Darm liegenden großen Längsstrang des Blutgefäßsystems, das Ventralgefäß. Dabei arbeiten sie im Segment alternierend; während sich die kontraktile

Schlinge der einen Seite in einer Systole befindet, führt die gegenüberliegende eine Diastole durch. Ein Zurückströmen des Blutes während der Diastole wird ebenso wie im Dorsalgefäß durch Zellgruppen verhindert, die als Ventilklappen fungieren; insgesamt sind pro Herz vier Paar solcher Klappen vorhanden (Johnston, 1903; Abb. 22).

Das *Ventralgefäß oder Subintestinalgefäß* liegt unterhalb des Darms und ist mit diesem durch den Rest des ventralen Mesenteriums verbunden (Abb. 39b). Es ist dünner als das Dorsalgefäß und zeigt keine Kontraktionen. Am Vorderende verzweigt es sich ebenso wie das Dorsalgefäß in Form von Kapillaren auf dem Pharynx. Man findet das Ventralgefäß leicht, wenn man den Darm vorsichtig ein wenig zur Seite kippt. Stören abgelöste Chloragogzellen die Sicht, so spült man diese mit Regenwurm-Ringerlösung beiseite. Das Ventralgefäß hängt nur mit dem Darm zusammen, nicht aber mit dem Bauchmark; dadurch wird die weitere Untersuchung sehr erleichtert. Man kann auch im Mittelteil des Wurms ein Stück weit die seitliche Körperwand entfernen, um dann besser diese Verhältnisse untersuchen zu können.

Die Seitenäste des Ventralgefäßes, die *Ventroparietalgefäße,* befördern Blut in den Hautmuskelschlauch und teilweise an die Nephridien (Abb. 24); die Nephridien werden außerdem noch vom Dorso-subneuro-commissuro-nephridialgefäß versorgt (Fuchs, 1907), das auf der Rückseite des zugehörigen Dissepiments verläuft, während der Ast des Ventroparietalgefäßes zunächst an der Vorderseite des Dissepiments verläuft, dann gemeinsam mit dem Anfangskanal des Nephridiums dieses passiert und teils zum Nephridium, teils zur Körperwand gelangt. Vom Ventralgefäß steigen ferner pro Segment zwei Äste im Mesenterium zum Darm auf und gliedern sich hier in Kapillaren auf.

Weitere Längsstränge des Blutgefäßsystems verlaufen in den Seitenpartien des Bauchmarks als dünne *laterale Neuralgefäße* und an der Unterseite des Bauchmarks als Subneuralgefäß; alle drei liegen innerhalb der Bauchmarkhülle. Die lateralen Neuralgefäße dürften das Bauchmark versorgen und geben außerdem in der Mitte eines jeden Segments ein Paar Ausläufer zur Körperwand ab. Das Subneuralgefäß gibt vom 12. Segment ab pro Segment jederseits ein *segmentales Commissuralgefäß, Dorsoparietalgefäß oder Dorsosubneuralgefäß ab,* das den Hautmuskelschlauch versorgt und mit dem Dorsalgefäß verbunden ist. Diese Commissuralgefäße sind zwar stellenweise recht gut zu sehen, aber kaum in ganzer Länge zu verfolgen, weil sie beim Präparieren meistens angeschnitten werden. Das über die Ventroparietalgefäße in den Hautmuskelschlauch gelangte Blut nimmt hier Sauerstoff auf und gelangt über die segmentalen Commissuralgefäße *(Dorsoparietalgefäße)* wieder in das Dorsalgefäß.

Im Bereich der Buccalhöhle und des Pharynx (Abb. 11 und Abb. 12), sowie den umliegenden Teilen des Hautmuskelschlauchs wird das Blut in Kapillaren gesammelt, die sich jederseits zu einem kurzen Längsgefäß vereinigen, das seitlich am Oesophagus verläuft und deshalb Extraoesophagealgefäß genannt wird. Es wird ebenso wie andere Gefäße dieses Bereichs nicht von Chloragogzellen bedeckt und liegt dem Oesophagus dicht an. Im 10. Segment bildet es einen dorsad gerichteten Bogen, von dem aus ein Ast zum Dorsalgefäß führt und drei weitere Äste die Kalkdrüsen versorgen. Mit der Blutversorgung der Kalkdrüsen hat sich vor allem Kreutz (1936) beschäftigt; bei seinen vergleichenden Untersuchungen an Lumbriciden kam er zu dem Ergebnis, daß die zunehmende Komplikation des Baues der Kalkdrüsen

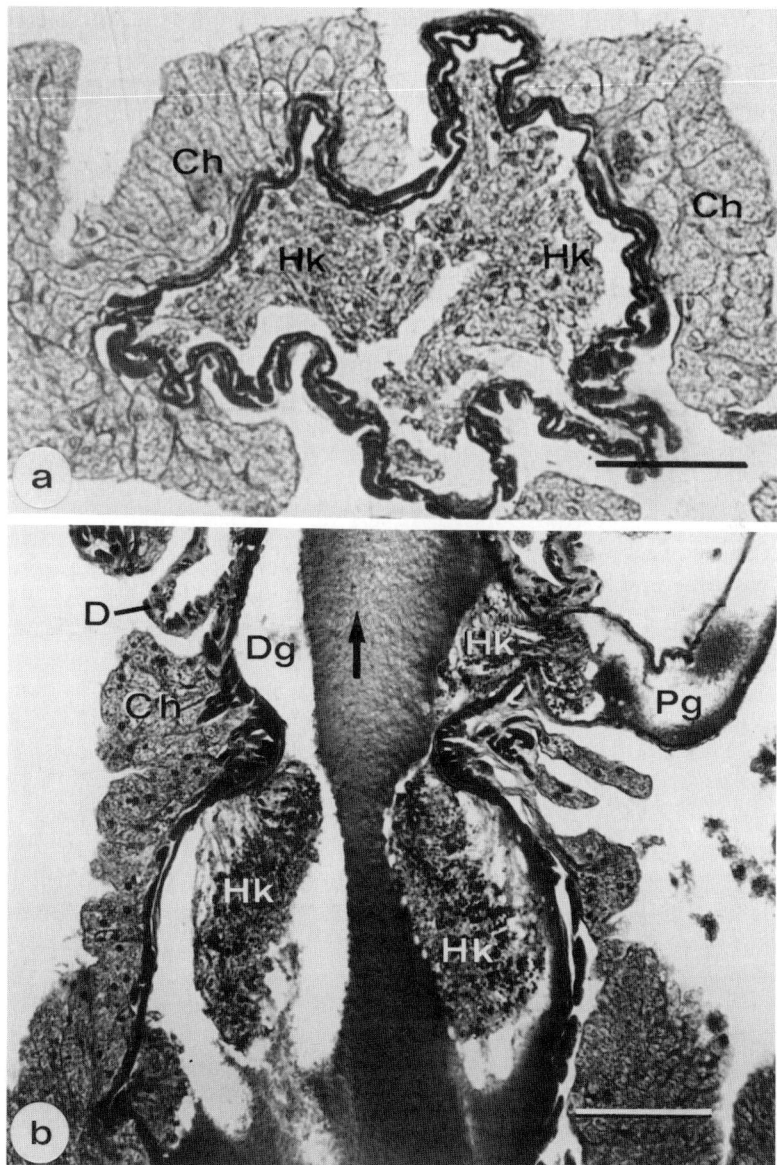

*Abb. 23:* Das Dorsalgefäß besitzt ventilartig wirkende, den Blutstrom richtende, paarige Herzklappen (Hk), die aus zahlreichen vakuolenreichen, mit kleinen Kernen versehenen Zellen bestehen. Lichtmikroskopische Aufnahmen von Paraffinschnitten gefärbt mit Molybdathämatoxylin nach Dobell.
a. Querschnitt mit aneinander liegenden Herzklappen. Vergrößerung 200 x. Maßstab = 100 µm
b. Längsschnitt durch das von Chloragog (Ch) umhüllte Dorsalgefäß (Dg) kurz vor dem Dissepiment (D). Die im Dorsalgefäß geöffneten und im rechts angeschnittenen Parietalgefäß (Pg) geschlossenen Herzklappen (Hk) sind deutlich erkennbar. Die Fließrichtung des infolge der Fixierung koagulierten Blutes ist durch einen Pfeil markiert (vergleiche Abb. 22). Vergrößerung 180 x. Maßstab = 100 µm

und der Blutgefäße innerhalb der Familie Lumbricidae einander entsprechen. Das Extraoesophagealgefäß endet mit einem am hinteren Dissepiment des 12. Segments zum Dorsalgefäß führenden Ast. Das Blut fließt im Extraoesophagealgefäß von vorn nach hinten. Die Kalkdrüsen erhalten daher das aus dem vordersten Körperbereich stammende Blut, das je nach den Umweltbedingungen mehr oder weniger stark mit Sauerstoff oder Kohlendioxid angereichert sein kann (Kap. 6.3.2.).

Die Geschlechtsorgane erhalten Blut durch zuführende Gefäße vom *Ventroparietalgefäß;* der Abfluß des Blutes erfolgt über Kommissuren zwischen *Extraoesophageal- und Subneuralgefäß.*

*Die Blutversorgung des Mitteldarms,* einschließlich der beiden entwicklungsgeschichtlich zu ihm gehörenden Abschnitte Kropf und Muskelmagen (Menzi, 1919), ist bisher noch nicht behandelt worden. In jedem Segment gehen vom Dorsalgefäß zwei Paar auffallende Seitengefäße ab, die *Dorsointestinalia* oder *efferenten Darmgefäße* (Abb. 24). Nach kurzer Strecke verschwinden sie in der Darmwand, wo sie einen Teil des *Darmgefäßnetzes* bilden und das vom Ventralgefäß über die *Ventrointestinalia* hereinkommende Blut zum Dorsalgefäß leiten. Zwei bis drei Gefäße, die *Dorsotyphlosolaria,* ziehen pro Segment vom Dorsalgefäß senkrecht abwärts zur Typhlosolis; sie sind im vorliegenden Präparat nicht zu sehen. In ihnen soll das Blut vom Dorsalgefäß zur Typhlosolis fließen. Kropf und Muskelmagen reichen jeweils über drei Segmente (14.—16. bzw. 17.—19.) und werden daher jeweils durch drei Paar Seitengefäße vom Dorsalgefäß aus versorgt. Die starke Muskulatur des Muskelmagens ist besonders gut durchblutet; dieser Darmteil fällt wegen seiner blutroten Farbe und seiner Größe sofort auf.

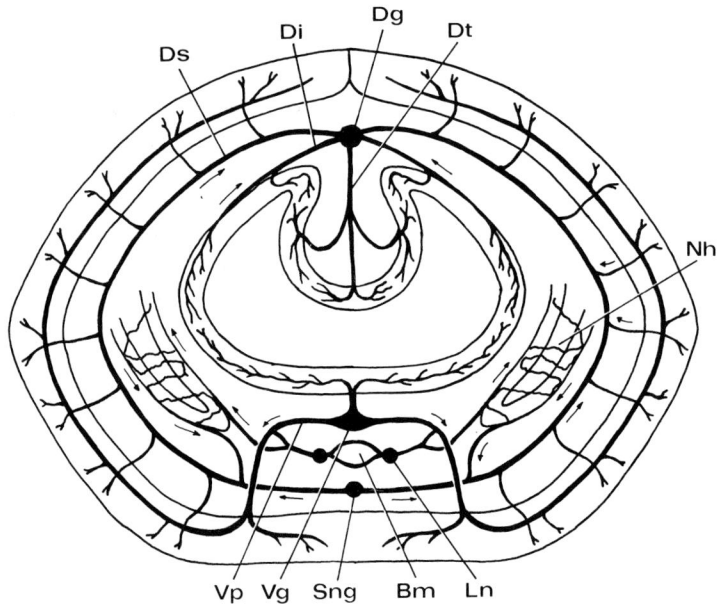

*Abb. 24:* Schematische Darstellung der Blutversorgung eines Segments im mittleren Körperbereich; Pfeile geben die Richtung des Blutstroms an (nach Grove und Newell, 1962).
Bm Bauchmark, Dg Dorsalgefäß, Di Dorsointestinalgefäße, Ds Dorsosubneuralgefäß, Dt 2-3 Dorsotyphlosolargefäße pro Segment versorgen die Typhlosolis, Ln Lateroneuralgefäße, Nh afferente und efferente Nephridialgefäße, Sng Subneuralgefäß, Vg Ventralgefäß, Vp Ventroparietalgefäß

Eine Übersicht über die *Strömungsrichtungen im Blutgefäßsystem* gibt Abbildung 24. Dorsal- und Neuralgefäße sind Sammelgefäße, während das Ventralgefäß Verteilerfunktion hat. Im Dorsalgefäß fließt das Blut von hinten nach vorn, durch die Lateralherzen wird es in das Ventralgefäß gepumpt und strömt in diesem ebenso wie in den Neuralgefäßen von vorn nach hinten. Man spricht beim Blutgefäßsystem des Regenwurms nicht von Venen und Arterien. Die Richtung des Blutstroms wird durch die Kontraktionen der Gefäßwände, sowie durch die Anordnung von Zellgruppen bestimmt, die als Ventile fungieren und bisher nur im Dorsalgefäß und in den Lateralherzen nachgewiesen wurden (Abb. 22).

## 5.6. Metanephridien

Einen Überblick über den komplizierten Bau eines Metanephridiums gewinnt man am besten, indem man ein Nephridium herauspräpariert und lebend unter dem Mikroskop beobachtet. Zur Ergänzung der Befunde können anschließend geeignete Quer- bzw. Längsschnitte angesehen werden. Bei den üblichen Paraffinschnitten erhält man in Sagittalschnittserien zwar eine gute Übersicht über den Bau des Nephrostoms, aber weder auf Quer- noch auf Längsschnitten eine brauchbare Darstellung der einzelnen Kanalabschnitte. Das liegt einerseits an der ungünstigen Orientierung dieser Nephridienanteile in derartigen Schnitten und andererseits daran, daß die Nephridien beim Differenzieren viel schneller als alle übrigen Gewebe Farbstoff abgeben. So entstehen blasse, enttäuschende Strukturen, an denen vor allem der Anfänger nichts erkennen kann. Es ist daher sehr viel besser, die Kanalabschnitte insgesamt herauszutrennen, in Glutaraldehyd und anschließend in Osmiumlosung zu fixieren (S. 155), um Semidünnschnitte (1—2 µm dick) von 2—3 geeigneten Regionen herzustellen und mit Toluidinblau zu färben (S. 161). Derartige Schnitte zeigen alle im folgenden beschriebenen, lichtmikroskopisch erkennbaren Einzelheiten. Den Trichter präpariert, fixiert und schneidet man besser getrennt von den Kanalabschnitten.

Der Regenwurm besitzt pro Segment ein Paar *Metanephridien;* sie fehlen lediglich in den ersten drei Segmenten und im letzten Segment. Ursprünglich nannte man die Nephridien daher auch *Segmentalorgane.* Die Bezeichnung *Nephridien* stammt von Ray Lankester. Als erster hat Gegenbaur (1853) die Metanephridien des Regenwurms als Exkretionsorgane erkannt und so gut beschrieben, daß später nur noch Einzelheiten zu ergänzen waren (s. u. a. Benham, 1891; K. C. Schneider, 1908; Rosen, 1911; Knop, 1926; Goodrich, 1933; Graszynski, 1963).

Die Nephridien liegen beiderseits des Bauchmarks unmittelbar am Dissepiment (Abb. 11 und Abb. 25). Während der Entwicklung entstehen sie aus *Nephridioblasten,* die am Dissepiment liegen und wohl mesodermaler Herkunft sind. Die Nephridioblasten bilden einen Trichter, der in den vor dem Dissepiment liegenden Coelomraum ragt, und einen anschließenden, kompliziert gewundenen, langen Kanal, der im folgenden Coelomraum liegt. Die *Schleifen* dieses Kanals werden durch Bindegewebe bzw. *Hüllzellen* zusammengehalten; dieses Hüllgewebe ist wohl ebenfalls mesodermalen Ursprungs. Im Anschluß an eine langgestreckte *Sammelblase* mündet dieser Kanal über einen kurzen, durch einen *Sphinkter* verschließbaren Gang nach außen. Die Nephridien werden durch Blutgefäße versorgt, die ein auffallendes, dichtes Maschenwerk aus Kapillaren um die einzelnen Schlingen bilden. Diese

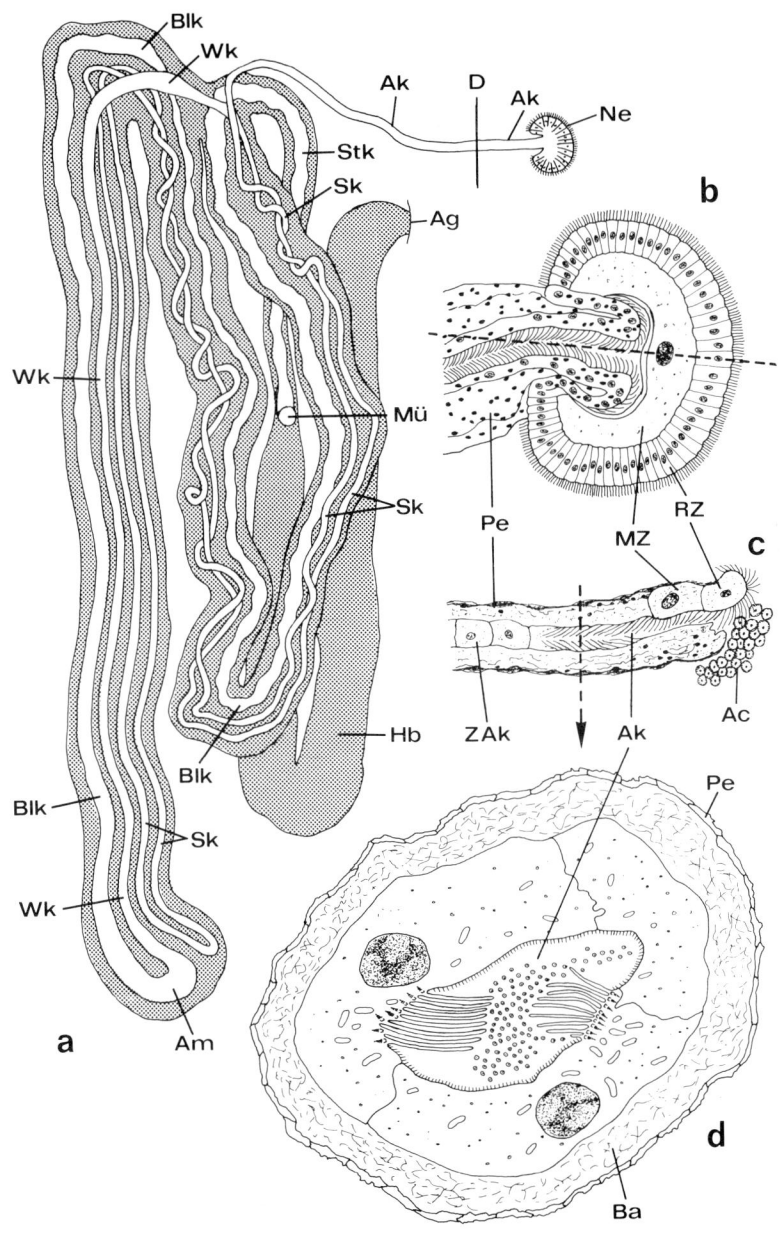

Abb. 25: a. Schematisierte Darstellung des gesamten Metanephridiums (nach Benham, 1895)
b. Nephrostom in der Aufsicht
c. im Längsschnitt
d. Querschnitt durch den Anfangskanal
Die Schnittebenen sind durch gestrichelte Linien angegeben.
Ac Amoebocytenansammlung, Ag Ausführgang der Harnblase, der durch den Hautmuskelschlauch verläuft, Ak Anfangskanal mit Cilien, Am Ampulle, Blk Bläschenkanal, Ba Basallamina mit Kollagenfibrillen, D Dissepiment, Hb Harnblase, Mü Mündung des Stäbchenkanals in die Harnblase, MZ Mittelzelle, Ne Nephrostom, Pe Peritonealepithel, RZ Randzellen, Sk Schleifenkanal, Stk Stäbchenkanal, Wk Wimperoder Cilienkanal, ZAk Zellen des Anfangskanals.

*Kapillaren* weisen allenthalben *blasenförmige Erweiterungen* auf (Benham, 1891), in denen Blutzellen durch Endocytose Hämoglobin aufnehmen und anschließend abbauen (Friedmann und Weiss, 1979). Die Blutversorgung erfolgt vom Subintestinalgefäß aus und der Abfluß des Blutes führt zum Dorsal- und Subneuralgefäß. Bei der im folgenden vorgesehenen Präparationsweise lassen sich nur die Kapillarschlingen beobachten.

In den Segmenten 13—20, im Bereich von Kropf und Kaumagen, befinden sich besonders große Metanephridien, die für die Präparation besonders zu empfehlen sind. Die Nephridien sind zwar sehr zarte Gebilde, überleben aber doch erstaunlich lange im isolierten Zustand wie im aufpräparierten Wurm, wenn man das Präparat in physiologischen Lösungen wie etwa Regenwurm-Ringerlösung nach Prosser und Zimmermann (1943; S. 154) hält. Eine vorherige Betäubung des Wurms mit 0,3%iger Chloretonlösung oder 50%igem Äthanol schadet den Nephridien nicht. In physiologischen Salzlösungen können sie danach noch viele Stunden lebhaften Cilienschlag aufweisen.

Der Wurm wird wie üblich in einer mit Regenwurm-Ringerlösung oder 0,4%iger Kochsalzlösung gefüllten Präparierschale von dorsal geöffnet. Die Dissepimente werden nur so weit wie notwendig durchgeschnitten, um nicht die Nephridien zu verletzen. Dann wird der Darm vorsichtig entfernt, oder besser nur auf eine Seite gedrückt und festgesteckt. Die Präparation der einzelnen Nephridien erfolgt unter dem Binokular. Da vor allem die Trichter in der weiß erscheinenden Umgebung schwer zu erkennen sind, kann man diese besser sichtbar machen, indem man mit einer fein ausgezogenen Pipette etwas Methylenblaulösung auf das Präparat träufelt (dazu wird 1 ml 1%ige wäßrige Stammlösung mit 100 ml Regenwurm-Ringerlösung verdünnt; Cole, 1934). Die Präparation des gesamten Nephridiums, einschließlich des Trichters, ist schwierig und erfordert sehr feines Präparationsbesteck (Uhrmacherpinzetten Dumont Nr. 5 und eine sehr feine Schere, möglichst eine Iridektomieschere). Es genügt aber in diesem Zusammenhang, wenn Trichter und Kanalabschnitt getrennt präpariert und mikroskopisch untersucht werden. Den Rest des Präparates kann man in aufgestecktem Zustand in der Präparierschale mit 70%igem Äthanol fixieren und anschließend in ein Sammelröhrchen mit Schnappdeckel übertragen. Darin kann man es 30—60 Minuten mit Haemalaun nach Mayer färben, mit mehrfach gewechseltem Leitungswasser 30—60 Minuten bläuen und dann in 70%igem Äthanol aufbewahren. Ein solches Präparat zeigt sehr schön die einzelnen Teile der Metanephridien und ihre Blutversorgung, die Dissepimente und das Bauchmark (Abb. 25a).

Hat man einen Trichter gefunden, so ergreift man mit einer möglichst feinen Uhrmacherpinzette die benachbarte Partie des Dissepiments, trennt diese samt Trichter durch vorsichtige Schnitte heraus und legt sie in einen Tropfen Ringerlösung auf einem Objektträger. Nach vorsichtigem Auflegen eines Deckglases kann man den Bau des Trichters im Mikroskop, möglichst im Phasenkontrast, untersuchen (Abb. 25b). Der *Trichter* wird auch *Nephrostom* oder *Nephridiostom* genannt (Goodrich, 1930). Man unterscheidet daran eine auffallende, dorsal liegende Oberlippe und eine unscheinbare, ventral gelegene Unterlippe (Abb. 25 und Abb. 27). Am lebenden Objekt fällt sofort die *Oberlippe* auf, die einen hufeisenförmigen Kranz bewimperter *Randzellen* trägt. Diese umgeben eine ungewöhnlich große *Mittelzelle* mit einem etwa in der Mittellinie liegenden Kern. Unterhalb des basalen Teils der Mittelzelle ist die Öffnung des Anfangskanals zum Coelom erkennbar.

Dieser *Anfangskanal* verläuft im präseptalen, vor dem Dissepiment liegenden *Trichterhals* des Nephridiums. Im Kanallumen erkennt man die Wimpern der den Kanal begrenzenden Zellen. In der älteren Literatur (u. a. Benham, K. C. Schneider) wird immer behauptet, es handle sich um einen intrazellulären Kanal. Derartige, auch in anderen Zusammenhängen in älteren lichtmikroskopischen Untersuchungen als intrazellulär verlaufende Kanäle beschriebene Strukturen haben sich in neueren entwicklungsgeschichtlichen (Vandebroek, 1934) wie elektronenmikroskopischen Untersuchungen (Graszynski, 1963) als extrazellulär erwiesen. Sie kommen durch Aneinanderlagerung oder Einkrümmen von Zellen zustande; im letztgenannten Fall können die Zellgrenzen an der Nahtstelle noch vorhanden oder aufgelöst sein. Die Zellen des Anfangskanals sind von *Peritonealzellen* umgeben (Abb. 25). Diese Zellen bedecken aber nicht nur den Trichterhals, sondern reichen bis auf die Oberlippe, mit Ausnahme der Randzellen; außerdem bedecken sie auch die Außenseite der Unterlippe.

Bei der lichtmikroskopischen Untersuchung des Trichters sieht man in der Aufsicht nicht nur Oberlippe und Trichterhals; bei entsprechender Fokussierung erkennt man, wenn auch undeutlich, die *Unterlippe*. Eine bessere Vorstellung gewinnt man allerdings durch die Untersuchung von Längsschnittserien. Frontalschnitte werden seltener angefertigt; man erkennt an ihnen lediglich die schon beschriebenen Strukturen der Oberlippe. Sagittalschnitte lassen dagegen neben der Unterlippe eine von englischen Autoren als Rinne (gutter) bezeichnete bewimperte Zellgruppe unterhalb des Basalteils der Oberlippe besser erkennen. Die Unterlippe ist viel kleiner als die Oberlippe. Sie hat die Form eines Pilzes und ist im Gegensatz zur Oberlippe nicht bewimpert (Abb. 25 und Abb. 27).

Die Unterlippe ist keineswegs nur eine Ausweitung der ersten Zelle des Anfangskanals, wie K. C. Schneider (1908) und Rosen (1911) behaupteten, sondern besteht aus einem Epithel, das nach außen von Peritonealzellen bedeckt ist (Goodrich, 1933). Vor der Unterlippe und dem Trichtereingang liegt meistens eine Ansammlung von Coelomzellen, die unterschiedlichen Umfang haben kann (Abb. 25 und Abb. 27).

Zur leichteren Orientierung zeichnet man sich am besten eine Skizze, in der die einzelnen Kanalabschnitte in verschiedenen Farben notiert sind.

Der Anfangskanal passiert das benachbarte Dissepiment und geht schließlich in den kompliziert gewundenen langen *Schleifenkanal* (engl. narrow tube) über (Abb. 25). Dieser bildet drei lange Schleifen und läuft dann auf entsprechender Strecke wieder zurück, wobei er nicht einfach parallel geführt wird; die einzelnen Abschnitte weisen vielmehr zahlreiche Windungen auf, bzw. umschlingen einander. Während der Anfangskanal vollständig mit Cilien ausgekleidet ist, besitzt der lange Schleifenkanal nur an zwei Stellen Cilien:

1. Am Übergang der ersten Schleife in die zweite und
2. an der Spitzkehre am Ende der letzten Schleife, wo der rückläufige Abschnitt beginnt.

Das Lumen des Schleifenkanals ist klein.

Am Anfang der ersten Schleife geht der rückläufige Teil des Schleifenkanals in einen mit Cilien versehenen Kanalabschnitt über, der deshalb als *Cilien- oder Wimpernkanal* bezeichnet wird (engl. middle tube; Abb. 26). Dieser Anfangsteil ist wegen des lebhaften Wimpernschlages in den Lebendpräparaten von Nephridien leicht zu finden.

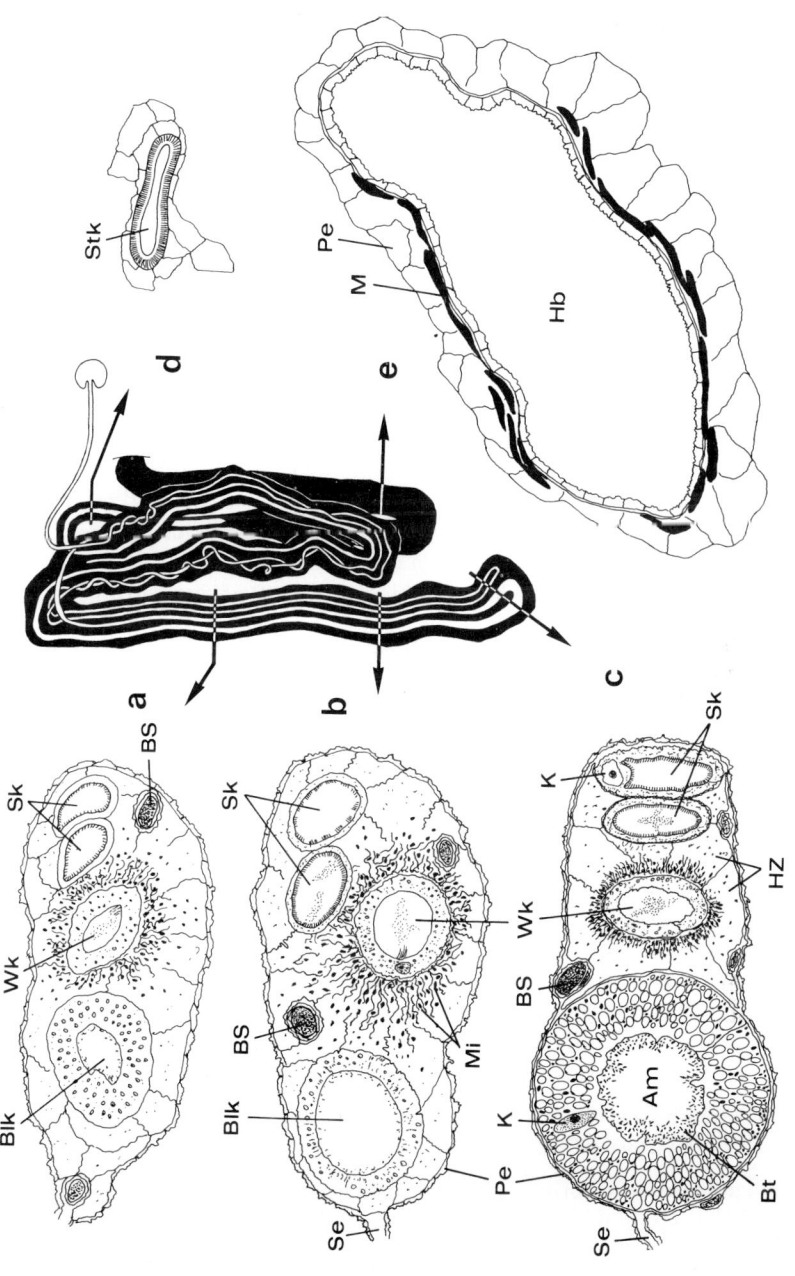

*Abb. 26:* Querschnitte durch verschiedene Regionen des Metanephridiums, dargestellt nach Semidünn-schnitten; die Lage der Querschnitte ist im Schema angegeben.

Am Ampulle, Blk Bläschenkanal, BS Blutsinus, Bt Bakterien, Hb Harnblase, HZ Hüllzellen, K Kern, M Muskelfasern, Mi Mitochondrien, Pe Peritoneum, Se Septum zur Anheftung des Metanephridiums am Dissepiment, Sk Schleifenkanal, Stk Stäbchenkanal, Wk Wimperkanal.

Die Schnittebenen sind durch Pfeile angegeben (c. nach Graszynski, 1963).

Am Ende der längsten, der zweiten Schleife geht der Cilienkanal nach ziemlich geradem Verlauf in eine erweiterte Partie über, die schon von Gegenbaur (1853) *Ampulle* genannt wurde (engl. dilatation). Die Wandzellen der Ampulle besitzen keine Cilien. Auf Semidünnschnitten erkennt man, daß sie mit einem dichten, dicken *Bakterienbelag* versehen sind, der anscheinend durch eine Gallerte vor dem Verdriften bewahrt wird. Knop (1926), ein Schüler Paul Buchners, hat dieses regelmäßige und streng lokalisierte Bakterienvorkommen näher untersucht. Er vermutete, daß es sich um *Symbionten* handelt, denn die Bakterien werden regelmäßig auf die Nachkommenschaft eines Regenwurms übertragen. Nur in der Fortpflanzungszeit des Regenwurms lösen sich die 3—5 µm langen Bakterien aus diesem Belag. Sie gelangen mit dem Harn in die Endblase des Nephridiums und lassen sich schließlich in der Nährflüssigkeit des Regenwurmkokons nachweisen. Je älter der Kokon ist, desto, zahlreicher sind die Bakterien darin. Der heranwachsende Regenwurm-Embryo infiziert sich aber nicht dadurch, daß er die Bakterien mitsamt der Nährflüssigkeit frißt, denn die in das Darmlumen gelangten Bakterien werden anscheinend verdaut. Die Infektion erfolgt vielmehr über den Exkretionsporus, der erst entsteht, wenn das Nephridium vollständig ausgebildet ist. Die Bildung der Nephridien schreitet beim Regenwurm von vorn nach hinten fort. Knop konnte daher an Schnittserien die allmähliche Besiedlung des Embryos verfolgen und den Infektionsweg aufklären. Sobald der Jungwurm den Kokon verläßt, sind sämtliche Ampullen mit den Bakterien infiziert. Für die Annahme, daß es sich um Symbionten handelt, sprechen folgende Gründe:

1. Die Bakterien sind stets in den Ampullen vorhanden. Ihre Vermehrung scheint auf die Zeit außerhalb der Fortpflanzungszeit des Wurms begrenzt zu sein.
2. Morphologisch scheinen keine Unterschiede zwischen den in Ampullen und Kokons beobachteten Bakterien zu bestehen.
3. In den Kokons sind alle Bakterien von einheitlichem Aussehen. Wenn Bodenbakterien in den Kokon gelangt wären, müßten verschiedenartige Bakterien vorkommen.
4. Die Embryonen scheinen von den massenhaft in der Nährflüssigkeit vorhandenen Bakterien nicht geschädigt zu werden.
5. Übertragungsmodus und Fortpflanzung des Wirtes sind aufeinander abgestimmt, so daß sämtliche Ampullen der Jungwürmer vor dem Ausschlüpfen aus dem Kokon infiziert sind.

Unbekannt ist aber immer noch, welche Aufgaben diese Bakterien im Stoffwechsel des Regenwurms erfüllen.

Nach allmählicher Verringerung des Lumens geht die Ampulle in den zweitlängsten Kanalabschnitt über (Abb. 25 und Abb. 26), der im Laufe der Zeit mehrere Namen erhalten hat. K. C. Schneider (1902, 1908) nannte ihn *Drüsenkanal*, Benham (1891) wide tube, und Graszynski (1963) schlug vor, ihn aufgrund der Feinstruktur *Bläschenkanal* zu nennen, da eine Drüsenfunktion nicht nachgewiesen sei. Dieser Kanal verläuft parallel zum Schleifenkanal durch die zweite bis in die erste Schleife (Abb. 25 a). Der aus dem Anfangsteil der ersten Schleife austretende folgende Kanalabschnitt erhielt den Namen *Stäbchenkanal* nach den lichtmikroskopisch wie Stäbchen aussehenden Strukturen. Diese erwiesen sich im Elektronenmikroskop als tiefe basale Einfaltungen, die mit Massen von Mitochondrien versehen sind; derartige Strukturen sind charakteristisch für Transportepithelien. Während die in den

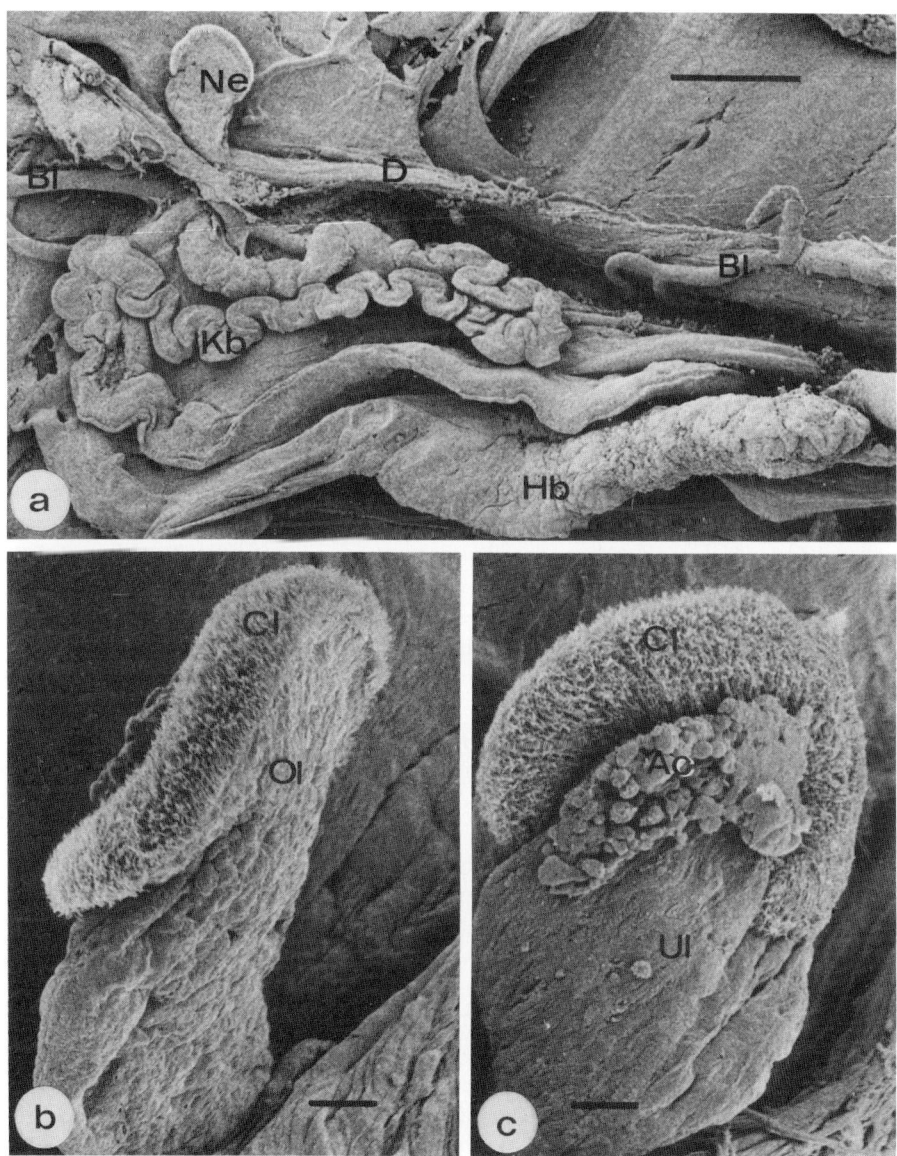

*Abb. 27:* Metanephridium

In rasterelektronenmikroskopischen Aufnahmen treten bestimmte Strukturen sehr plastisch hervor. Die obere Abbildung a zeigt eine Übersicht mit Nephrostom (Ne), D Dissepiment, Bl Blutgefäßen, Kb Kanalabschnitten, die von Bindegewebe umhüllt und verdeckt sind, sowie Hb Harnblase. Vergrößerung 170 x. Maßstab = 100 µm

Das Nephrostom ist in b mehr von dorsal in c von ventral zu sehen.

Cl Cilien, Ol Oberlippe, Ul Unterlippe mit einer umfangreichen Anhäufung von Amoebocyten (Ac) an ihrem Vorderrand.

Vergrößerung b und c 900 x. Maßstab = 10 µm

beiden Schleifen verlaufenden Abschnitte des Nephridialkanals durch Bindegewebe und Peritonealzellen gebündelt werden, verläßt der Stäbchenkanal das Bündel und geht nach kurzer Strecke in die lange, weitlumige *Harnblase* (engl. muscu-
lar tube) über. Diese ist mit Muskulatur versehen und mündet in der bereits beschriebenen Weise nach außen. Die Harnblase enthält häufig *Nematodenlarven*
(Kap. 5.8.4.). Bei länger dauernder Präparation verlassen die Nematodenlarven die
Harnblase und versuchen, aus dem Nephridium auszuwandern. Da häufig mehrere
Larven, bisweilen sogar mehr als ein Dutzend, in einer Harnblase vorkommen,
kann so der falsche Eindruck entstehen, das gesamte Nephridium werde von ihnen
besiedelt. Die Nematodenlarven wandern aktiv aus dem Boden über die Nephridioporen in die Harnblase ein und nutzen den Regenwurm als Transportwirt; man
bezeichnet dieses Verhalten als Phoresie (Kap. 5.8.4.).

Die *Funktion* der einzelnen Anteile des Metanephridiums läßt sich nicht einfach
durch Analogieschlüsse – etwa zur Wirbeltierniere – erraten. Es liegen zwar schon
eine ganze Reihe experimenteller Arbeiten vor, aber dennoch sind wir über wesent-
liche Teilschritte der Harnbildung beim Regenwurm noch gar nicht oder nur unzureichend informiert. Wir wissen beispielsweise trotz aller Bemühungen nicht, wo
sich der Ort der *Ultrafiltration,* der *Primärharnbildung,* befindet. Im Metanephridium liegt er sehr wahrscheinlich nicht, denn sämtliche Kapillaren sind durch Zellen und nicht nur durch Basalmembranen vom Kanallumen getrennt (Graszynski,
1963). Die Ultrafiltration dürfte an anderer Stelle zwischen Blutgefäßen und Coelomraum stattfinden. Blut und Coelomflüssigkeit unterscheiden sich hinsichtlich
der Konzentration einiger wichtiger Ionen (Zerbst-Boroffka und Haupt, 1975): Das
Verhältnis der Konzentration zwischen Blut und Coelomflüssigkeit beträgt für $Na^+$
1.1, $Cl^-$ 0.9 und $K^+$ 1.4. Die Gefrierpunktserniedrigung des Blutes hat den Wert
$-0.29°$ C, die der Coelomflüssigkeit den Wert $-0.31°$ C und die des Harns
$-0.006°$ C.

Über die Anteile anderer Verbindungen an der Zusammensetzung von Blut und
Coelomflüssigkeit wissen wir noch nichts, obwohl vermutlich organische Verbindungen für annähernd 50% des osmotischen Druckes verantwortlich sind (Ramsay,
1949). Die im Tierreich an Filtrationsorten weit verbreiteten Podocyten (Wessing,
1975; Kümmel, 1977) sind beim Regenwurm bisher nicht nachgewiesen, wohl aber
bei Tubifex tubifex Müller (Peters, 1977). Man nimmt an, daß eine Blutfiltration
durch die meist verstärkten Basalmembranen der Blutgefäße im ganzen Körper und
durch Blutlakunen im Darmbereich erfolgen könnte, und das Filtrat durch Lücken
zwischen den angrenzenden, von Hama (1960) als Myoendothel bezeichneten Zellen, in den Coelomraum gelangen kann (Lindner, 1965; Kap. 6.1.6. und Abb. 47).
Ungeklärt ist bisher auch das Druckverhältnis zwischen Blut und Coelomflüssigkeit, das im Falle einer Druckfiltration notwendig wäre. Im Trichter bzw. durch die
häufig vorhandene Ansammlung von Coelomzellen vor dem Trichter werden feste
Substanzen anscheinend zurückgehalten, so daß nur Coelomflüssigkeit in den Anfangskanal gestrudelt wird.

Im Metanephridium findet lediglich die Bildung des hypotonischen Sekundärharns durch Rückresorption und Sekretion von Ionen und – was noch unbekannt
ist – wohl auch organischen Verbindungen statt. Bisher ist nur ein grober Überblick
über die Veränderungen des Ionenmilieus mit Mikropunktur, Mikroanalyse und
elektrophysiologischen Messungen gewonnen worden. Abbildung 28 zeigt in Kurz-
form diese Ergebnisse, sowie Vermutungen über den Verbleib weiterer Substanzen

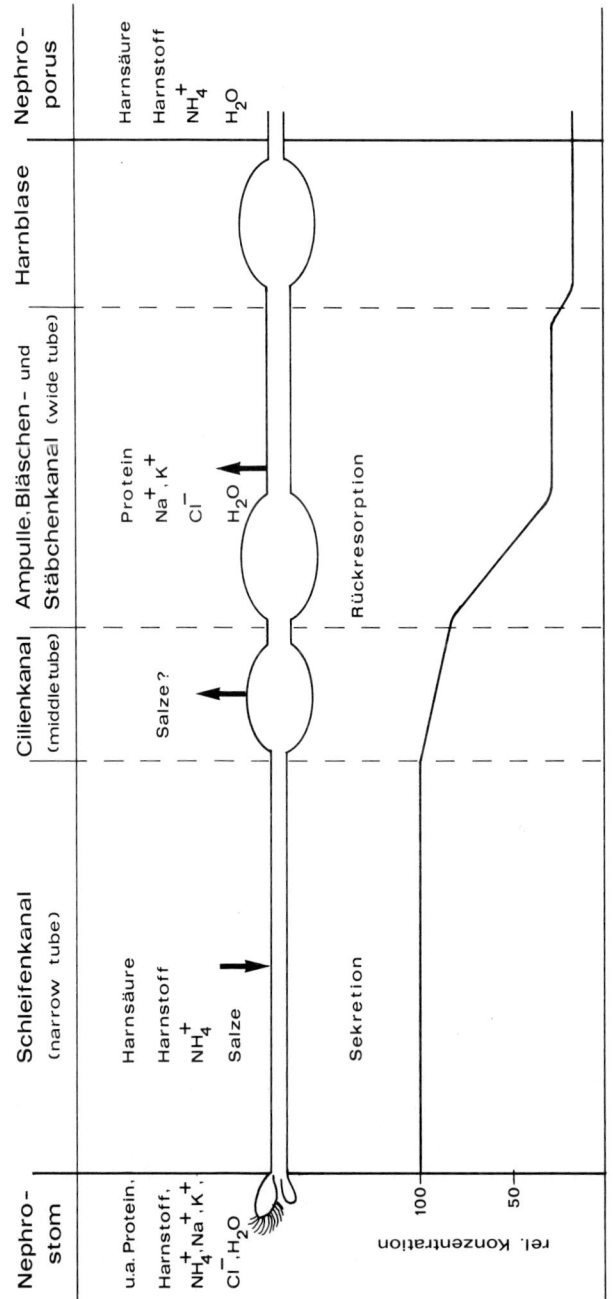

*Abb. 28:* Schematische Darstellung unserer bisherigen Kenntnisse über die Funktionen der einzelnen Abschnitte des Metanephridiums des Regenwurms (verändert nach Ramsay aus Penzlin)

73

und die Funktion der einzelnen Abschnitte des Metanephridiums. In Abschnitten, die der Sekretion dienen, sind apikal Mikrovilli vorhanden (Schleifenkanal und Cilien- oder Wimperkanal), während Abschnitte, in denen Rückresorption stattfindet, starke basale Einfaltungen mit Mitochondrienansammlungen aufweisen (Ampulle und vor allem Stäbchenkanal).

## 5.7. Resteverwertung

### 5.7.1. Kutikula

Fixiert man Regenwurmstücke in 30%igem Äthanol, so löst sich bald die Kutikula von der Epidermis und läßt sich leicht isolieren. Nach 24 Stunden, oder besser nach einigen Tagen, kann man Kutikulastücke herausschneiden und der Länge nach auftrennen. Interessant sind vor allem das Vorder- und Hinterende, sowie das Clitellum. Die isolierten Kutikulastücke überträgt man in einen Wassertropfen auf einen Objektträger, breitet sie aus, und legt vorsichtig ein Deckglas auf. Eine besonders klare Übersicht erhält man im Phasenkontrast. Wenn möglich sollte die Kutikula auch im polarisierten Licht untersucht werden; hierfür genügt bereits eine provisorische Polarisationseinrichtung wie sie auch für Kursmikroskope geliefert wird.

Man beginnt am besten mit der Untersuchung von Abschnitten, die hinter dem Clitellum liegen. An der Kutikula haftet vielfach ein feiner weißer Belag, der sich bei der mikroskopischen Untersuchung als Rest der Epidermiszellen erweist (Abb. 29a). Diese sind mit Tonofibrillen fest mit der Kutikula verbunden. Da dieser Belag die weiteren Untersuchungen stört, entfernt man ihn am besten durch Spülen mit Wasser oder mit einem weichen Pinsel.

Bei höheren Vergrößerungen erkennt man an einem solchen Kutikulapräparat ein Gittermuster, das Cerfontaine 1890 als erster beschrieben hat. Es entspricht zahlreichen regelmäßigen Lagen von *Kollagenfibrillen* und weist zur Längsachse des Tieres einen Winkel von 45° auf. Eine Orientierungshilfe liefern die Segmentgrenzen (s. u. sowie Abb. 29b). Das orthogonale Muster der Kollagenfibrillen kann, je nachdem welche Kräfte bei den Kontraktionen bzw. bei der Streckung des Wurms darauf einwirken, wie ein Scherengitter auch andere als rechte Winkel zwischen den einander kreuzenden Fibrillen ergeben. Auffallende kleine, kreuzförmige Strukturen entsprechen den *Mündungen von Drüsenzellen*. Außerdem trifft man kleine, runde bis ovale Gitterfelder an, die *Durchlaßstellen von Sinneszellfortsätzen* sind (Kap. 6.4. und Abb. 29b). Fanny Langdon (1895) hat die Zahl der so erkennbaren Sinneszellgruppen ermittelt. Auf dem ersten Segment und dem Prostomium befinden sich demnach etwa 1900 Sinneszellgruppen, auf dem 10. Segment etwa 1200, und auf dem 56. Segment etwa 700 Sinneszellgruppen. Fanny Langdon nahm an, daß ein Wurm mit 153 Segmenten etwa 150 000 Sinneszellgruppen haben dürfte. Die Sinneszellfortsätze findet man nicht, weil sie offenbar bei der Isolierung der Kutikula aus dem Kutikulakanal herausgezogen werden. Ist die Verteilung der Sinneszellgruppen im Segment gleichmäßig, oder sind bestimmte Regionen bevorzugt?

Grobe Nähte, die parallel verlaufend sich quer über das Präparat hinziehen, entsprechen den *Segmentgrenzen* (Abb. 29b). In ihrer Nähe treten vielfach kleinere quadratische Verdickungen auf. Hat man mit der Pinzette ein Loch in die Kutikula gerissen oder ein Stück davon abgerissen, so kann man in der ausgefransten Randzone sehr schön die einzelnen Fibrillen und die Textur erkennen.

An der Innenseite der Kutikula findet man außerdem pro Segment vier Paar schornsteinförmige, nach innen ragende und offene Gebilde. An diesen Stellen bildet die Epidermis eine schlauchförmige Einsenkung, den *Borstenfollikel* (Abb. 29e). Nur im oberen Teil ist diese Einsenkung mit Kutikula ausgekleidet; sie reicht bis zu einer leichten Verdickung der Borste, dem Nodulus. Die Borsten sind im Follikelgrund so fest in der Muskulatur verankert, daß sie bei der hier angewandten Kutikulapräparation nicht herausgezogen werden. Bei näherer Betrachtung sieht man, daß die schlauchförmig nach innen ragende Kutikula im Einsenkungsbereich durch kompliziert angeordnete Kollagenfibrillen verankert ist, am offenen inneren Ende ist sie leicht ausgefranst.

In jedem Segment findet man außerdem in der dorsalen Medianlinie in der Intersegmentalfurche einen größeren *Rückenporus* mit einem nach innen verlaufenden schlauchförmigen Kutikulaanteil (Abb. 29d), der aber dünnwandiger ist als die Kutikulaeinsenkung der Borstenfollikel; dieser Kutikulaschlauch zeigt keinen geraden, sondern einen etwas unregelmäßigen Verlauf. Die Öffnung nach außen ist mehr oder weniger rund. Ude gibt an, daß ihr Durchmesser etwa $1/100$ des Körperumfangs beträgt, was leicht an einem vollständigen Kutikulastück von mehreren Segmenten Ausdehnung nachgeprüft werden kann.

Untersucht man ein Stück Kutikula im *polarisierten Licht*, so zeigen die Kollagenfibrillen eine starke Eigendoppelbrechung, die im wasserhaltigen Präparat intensiver ist als bei eingetrockneten bzw. in Caedax, Eukitt oder dergleichen eingeschlossenen Präparaten. Legt man auf einen Objektträger in einen Wassertropfen ein Stück Kutikula und erwärmt das Ganze vorsichtig, so verschwindet die Doppelbrechung, da bei der so hervorgerufenen „Verleimung" die geordneten Strukturen zerstört werden. Bei einem trockenen Stück Kutikula bewirkt die Erwärmung hingegen nur Risse, läßt aber nicht die Doppelbrechung verschwinden; d. h. die „Verleimung" tritt nur im feuchten Zustand ein (W. J. Schmidt, 1965).

Bei der Untersuchung der Kutikula anderer Körperpartien im normalen Licht findet man einige Varianten des bisher gewonnenen Bildes. In der *Kutikula des Clitellums* ist die Zahl der Drüsenmündungen erheblich vermehrt (Abb. 29c). Ferner sind hier spezielle, sehr lange Borsten vorhanden, die Feldkamp (1924) *Stechborsten* nannte (Abb. 29f und Abb. 31d). Die Stechborsten spielen bei der Begattung eine Rolle (Kap. 5.2.).

Präparate von Kutikulastückchen des *Vorder- und Hinterendes* zeigen beide eine erhebliche Vermehrung der runden bis ovalen *Sinnesporenfelder*, die als Durchlässe der Sinneszellfortsätze dienen (Abb. 29b). Man kann ihre Zahl pro Segment leicht ermitteln und die Bestückung von Vorder- und Hinterende miteinander vergleichen (Abb. 54 und Abb. 55). Außerdem kann man an diesen Präparaten feststellen, an welchen Segmenten die Rückenporen fehlen. Bei Lumbricus terrestris befindet sich der erste Rückenporus in der Furche zwischen dem siebten und achten Segment (Ude, 1885). Sieht man sich daraufhin die Kutikula anderer Regenwurmarten an

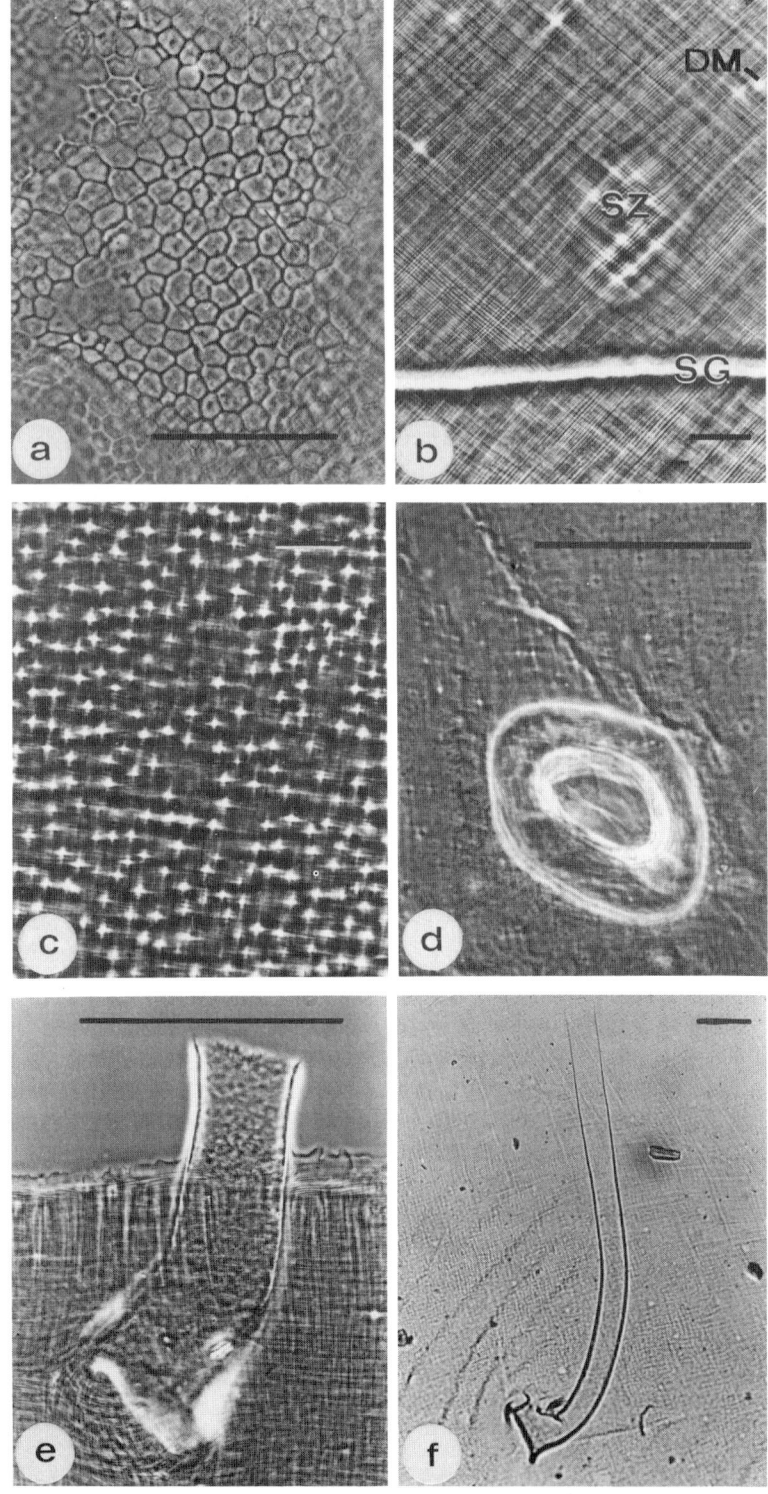

(Eisenia foetida und Allolobophora-Arten), so zeigt sich, daß bei manchen Lumbriciden Rückenporen schon am dritten, bei anderen Arten dagegen erst am zwölften Segment vorkommen.

Die elektronenmikroskopische Untersuchung der Kutikula hat ergeben, daß die Kollagenfibrillen einen Durchmesser von 100–200 nm haben und aus spiralig angeordneten Bündeln von Filamenten bestehen; der Durchmesser dieser Filamente beträgt 3–4 nm (Laura Zuccarello, 1979). Die Kollagenfibrillen in der Kutikula weisen nicht die nach Einlagerung von Schwermetallsalzen bei anderen Kollagenfibrillen zu beobachtende Bandenstruktur auf. Diese tritt jedoch bei Kollagenfibrillen des Bindegewebes des Regenwurms auf. Maser und Rice (1963) nahmen an, daß das Kollagen der Regenwurmkutikula als Dimer des Tropokollagens vorliegt. Daß es sich auch in diesem Falle um Kollagen handelt, hat das Röntgenbeugungsdiagramm ebenso gezeigt wie die chemische Analyse. Der Anteil an Hydroxyprolin ist jedoch viel höher als bei Kollagen aus Wirbeltieren; der Gehalt an Prolin ist dagegen geringer und Hydroxylysin fehlt. Der Kohlenhydratanteil in Höhe von 8–10 % besteht vorwiegend aus D-Galaktose.

Die Kollagenfibrillen sind in 20–24 Lagen parallel zueinander und diese Lagen ebenfalls parallel zur Oberfläche der Epidermiszellen angeordnet. Senkrecht hierzu ragen aus den Epidermiszellen 60–70 nm dicke, schlauchförmige Mikrovilli zwischen das Gitterwerk der Kollagenfibrillen (Abb. 30); sie haben untereinander Abstände zwischen 350–400 nm und sind in Reih und Glied angeordnet. Beide Komponenten sind eingebettet in eine feinkörnig erscheinende Matrix von noch unbekannter Zusammensetzung. Wie die Ausbildung der regelmäßigen orthogonalen Anordnung der Kollagenfibrillen gesteuert wird, ist noch unbekannt. Nach Ansicht von Richards (1974) könnten hierfür die Mikrovilli in Frage kommen, nach Humphreys u. Porter (1976) nicht.

Die kollagenhaltige Schicht wird nach außen von einer Epikutikula bedeckt, die aus dichtstehenden kleinen elliptischen Gebilden besteht; diese sind offensichtlich Ausläufer der apikal sich aufzweigenden Mikrovilli (Abb. 30). Eine derartige Struktur ist bei allen bisher daraufhin untersuchten Polychaeten und Oligochaeten gefunden worden (Rieger und Rieger, 1976). Die Epikutikula weist nach außen gerichtete, fransenförmige Filamente auf, deren Herkunft und Funktionen noch unklar sind. Sie gehören offenbar zu einer Schleimschicht, die mannigfache, u. a. auch antibiotische Aufgaben haben dürfte (Kap. 6.1.1.).

Abb. 29: Isolierte Kutikulapartien zeigen im Lichtmikroskop, besonders im Phasenkontrast (a–e), viele interessante Charakteristika.
a. Zellgrenzen sind häufig noch sichtbar, weil die apikalen Anteile der Zellmembranen durch Tonofilamente mit der Kutikula verbunden sind. Vergrößerung 250 x.
b. An der hell erscheinenden Segmentgrenze (SG) ist die Orientierung der im Phasenkontrast dunkel erscheinenden Kollagenfibrillen gut zu sehen. Der leicht geänderte Verlauf der Kollagenfibrillen an Drüsenmündungen (DM) führt zu sternförmigen Bildern, ebenso die Durchtrittsstellen von Ausläufern der gruppenweise angeordneten Sinneszellen (SZ). Vergrößerung 800 x.
c. In der Kutikula des Clitellums ist die Zahl der Mündungen von Drüsenzellen besonders groß. Vergrößerung 800 x.
d. Mündung eines Rückenporus. Vergrößerung 290 x
e. Borsten sind mit der Kutikula durch eine schlauchförmige Kutikulaeinsenkung verbunden. Vergrößerung 350 x
f. Das gilt auch für die viel größeren und dementsprechend mit einer längeren Kutikulaeinsenkung versehenen Stechborsten; Hellfeldaufnahme. Vergrößerung 65 x
Maßstab = 100 μm in a, d–f; Maßstab = 10 μm in b, c

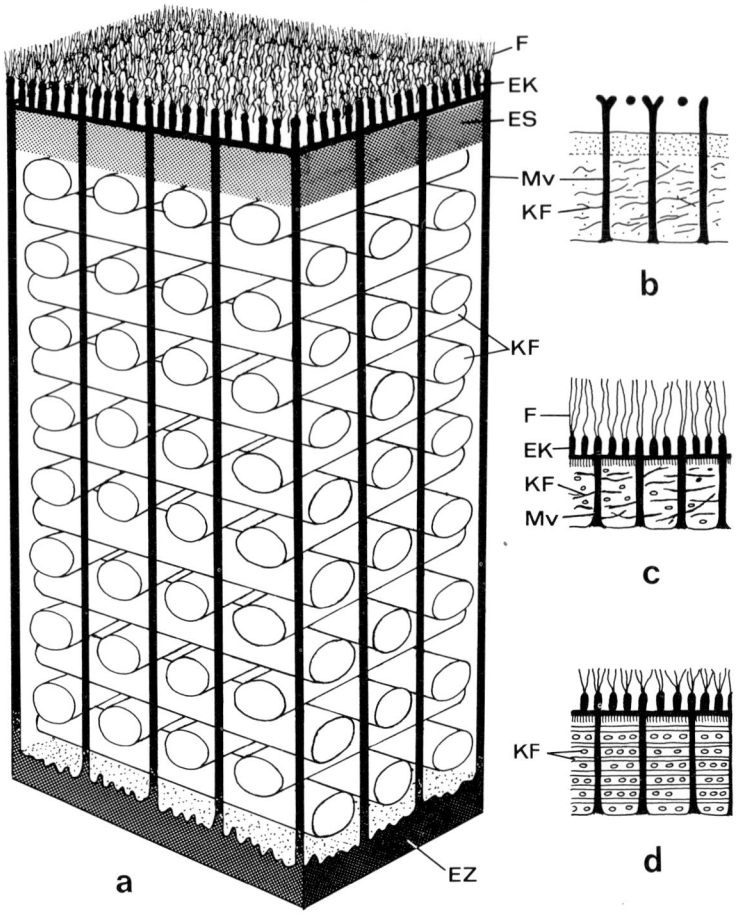

*Abb. 30:* Die Kutikula des Regenwurms und einiger wasserbewohnender Anneliden (schematisiert nach elektronenmikroskopischen Aufnahmen).

a. Die Regenwurmkutikula besteht vor allem aus Lagen dicker, lichtmikroskopisch bereits sichtbarer, in eine Matrix eingebetteter Kollagenfibrilllen (KF), die innerhalb einer Lage parallel, von Lage zu Lage aber um 90° wechselnd angeordnet sind. Zwischen diesen Fibrillen sind lange Mikrovilli (Mv) als Ausläufer des im unteren Bildteil dargestellten apikalen Teils der Epidermiszelle (EZ) vorhanden. Die Mikrovilli verzweigen sich oberhalb der elektronendichten, die Kollagenlagen abdeckenden Schicht (ES). Diese Verzweigungen sehen elliptisch aus und werden leider in Analogie zur Kutikula der Arthropoden irreführend als Epikutikula (EK) bezeichnet. Sie weisen apikal verschieden lange Filamente (F) auf.

b. Die sehr zarte Kutikula der Trochophora eines Polychaeten besitzt nur sehr feine Kollagenfibrillen (KF), eine elektronendichtere Schicht und apikal verzweigte Mikrovilli. Ähnlich gebaut ist die Kutikula des im Süßwasser lebenden Oligochaeten Dero limosa (c), während Tubifex tubifex (d) bereits regelmäßig angeordnete Lagen stärkerer Kollagenfibrillen besitzt.

## 5.7.2. Borsten

Die *Borsten* sind kutikulare Bildungen, die im Gegensatz zur übrigen Kutikula *Chitin* enthalten. Sie entstehen in eingesenkten Partien der Epidermis, den Follikeln, und werden jeweils von nur einer Bildungszelle abgeschieden.

*A. Borstentypen*

Will man sich zunächst einen Überblick über die Gestalt der Borsten verschaffen, so isoliert man die Borsten durch *Mazeration* bestimmter Körperregionen in 10%iger Kalilauge. In Probenröhrchen bringt man Wurmstücke, aus denen man den Darm entfernt hat:
1. vom 10. bis 20. Segment,
2. aus der ventralen Region des Clitellums,
3. aus der Region hinter dem Clitellum,
4. vom Hinterende.

Man kann das Material über Nacht in der Kalilauge liegen lassen, oder, wenn man es eiliger hat, sofort in einem im Wasserbad stehenden Reagenzglas aufkochen, bis sich die Gewebe gelöst haben; es ist zweckmäßig, als Wasserbad ein mit Wasser gefülltes Becherglas zu verwenden, weil Kalilauge beim Erhitzen zum Spritzen neigt. Ist das Material hinreichend mazeriert, so gießt man die Kalilauge vorsichtig ab und wäscht die am Boden des Röhrchens liegenden Borsten durch mehrmaligen Wasserwechsel sauber. Man kann sie nun im Wassertropfen näher ansehen oder nach dem Absaugen überschüssigen Wassers in Polyvinyllactophenol (Chroma, Hindelanger Str. 19, 7 Stuttgart 60) einschließen und so als Dauerpräparat aufheben.

In der Region hinter dem Clitellum findet man ausschließlich die typischen *Körperborsten*, die auch *Hakenborsten* oder *Bewegungsborsten* genannt werden. Sie sind 0,7–1,2 mm lang, S-förmig, distal spitz zulaufend, proximal abgerundet und im oberen Drittel mit einer leichten Auftreibung, dem *Nodulus*, versehen.

Die ventralen Borsten des sechsten bis zehnten Segments sind größer und klobiger als die Hakenborsten. Sie wurden von Feldkamp (1924), der die gründlichste Beschreibung der Borsten lieferte, als *Klammerborsten* bezeichnet, da sie bei der Begattung zum Festhalten des Partners dienen sollen (Kap. 5.2.). In den hinteren Segmenten des Regenwurms sind ähnlich klobige Borsten vorhanden, die man *Stemmborsten* nennen könnte, da sie zum Verankern des Hinterendes in der Wohnröhre dienen (Abb. 31c).

Noch größer sind die im Bereich des Clitellums vorkommenden *Stechborsten* (Abb. 29f und Abb. 31d), die ebenfalls bei der Begattung eine Rolle spielen (Kap. 5.2.) und deshalb zusammen mit den Klammerborsten als *Geschlechtsborsten* bezeichnet werden. Die Stechborsten sind mehr als doppelt so lang wie die Hakenborsten und sehr schlank gebaut. Die distale Partie ist mit vier Rippen versehen, die in eine Spitze auslaufen.

In Querschnitten vom Regenwurm (Kap. 6.1.) trifft man zwar immer wieder auf Anschnitte von Borsten, doch sind diese wegen der großen Härteunterschiede zwischen Borsten und umgebendem Material mehr oder weniger stark zerstört. Ein Borstenkomplex besteht aus Borste, Follikel und Muskulatur.

Am Grunde der tiefen Epidermiseinsenkung sezerniert *eine einzige Bildungszelle* das umfangreiche Borstenmaterial. Sogar wenn die Borstenbasis in Querschnitten durch den Regenwurm ausnahmsweise gut getroffen ist, kann man die Bildungszelle unter den mit Eisenhämatoxylin nach Heidenhain/Dobell stark färbbaren Sekretionsprodukten nicht sehen. Findet man jedoch neben einer Borste einen *Ersatzborstenfollikel*, so kann man in frühen Stadien der Ersatzborstenbildung die Bildungszelle gut erkennen (Abb. 31e). Seitlich wird die Borstenbasis von großkerni-

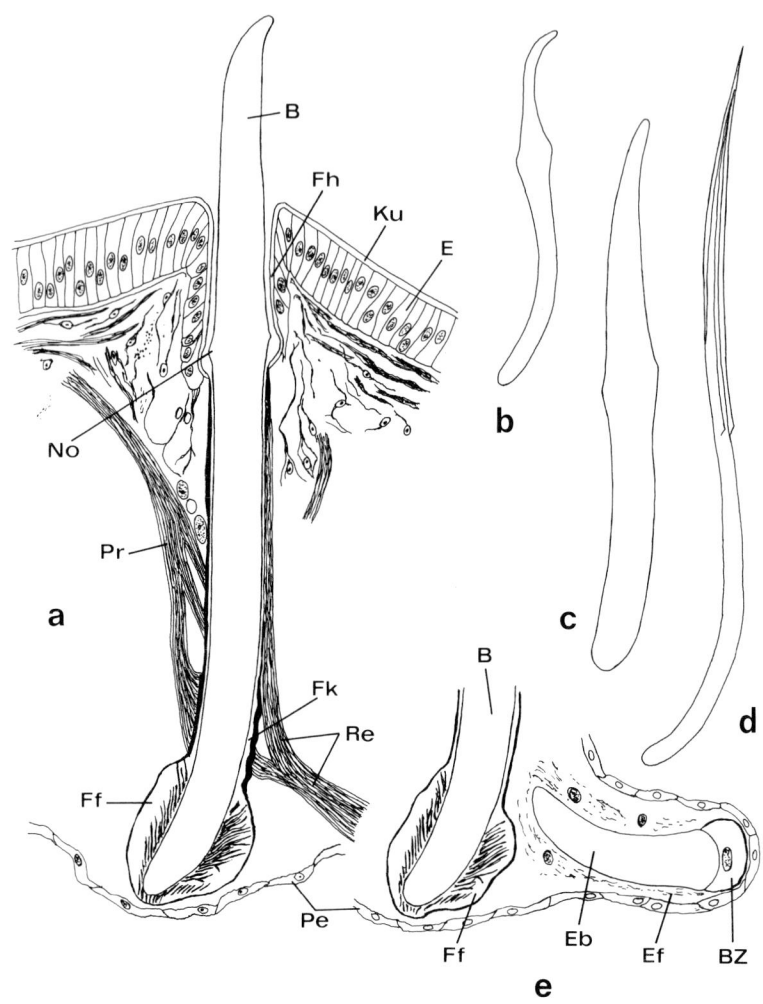

*Abb. 31:* Borstenformen und Borstenersatz

a. Längsschnitt durch eine Bewegungs- oder Körperborste

B Borste, E Epidermis, Ff Follikelfundus mit den über Tonofibrillen an der Borstenbasis ansetzenden Muskeln; die Borstenbildungszelle ist bei der ausgebildeten Borste nicht mehr vorhanden, Fh Follikelhals nennt man den durch die Kutikula- und Epidermiseinsenkung gekennzeichneten äußeren Teil der Borstenhülle, Fk Follikelkörper wird der zwischen Follikelhals und -fundus vorhandene Teil der Borstenhülle genannt, an dem ebenfalls über Tonofibrillen Muskeln ansetzen, Ku Kutikula, No Nodulus, Pe Peritoneum, Pr Protraktormuskel, Re Retraktormuskel

b. Körperborste

c. Klammerborste vom Hinterende

d. Stechborste aus der Genitalregion

e. Ersatzborsten (Eb) findet man meist zu mehreren in der Nähe der Borstenbasis. Eine einzige große Bildungszelle (BZ) liefert den Borstenschaft. Ef Ersatzborstenfollikel

a verändert nach Sajovic, 1907; b–d nach Feldkamp, 1924; e Original nach Präparat

gen, flachen Zellen umgeben, die ein komplexes System von gerade oder spiralig verlaufenden *Tonofibrillen* liefern; dieses stellt eine Verbindung zwischen der Borste und den sie bewegenden Muskeln her. Stets ist zwischen Muskeln und Stützfibrillen eine feine Grenzlamelle zu erkennen. Neben diesen Faserzellen gibt es im Follikel noch kleinkernige Zellen ohne auffallende Tonofibrillen. Im distalen Drittel der Borste, am *Nodulus* (Abb. 31a), endet die Einsenkung aus typischen, aber in der Tiefe zunehmend flacher werdenden Epidermiszellen; Drüsenzellen fehlen in diesem Bereich. Wohl aber wird eine schlauchförmige Kutikula abgeschieden (Kap. 5.7.1.).

Unterhalb des Nodulus setzen über Tonofibrillen eine Reihe von Muskeln an der Borste an, die als Pro- und Retraktoren fungieren und aus mesodermalem Material entstehen sollen (Abb. 31). Die *Protraktoren* inserieren einerseits im unteren Teil der Borste, andererseits unterhalb der Epidermis und bestehen aus mehreren Faserbündeln. Die *Retraktoren* verlaufen teilweise flach am Borstenschaft entlang, um dann basal abzubiegen. Basal wird der Borstenkomplex gegen das Coelom durch ein sehr zartes *Peritoneum* abgegrenzt.

Aus den Wurmresten, die bei der Präparation übrig geblieben sind oder aus fixierten Wurmstücken kann man leicht die nach innen vorragenden Borstenbasen abschneiden und nach einer beliebigen Kernfärbung (Alaunkarmin, S. 156) Totalpräparate mit verschiedenen *Stadien der Ersatzborstenbildung* herstellen. In solchen Präparaten ist sehr schön die Borstenbildungszelle zu erkennen.


## B. Verteilung der Borstentypen

Eine genaue Übersicht über die Verteilung der Borstentypen kann man sich auf sehr einfache Weise verschaffen. Man nimmt dazu entweder den gesamten, von Darm und Geschlechtsorganen befreiten Hautmuskelschlauch oder bestimmte Teile davon, vor allem Vorderende, Genitalregion und Hinterende. Diese Teile steckt man ausgebreitet in einer mit Paraffin ausgegossenen Petrischale mit Nadeln fest und fixiert sie mit 70%igem Äthanol. Nach ein bis zwei Stunden ersetzt man diesen ebenso lange durch 96%igen Akohol und legt schließlich die hart gewordenen Stücke in eine Schale mit absolutem Alkohol, den man nach einigen Stunden durch Benzylbenzoat (auf keinen Fall Methylbenzoat!) ersetzt. In diesem Medium, das man noch zweimal wechselt, wird der Hautmuskelschlauch vollkommen durchsichtig und kann unter dem Binokular auf Vorkommen, Form, Zahl und Erhaltungszustand bzw. Fehlen der Borsten untersucht werden. Benzylbenzoat riecht nicht unangenehm und eignet sich zur langfristigen Aufbewahrung der Präparate.


## C. Chitinnachweis

Die Borsten enthalten zumindest Protein und Chitin, aber nicht ausschließlich Chitin. Ein eindeutiger Chitinnachweis ist mit der Röntgenstrahlbeugung möglich. Ein viel einfacheres, in jedem Labor durchführbares Nachweisverfahren ist der *Chitosantest* (S. 161), der bei den Borsten eindeutig positiv ist, während die kollagenhaltige Kutikula bereits bei der Hydrolyse in Kalilauge vollständig aufgelöst wird.

### 5.7.3. Muskelmazeration

Der Bau der Längsmuskulatur wird nicht allein durch das Studium von Quer- und Längsschnitten verständlich. Eine Vorstellung von der Ausdehnung der einzelnen Muskelfaser, die einer Muskelzelle entspricht, und das Vorhandensein sowie den geringen Umfang einer den Kern enthaltenden Plasmaaussackung erkennt man erst durch Isolieren der einzelnen Muskelfaser. Leider ist das einfache Verfahren der Mazeration fast ganz in Vergessenheit geraten.

Man legt zum Mazerieren ein Stück Hautmuskelschlauch, das frisch oder fixiert sein kann, über Nacht in 1%ige wäßrige Kaliumbichromatlösung. Anschließend kann man mit feinen Uhrmacherpinzetten kleine Faserportionen herauszupfen und die einzelnen Faserbündel in einem Tropfen der gleichen Lösung unter dem Binokular noch weiter zerteilen. Nach Auflegen eines Deckglases kann das Präparat am besten im Mikroskop bei Phasenkontrast oder im polarisierten Licht untersucht werden; eine Hilfseinrichtung, bestehend aus zwei Polarisationsfilmen genügt in diesem Zusammenhang. Besonders geeignet ist für derartige Untersuchungen die Muskulatur des Kaumagens. Eine Beschreibung dessen, was man im Lichtmikroskop an solchen Mazerationspräparaten erkennen kann, wird im Kapitel 6.1.2. in größerem Zusammenhang gegeben.

## 5.8. Parasiten des Regenwurms

### 5.8.1. Darm: Ciliaten (Astomata)

Entnimmt man einem frisch präparierten Regenwurm Darmstücke und spült ihren Inhalt in einem Blockschälchen mit Regenwurm-Ringerlösung oder 0,4%iger Natriumchloridlösung aus, so findet man beim Durchmustern unter dem Binokular lebhaft umherschwimmende Ciliaten. Diese isoliert man mit einer fein ausgezogenen Pipette, sammelt sie in einem weiteren Blockschälchen und bringt sie schließlich in einen Tropfen Regenwurm-Ringerlösung auf einen Objektträger. Die Untersuchung erfolgt am besten im lebenden Zustand im Phasenkontrast. Die Herstellung von Dauerpräparaten ist nicht einfach und nur zur Untersuchung bestimmter Einzelheiten erforderlich (näheres s. Mackinnon und Hawes, 1961).

Im Darm von Lumbricus terrestris sind drei Arten aus der Gruppe der Astomata nachgewiesen (Heidenreich, 1935; De Puytorac, 1956): Anoplophrya lumbrici (Abb. 32), Maupasella nova und Plagiotoma lumbrici; eine weitere Art, Metaradiophrya lumbrici (Abb. 32) findet man leichter in den verwandten Regenwurmarten Lumbricus rubellus und Eisenia foetida.

Alle Astomata haben keinen Zellmund und eine sehr gleichmäßige Bewimperung. Sie leben fast alle als Endoparasiten im Darm von Oligochaeten und haben meistens Hafteinrichtungen entwickelt, um sich am Darmepithel des Wirtes festhalten zu können; die besonders häufig vorkommenden Anoplophrya – Arten haben keine Hafteinrichtungen. Bei Metaradiophrya ist dagegen ein regelrechter Enterhaken im vorderen Teil ausgebildet; im Phasenkontrast erkennt man diesen und die zugehörigen zahlreichen kontraktilen Elemente sehr deutlich. Innerhalb ihrer Wirte bevorzugen die einzelnen Arten bestimmte Darmabschnitte, vermutlich wegen des pH-Wertes und des osmotischen Drucks (De Puytorac, 1956). Anoplophrya lumbri-

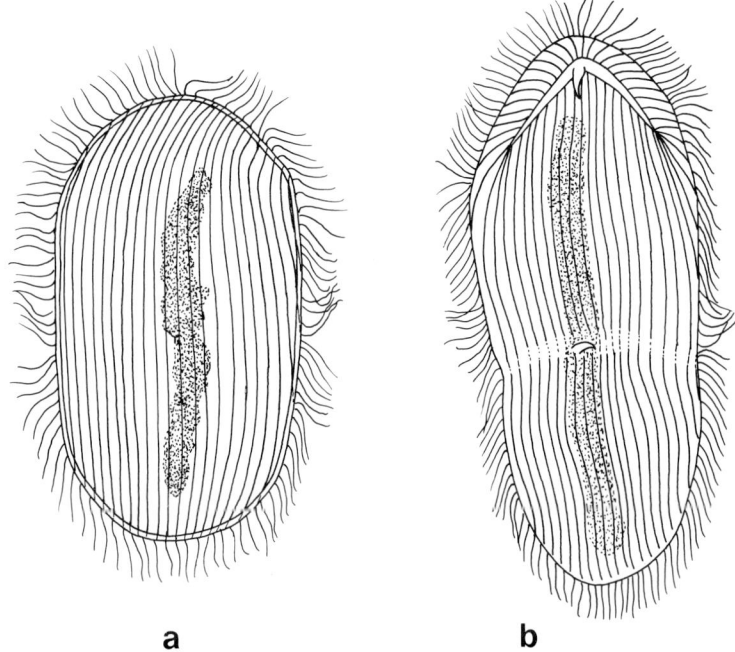

a            b

*Abb. 32:* Ciliaten, die im Darm von Regenwürmern vorkommen.
a. Anoplophrya lumbrici Schrank
b. Metaradiophrya lumbrici Dujardin

ci, Maupasella nova und Metaradiophrya lumbrici kommen im vorderen, Plagiotoma lumbrici im hinteren Darmabschnitt vor. Im Frühjahr und Sommer sind gut
genährte Regenwürmer zu 80–90% parasitiert, während im Herbst nur etwa 30–40%
befallen sind; parasitiert sind nur ausgewachsene Tiere (Eksemplarskaja, 1931).
Die Astomata vermehren sich, wie die übrigen Ciliaten, durch Querteilung; Konju-
gation kommt ebenfalls vor. Man vermutet, daß die Neuinfektion von Regenwürmern durch Cysten erfolgt, die bisher aber nur selten gefunden wurden.

## 5.8.2. *Samenblasen: Gregarinen*

Die Samenblasen des Regenwurms enthalten neben den Stadien der Spermienbil-
dung meist massenhaft Gregarinen aus der Familie Monocystidae. Insgesamt sind
bereits 150 Arten und 21 Gattungen aus dieser Familie beschrieben worden. In den
Samenblasen trifft man fast immer auf Mischinfektionen verschiedener Arten. Die
massenhaft vorhandenen Sporen sind kaum zum Bestimmen verwendbar. Lediglich
die heranwachsenden Stadien, die *Trophozoiten,* der drei Gattungen Monocystis,
Nematocystis und Rhynchocystis sind leicht zu unterscheiden. Die Monocystis-Arten sind sichelförmig gekrümmt (Abb. 33a). Die Arten der Gattung Nematocystis
fallen beim Auftrennen der Samenkapseln sofort wegen ihrer ungewöhnlichen
Länge von bis zu 5 mm bei einem Durchmesser von 50 μm auf; zunächst kann man

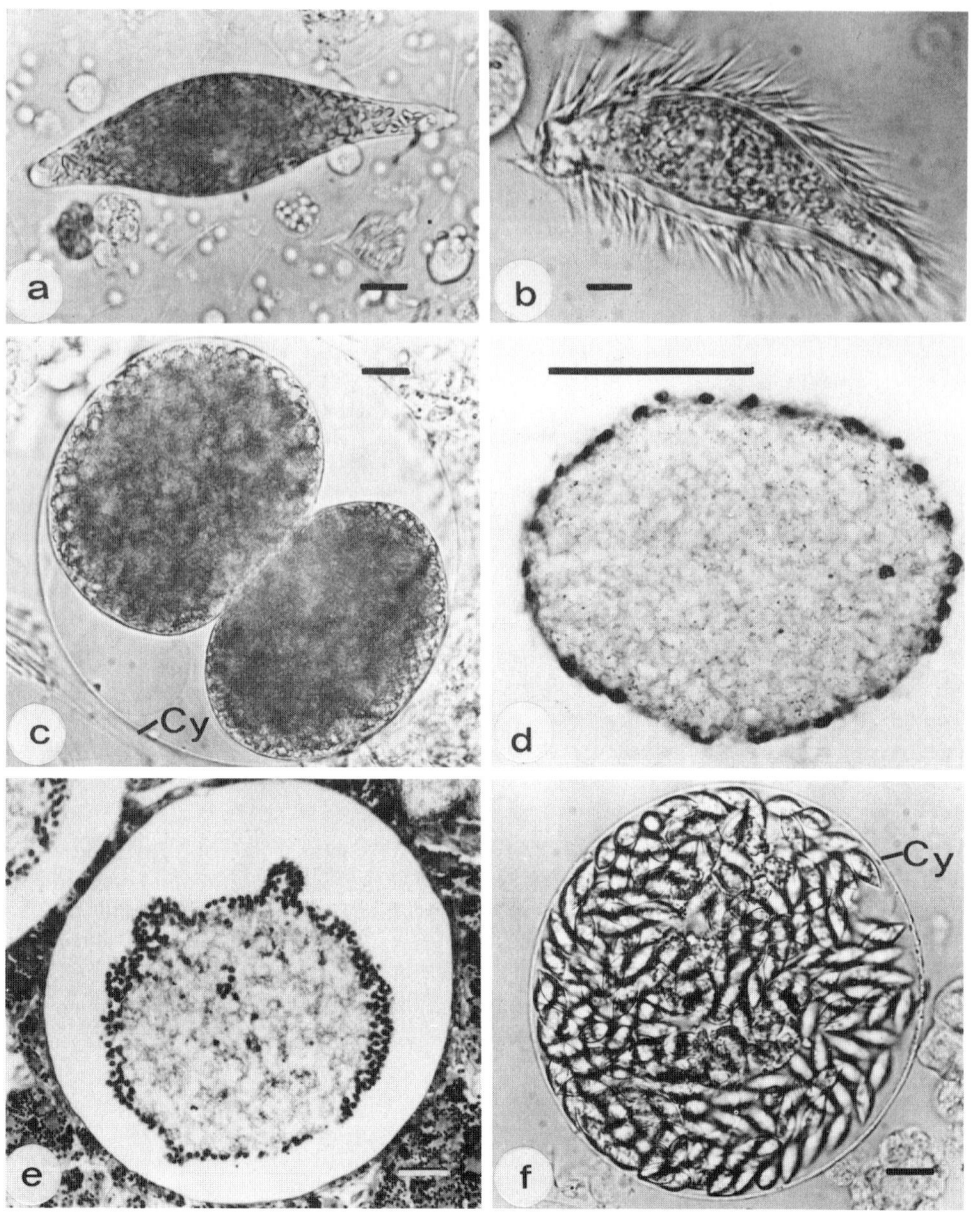

*Abb. 33:* Entwicklungsstadien von Gregarinen, die man in den Samenblasen des Regenwurms antreffen kann.
a. Freies vegetatives Stadium
b. Vegetatives Stadium in einem von Spermatiden umgebenen Cytophor; es scheint auf den ersten Blick „behaart" zu sein.
c. Zwei Gamonten haben sich abgerundet und eine Cyste (Cy) abgeschieden.
d. Im Schnitt durch einen Gamonten sind in einem späteren Stadium zahlreiche Kernteilungen anzutreffen.
e. Im weiteren Verlauf der Gamogonie entstehen in der Peripherie Isogameten, die miteinander verschmelzen.
f. Die Zygoten werden spindelförmig, scheiden eine Hülle ab und teilen sich darin mehrfach (Sporogonie).
Cy Gamontencyste. a–c und f = Lebendaufnahmen; d und e = Schnitte gefärbt mit Molybdathämatoxylin nach Dobell
Vergrößerung a, c, e, f 60 x, d 270 x, a–d Maßstab = 100 μm

84

sie für Nematoden halten. Die Gattung Rhynchocystis ist durch auffallende, lange, haarähnliche Fortsätze der Pellicula gekennzeichnet; am Vorderende befindet sich eine kegelförmige Papille, die wohl zur Anheftung an Wirtszellen dient. Trophozoite von Rh. pilosa erreichen 500 μm Länge. Berlin (1924) hat eine Bestimmungstabelle der von ihm gefundenen Arten aufgestellt.

Die Mischinfektionen, der frühe Zeitpunkt der Infektion der Regenwürmer, die Schwierigkeiten einer keimfreien Aufzucht von Regenwürmern haben bisher eine Isolierung der einzelnen Gregarinenarten verhindert. Lediglich Miles (1962) ist es gelungen, keimfrei gehaltene Eisenia foetida mit Gregarinensporen zu infizieren und den Infektionsweg zu verfolgen. Die Sporen gelangen mit der Nahrung in den Darm von Eisenia foetida. Dort schlüpfen die Sporozoiten, wandern durch das Darmepithel und gelangen schließlich auf unbekannte Weise in die Samenblasen. Die Sporozoiten von Monocystis-Arten vielleicht auch die von Rhynchocystis (Hesse, 1909) befallen zunächst die Cytophore und wachsen darin heran (Abb. 33b). Die Sporozoiten von Nematocystis magna befallen stattdessen die Zellen der Samentrichter, wachsen darin heran und hängen schließlich, wenn sie für die Wirtszelle zu groß geworden sind, nur noch mit dem Vorderende in dieser. Mit einer Pipette kann man leicht die Spermienmassen, die an den Trichtern hängen oder in deren Nähe sind, wegspülen. Dann zeigt sich, daß die sehr langen Nematocystis fest am Samentrichter hängen und nur gewaltsam von diesem abgerissen werden können.

Ältere *Trophozoite* von Monocystis- und Rhynchocystis-Arten leben in der Flüssigkeit der Samenblasen, legen sich schließlich paarweise aneinander, nehmen gemeinsam Kugelform an und umgeben sich mit einer zarten Hülle, der *Gamontencyste* (Abb. 33c). In beiden Gamonten wandert der chromosomenhaltige Anteil an die Peripherie des Kerns und teilt sich; der Rest der Gamontenkerne wird anschließend resorbiert. Die auf diese Weise entstandenen Tochterkerne sind viel kleiner als die ursprünglichen Gamontenkerne. Sie teilen sich weiter und sammeln sich im peripheren Plasma der Gamonten (Abb. 33d). Schließlich wird um jeden der gebildeten Kerne eine Portion Plasma abgegliedert. Soweit bekannt, sind die entstandenen *Gameten* bei den Monocystideen gleichartig, d. h. es sind *Isogameten* (Abb. 33e).

Sie haben weder Geißeln noch Pseudopodien, können sich aber bewegen. Sie verschmelzen miteinander zu *Zygoten*, die eine längliche Gestalt annehmen, eine feste Hülle, die *Sporocyste*, abscheiden, mehrere Kernteilungen durchlaufen und schließlich das Plasma bei der Bildung von vier oder acht wurmförmigen *Sporozoiten* aufteilen. Meistens findet man in den Samenblasen nur Gamontencysten voller Sporocysten (Abb. 33f) und einzelne Trophozoite. Die hier beschriebenen Stadien der Gamogonie trifft man im Frühjahr, allenfalls noch im Frühsommer an; vielleicht wird die Gamogonie dieser Parasiten ebenso durch eine Änderung des Hormonstoffwechsels des Wirtes induziert, wie das bei den Opalinen der Fall ist.

Die mit Sporocysten gefüllten Gamontencysten werden anscheinend an der Unterseite der Samenblasen in das Coelom abgegeben (Kap. 5.2.), gelangen nach Umhüllung mit Amoebocyten in Form von Bällchen durch die ventralen Öffnungen der Dissepimente (Kap. 6.2.) bis ans Hinterende und können hier durch die Rückenporen ins Freie befördert werden. Wahrscheinlich ist dies nicht der einzige Weg, auf dem die Sporocysten frei werden. Sie können auch nach dem Tode des Wurms und dessen Zerfall ins Freie gelangen.

Man untersucht die Gregarinenstadien in der gleichen Weise wie die Stadien der Spermiogenese des Regenwurms, indem man einen Tropfen mit Regenwurm-Ringerlösung oder einen mit 0,4%iger Natriumchloridlösung verdünnten Tropfen Samenblaseninhalt auf einen Objektträger bringt und vorsichtig ein Deckglas auflegt. Wenn irgend möglich, sollte man sich das Präparat im Phasenkontrast ansehen.

Frühe Stadien der Gamogonie erscheinen sehr dunkel. Nach Bildung der Sporocysten ist im Innern der Gamontencyste noch ein umfangreicher Restkörper aus übrig gebliebenem Plasma vorhanden. An Sagittal- (Kap. 6.5.) und Querschnitten durch die Samenblasen kann man weitere Einzelheiten erkennen (s. a. Mackinnon-Hawes, 1961).

Apolocystis herculae und A. pilosa leben nicht in den Samenblasen des Regenwurms, sondern im Coelomraum. Man kann sie bei der Präparation vor allem im hinteren Körperbereich als winzige, runde Gebilde angeheftet an ein Dissepiment oder Nephridium finden.

## 5.8.3. Blutgefäße: Ascaridenlarven

In Querschnitten von Lumbricus terrestris findet man vor allem im Ventralgefäß, bisweilen aber auch in anderen größeren Blutgefäßen auffallende, charakteristische Ascariden-Querschnitte (Abb. 39b). Bei der Präparation trifft man die Würmer aufgeknäuelt im Ventralgefäß. Es handelt sich im allgemeinen um das dritte Larvenstadium von Porrocaecum ensicaudatum Zeder (Abb. 34). Der Regenwurm ist für diesen Nematoden Zwischenwirt. Seine Endwirte können unsere Drosselarten und der Star, ausnahmsweise auch Krähen, Bachstelzen und Flußregenpfeifer sein. Die mit dem Kot dieser Endwirte abgegebenen Nematodeneier können vom Regenwurm gefressen werden. In seinem Darm schlüpft dann das erste Larvenstadium, bohrt sich durch die Darmwand und gelangt schließlich in größere Blutgefäße, besonders in das Ventralgefäß. Hier finden zwei Häutungen statt, so daß etwa sechs Wochen nach der Infektion das 4,2–4,5 mm lange dritte Larvenstadium vorhanden ist. Frißt ein als Endwirt geeigneter Vogel dieses infektionsreife Stadium, so dringt die Larve in die Mucosa des Muskelmagens ein und wandert zwischen Mucosa und Muscularis zum Dünndarm. Während dieser Wanderung findet eine weitere Häutung statt. Dieses vierte, 12–16 mm lange Larvenstadium gelangt 12–18 Tage nach der Invasion in das Darmlumen des Vogels und häutet sich hier zum geschlechtsreifen Wurm.

## 5.8.4. Nephridien: Phoresie von Bodennematodenlarven

Nematodenlarven findet man sehr häufig in der Harnblase des Regenwurms (Kap. 5.6.). Mit diesem Thema hat sich besonders Völk (1950) beschäftigt. Er stellte fest, daß Lumbricus terrestris zu 80–100% befallen sein kann, und daß außer der schon von Bütschli und A. Schneider gefundenen und seither allenthalben in diesem Zusammenhang allein genannten Arten Rhabditis pellio noch weitere Arten vorkommen können: Rhabditis maupasi, Rh. anomala, Rh. teres und Rh. strongyloides. Bei

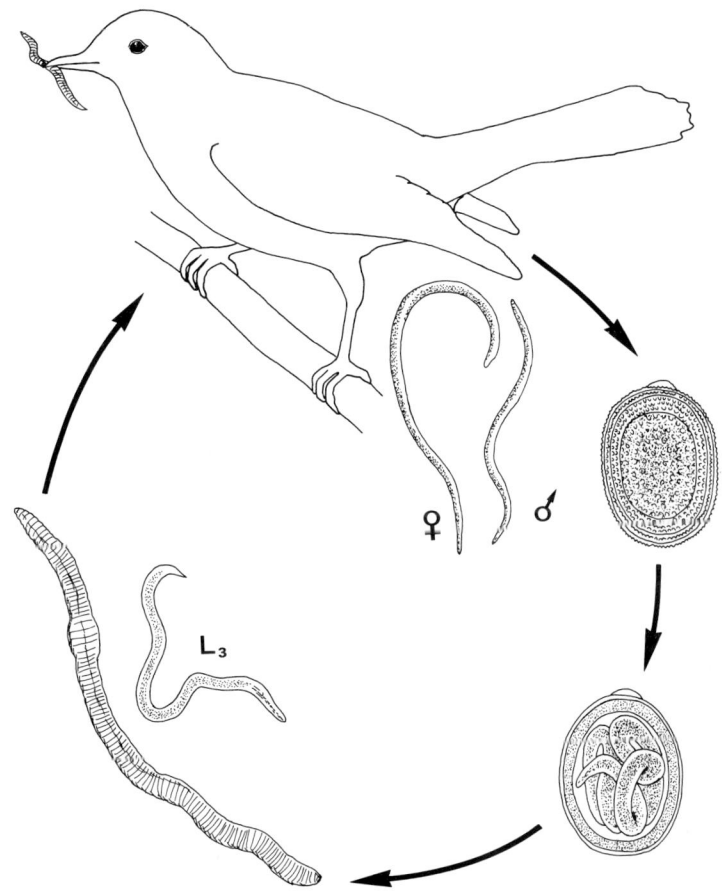

*Abb. 34:* Der Entwicklungszyklus von Porrocaecum ensicaudatum (verändert nach Osche), L₃ infektionsfä-
higes, drittes Larvenstadium aus dem Regenwurm

jungen Tieren war der Befall geringer als bei alten; Embryonen und Kokons enthielten keine Nematodenlarven. Keine der bei Regenwürmern vorkommenden Nematodenarten zeigte eine Wirtsspezifität. Alle Arten sind als Bodenbewohner bekannt. Sie nutzen die Regenwürmer nicht als Zwischenwirt, sondern nur als *Transportwirt*. Sie wandern anscheinend beim Eintreten ungünstiger Lebensbedingungen
(Trockenheit, Nahrungsmangel usw.) aus dem Boden über die Nephridioporen in
die Harnblase des Regenwurms ein und verlassen diese nach einiger Zeit wieder
(Völk, 1950). Man nennt dieses Verhalten *Phoresie*.

Stirbt der Wurm, so fressen die Nematoden die entstehenden Bakterienmassen
und gehen anschließend wieder zum Bodenleben über, wo sie gleichfalls von Bakterien leben. Man kann daher leicht die einzelnen Nematodenarten isoliert züchten,
indem man zunächst eine *Rohkultur* anlegt und aus dieser dann Einzeltiere auf geriebene Kartoffeln oder Fleisch als Nährboden überträgt. Eine Rohkultur gewinnt
man, indem man auf dem Boden einer Petrischale etwas Blumenerde verteilt, mit
Dellen versieht, und dann Regenwurmstückchen an den Rand der Dellen legt. An-

schließend gießt man so viel Wasser darauf, daß die Wurmstücke nicht ganz bedeckt sind. Innerhalb weniger Tage werden die Wurmstücke durch die sich stark vermehrenden Bakterien zersetzt. Dadurch wird eine schnelle Weiterentwicklung der in den Nephridien des Regenwurms vorhandenen Nematodenlarven möglich. Die so gewonnenen *Nematodenkulturen* lassen sich bequem jahrelang auf geriebenen Kartoffeln halten, indem man etwa alle vierzehn Tage eine Probe auf frisch geriebene Kartoffeln überträgt; pro Petrischale genügen ein bis zwei Eßlöffel Kartoffelbrei. Alle Larvenstadien, die Morphologie der geschlechtsreifen Tiere, die Kopulation und Furchung, sowie die Bewegungsweise können in dem reichhaltigen Tiermaterial beobachtet werden (Peters, 1972). Die Untersuchung erfolgt im lebenden Zustand in einer reversiblen Hitzestarre; diese wird erreicht, indem man einen Objektträger mit einem Wassertropfen voll Tiermaterial vorsichtig erwärmt.

### 5.8.5. *Der Regenwurm als Transport- und Zwischenwirt parasitischer Würmer*

Der Regenwurm ist für eine Reihe von Nematoden Transportwirt. Diese Nematoden sind Parasiten von Nutztieren und gehören in die Gruppe der Strongyloidea. Bei den meisten dieser Arten ist der Regenwurm für den Entwicklungsablauf nicht unbedingt erforderlich.

Die Eier von Strongyloidea der Gattung Syngamus können vom Regenwurm gefressen werden. In seinem Darm schlüpft das erste Larvenstadium und entwickelt sich weiter bis zum dritten Larvenstadium, um sich dann in der Muskulatur zu encystieren (Clapham, 1934). Wenn Hühner, Fasane, Rebhühner oder Krähen mit derartigen Ruhestadien von Syngamus trachea infizierte Würmer fressen, entwickelt sich in ihrem Darm der definitive Nematode; entsprechendes gilt für die Ruhestadien von Syngamus merulae Baylis in der Amsel. Die Ruhestadien können mehrere Jahre in den Regenwürmern infektionsfähig bleiben (Taylor, 1938). In ähnlicher Weise stellt der Regenwurm für Nematodenkrankheiten des Schweins ein Reservoir dar. Eier von Metastrongyliden-Arten (Lungenfadenwürmern) oder einem Nierenparasiten, Stephanurus dentatus Diesing, werden ebenfalls vom Regenwurm gefressen; als drittes Larvenstadium leben sie in der Darmwand oder im Dorsalgefäß des Regenwurms, bis dieser von einem Schwein gefressen wird.

Weitere Parasiten aus dem Bereich der Cestoda und Nematoda, die im Regenwurm vorkommen können, sind bei Edwards und Lofty (1972) erwähnt.

# 6. Histologie

Zur Einführung in die Histologie hat sich der Regenwurm seit langem bewährt. Man beginnt am besten mit einem Querschnitt durch ein „Normalsegment", d.h. ein Segment, in dem die Typhlosolis vorhanden ist, in dem aber die Geschlechtsorgane und die Differenzierungen des vorderen Darmbereichs fehlen; hierfür kommen vor allem die Segmente 40-50 in der mittleren Körperregion in Frage.

Das so gewonnene Bild der wichtigsten Organisationsbestandteile sollte ergänzt werden durch die parallel laufende Betrachtung von Sagittal- und Frontalschnitten durch charakteristische Bauelemente der gleichen Körperregion, wie Nephrostom und Bauchmark (Glimmer-, S. 158 und Semidünnschnittechnik, S. 160). Zur Darstellung des Verlaufs der Muskelstränge in einem Dissepiment und der darin vorhandenen ventral gelegenen Öffnung dienen Handschnitte von Paraffinmaterial dieser Region.

Aus der ausschließlichen Betrachtung von Querschnitten durch die mittlere Körperregion resultieren einige falsche Vorstellungen, die selbst in Lehrbüchern noch zu finden sind, wie: Die Typhlosolis sei am gesamten Mitteldarm vorhanden und der Mitteldarm besitze keine Blindsäcke. Von den interessanten Differenzierungen des Vorderdarmes ist im allgemeinen keine Rede, und die eigenartige Art der „Abfallbeseitigung" beim Regenwurm ist viel zu wenig bekannt. Sehr instruktiv sind daher Querschnitte durch das 10. Segment mit den Kalkdrüsen, die Segmente 32–37 mit dem Clitellum und durch jedes weitere zehnte Segment; letztere zeigen, wann die Typhlosolis aufhört, bzw. wie die Anhäufung sogenannter Bällchen, der „Abfallhaufen" des Regenwurms in den hinteren Segmenten aussieht.

Außerdem sind Medianschnitte des Vorderendes wünschenswert. Sie zeigen die Mundöffnung, Buccalhöhle und Pharynx, Ober- und Unterschlundganglion sowie die Sinnesorgane des Vorderendes und den Muskelmagen. Von der Genitalregion sollten eine ganze Reihe ausgesuchter Sagittalschnitte vorhanden sein, um die histologischen Besonderheiten der verschiedenen Organe, wie Receptacula seminis, Hoden, Ovar, Samenblasen, Samentrichter und Eihälter, demonstrieren zu können.

## 6.1. Querschnitt durch ein Segment der mittleren Körperregion

Zur Darstellung der charakteristischen Bauelemente eines Anneliden wird im allgemeinen ein Querschnitt durch die mittlere Körperregion, d. h. im Bereich des 40.–50. Segments verwendet. Eine erste Lageorientierung erhält man durch den Umriß des Querschnitts und die Lage der großen Längsorgane. In der Mitte befindet sich der Darm, der dorsal eine mächtige Einfaltung, die Typhlosolis, aufweist. Dorsalwärts erkennt man das großlumige Rückengefäß, während ventral vom Darm das Bauchmark mit drei auffallend großen Nervensträngen, den Riesenfasern, liegt. Der Querschnitt ist in dieser Körperregion nicht drehrund, sondern ein wenig abgeplattet, und weist vier Flächen auf. In der Dorsalpartie erscheint der Hautmuskelschlauch gleichmäßig gewölbt; nur die Längsmuskulatur ist median tief eingekerbt. Die Seitenflächen sind etwas schräg nach innen gegen die ebene Ventralfläche geneigt. Handelt es sich um einen Schnitt durch die Mitte eines Segments, so sind in den Ecken die paarweise angeordneten Borsten getroffen; sie stecken in langgestreckten Säckchen, den Follikeln. Liegt der Schnitt kurz vor einer Segmentgrenze, so kann der Rückenporus zu sehen sein. Wenn der Querschnitt jedoch kurz hinter einer Segmentgrenze liegt, können die Öffnungen der in den Seitenpartien liegenden Exkretionsorgane getroffen sein. Durch die dorso-mediane Kerbe und die Borstenfollikel wird die Längsmuskulatur in acht Felder gegliedert. Das median eingekerbte große Rückenfeld, die beiden Seitenfelder, die zwischen den Borsten liegenden keilförmigen Zwischenborstenfelder und das Bauchfeld, von dem seitlich etwas undeutlich zwei keilförmige akzessorische Felder abgeteilt sind.

Die nähere Untersuchung des Querschnitts durch die mittlere Körperregion beginnt mit dem Hautmuskelschlauch, der folgende Elemente aufweist:

1. Die Epidermis und die von ihr nach außen abgeschiedene kollagenhaltige, aber chitinfreie Kutikula
2. Die Borstentaschen mit den chitinhaltigen Borsten und deren Muskelversorgung
3. Die Ringmuskelschicht
4. Die Längsmuskulatur
5. Das Coelomepithel

Anschließend werden Dissepimente, Mesenterium, Coleomocyten, Chloragog, Gefäße, Darm, Bauchmark und Nephridien behandelt.

## 6.1.1. Kutikula und Epidermis

Die *Epidermis* ist einschichtig (Abb. 35). Sie besteht aus Deck- oder Stützzellen und Basalzellen, und sie enthält als besonders differenzierte Elemente Drüsen- und Sinneszellen. Die Epidermis scheidet nach außen die 3–4 µm dicke Kutikula und nach innen eine 20–100 nm dicke Basalmembran ab. Beide enthalten Kollagenfibrillen, die jedoch eine unterschiedliche Feinstruktur aufweisen (Kap. 5.7.1.) Die *Kutikula* des Regenwurms ist, ebenso wie die Arthropodenkutikula, kein homogenes, sondern ein aus mehreren Komponenten zusammengesetztes Sekretionsprodukt (Kap. 5.7.1. und Abb. 30). Im Querschnittspräparat erscheint sie lichtmikroskopisch als ein unscheinbares, dünnes Häutchen. Die Untersuchung der isolierten Kutikula liefert ein sehr viel eindrucksvolleres Bild von der Anordnung der Kollagenfibrillen (Kap. 5.7.1.).

Die *Deck- oder Stützzellen* der Epidermis sind etwa dreimal so hoch wie breit; ihre Höhe von 50–70 µm nimmt jedoch zu den Segmentgrenzen hin zu und an den Borstensäckchen ab. Nahe der Basalmembran befinden sich zahlreiche kleinere *Basalzellen.* Nach den Untersuchungen von Chapron (1970) und Valembois (1971) dienen sie dem Ersatz von Epidermiszellen, besonders von Drüsenzellen; Janice Burke (1974) konnte bei Eisenia foetida nachweisen, daß sie bei der Wundheilung lediglich als Phagocyten tätig werden. Ebenso wie bei den meisten übrigen Anneliden verfügt die Epidermis über *drei Typen von Drüsenzellen,* die langgestreckt wie die Deckzellen sind (Abb. 35 und Abb. 52).

Die Kerne liegen in den Drüsenzellen basal. Distal laufen diese Zellen spitz zu und geben ihre Sekrete durch feine Kutikulaporen ab (Kap. 5.7.2.). Bei den in großer Zahl vorhandenen Schleimdrüsen kann man nach den histochemischen Untersuchungen von Richards (1973, 1974) zwei Typen nach der Art der Sekrete unterscheiden. Früher hielt man diese für einen einheitlichen Typ. Der eine Typ liefert *grobkörnig erscheinendes, orthochromatisch färbbares Sekret,* das einen Mucopolysaccharid-Protein-Lipid-Komplex darstellt und ein visköses, elastisches Gleitmittel ergibt. Der zweite Typ von Schleimzellen produziert ein *retikulär erscheinendes, metachromatisch färbbares Sekret;* es handelt sich um einen carboxylierten und dem-

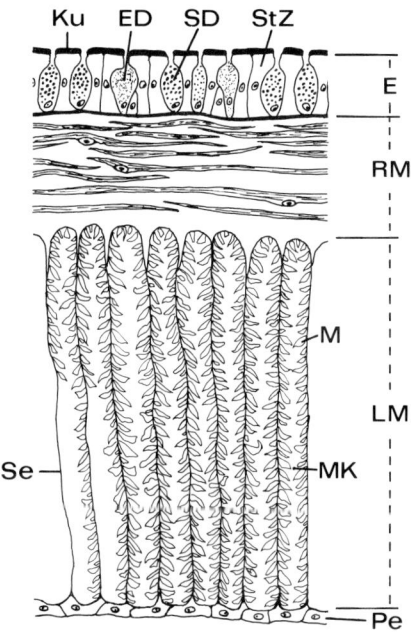

Ku ED SD StZ

E

RM

M

LM

Se

MK

Pe

*Abb. 35:* Querschnitt durch den Hautmuskelschlauch
E Epidermis, ED Eiweißdrüse, Ku Kutikula, LM Längsmuskulatur, MK Muskelkästchen, gebildet von bindegewebigen Septen, mit anhängenden Muskelfasern = Muskelzellen (M), Pe Peritoneum, RM Ringmuskulatur, SD Schleimdrüsen (2 verschiedene Typen), Se bindegewebiges Septum, StZ Stützzelle (verändert
nach K. C. Schneider, 1908)

entsprechend sauer reagierenden Schleim, in dem Uronsäure- und Sialinsäuregrup-
pen fehlen. Dieser wenig viskose Schleim soll an den Epikutikulastrukturen haften.
Der dritte Typ von Drüsenzellen, die etwas schmaleren *Eiweißdrüsen,* bildet ein
feinkörnig erscheinendes, Proteine enthaltendes Sekret.

Die Sekrete der Drüsenzellen haben sicher eine ganze Reihe von Funktionen, die
teilweise mehr vermutet als tatsächlich nachgewiesen sind. Der ortho- und der metachromatisch färbbare Schleim dürften vor allem für die Feuchthaltung der Oberfläche des Wurms sorgen, durch die der Gasaustausch erfolgen muß. Saure Mucopolysaccharide in dem die Kutikula überziehenden Schleim könnten für eine selek-
tive Stoffaufnahme von Bedeutung sein. Dietz und Alvarado (1970) haben gezeigt,
daß der Regenwurm in der Lage ist, aktiv $Na^+$ und $Cl^-$ mit voneinander unabhängi-
gen Mechanismen aufzunehmen; $K^+$ und $SO_4^{2-}$ werden anscheinend nicht aktiv
akkumuliert. Dietz (1974) vermutete, daß der Transport von $Na^+$ und $Cl^-$ im Aus-
tausch gegen im Körper vorhandene Ionen wie $H^+$, $NH_4^+$ und $HCO_3^-$ erfolgen
könnte. Der Regenwurm kann offenbar auch die Wasserpermeabilität seiner Körperoberfläche verändern und hormonal steuern (Zimmermann, 1971, 1973; Carley,
1975).

Die schleimigen Produkte der Drüsenzellen werden auch zum Auskleiden der
Wohnröhre verwendet und spielen eine besondere Rolle während der Diapause,
d. h. für das Überdauern von Trockenperioden im Sommer und auch für das Über-
wintern in tiefer gelegenen Teilen des Wohnröhrensystems. Schließlich hat Ri-

chards (1974) vermutet, daß der orthochromatisch färbbare Schleim ein Pheromon enthält, das für die Kopulation von Bedeutung ist; bei parthenogenetisch sich fortpflanzenden Lumbriciden soll dieses Pheromon fehlen.

Im Zusammenhang mit der starken mechanischen Belastung von Kutikula und Epidermis bei den Kontraktionsvorgängen dürfte die innige Verknüpfung zwischen Kutikula und Epidermis sowie die Ausstattung mit Tonofilamenten stehen, über deren Einzelheiten erst die elektronenmikroskopische Untersuchung Auskunft geben konnte (Coggeshall, 1966). Die bereits erwähnten, die Kutikula senkrecht durchziehenden Mikrovilli (Kutikulakanälchen, Porenkanäle; Kap. 5.7.1.) haben anscheinend keinerlei Anheftungsstrukturen. Läßt man die Würmer vor dem Fixieren erschlaffen, so treten an der apikalen Partie der Deckzellen in viel größerer Zahl als sonst und in regelmäßigen Abständen voneinander kurze Mikrovilli auf. Diese besitzen apikal ein Büschel von dünnen, extrazellulären Filamenten, Tonofilamenten, und darunter eine Zone elektronendichten Materials. Derartige Strukturen bezeichnet man als *Hemidesmosomen*. Sie dienen zur Verankerung der Epidermiszellen in der Kutikula. Hemidesmosomen kommen auch in den basalen Partien der Epidermiszellen vor und ermöglichen eine engere Verbindung zwischen der Epidermis und dem darunterliegenden Bindegewebe. Das Plasma der Deckzellen wird von zahlreichen Tonofibrillen durchzogen, die schon im Lichtmikroskop nach Färbung der Schnitte mit Eisenhämatoxylin nach Heidenhain sichtbar sind. Diese Tonofibrillen enden an den erwähnten Hemidesmosomen oder den Desmosomen der seitlichen Zelloberflächen, in den meisten Fällen aber wohl im Plasma. Man nimmt an, daß sie die Funktion eines Zellskeletts haben.

Die Epidermiszellen sind durch *Zellhaften* miteinander verbunden: Im apikalen Zellbereich befindet sich die gürtelförmige, etwa 30–50 μm breite *Zonula adhaerens*. Unterhalb davon sind *septierte Desmosomen* vorhanden. Im Bereich der septierten Desmosomen und in deren Nachbarschaft sind die Zellmembranen eng miteinander verzahnt, wodurch vermutlich eine besondere mechanische Belastbarkeit erreicht wird.

Die Epidermis ist sehr gut mit *Nerven* versorgt. Die winzigen 0,05–0,4 μm dicken Nervenfasern sind zu 5–50 Axonen gebündelt und von kleinen Zellen begleitet, die jedoch im Gegensatz zu den Schwannschen Zellen der Wirbeltiere das Axon nicht umhüllen.

## 6.1.2. Muskulatur

Die Ringmuskelschicht (Abb. 35) ist bei den bodenbewohnenden (terrikolen) Lumbriciden wesentlich stärker ausgebildet als bei den wasserbewohnenden (limikolen) Oligochaeten. Die im Querschnitt durch den Wurm längs getroffenen einzelnen Ringmuskelzellen sind in Bindegewebe eingebettet. In diesem Bindegewebe trifft man Anschnitte von Blutkapillaren und Nervenfortsätzen. Im Bindegewebe liegen ferner verzweigte Pigmentzellen, in denen Protoporphyrin vorkommt; dieses kann im polarisierten Licht als kristalline, doppelbrechende Granula nachgewiesen werden (W. J. Schmidt, 1934) und dient vielleicht als Lichtschutz.

In erster Linie ist bisher die *Längsmuskulatur* untersucht worden; allein sie soll daher im folgenden behandelt werden. Die Längsmuskulatur ist in Bau und Anordnung ihrer Elemente schwer zu verstehen. Man braucht neben dem Querschnitt auch einen Längsschnitt und möglichst ein Mazerationspräparat (S. 82).

Auffallend ist zunächst, daß die *Längsmuskulatur* durch radial angeordnete *bindegewebige Septen* in viele gleichgroße längliche Kästchen gegliedert ist (Abb. 35). Bei anderen Regenwürmern, wie dem Mistwurm Eisenia foetida, ist diese Gliederung noch wesentlich ausgeprägter. Die Azanfärbung nach Heidenhain (S. 157) ergibt eine deutliche Blaufärbung der Septen, die typisch für bindegewebige Strukturen ist und sie deutlich von den rötlich gefärbten Muskelzellen abhebt.

Die Kerne dieses Bindegewebes sind stärker färbbar als die der Muskelzellen und dadurch von diesen zu unterscheiden. An den Septen sind die einzelnen, fiederartig unter einen Winkel von etwa 45° nach innen gerichteten Muskelzellen mit zahlreichen kurzen Fortsätzen befestigt (Abb. 37). Um eine räumliche Vorstellung von den Muskelzellen zu gewinnen, vergleicht man am besten das Bild des Querschnitts mit dem des Längsschnitts.

Eine noch bessere Möglichkeit die einzelnen Muskelzellen kennenzulernen, ist die fast schon in Vergessenheit geratene Methode der *Mazeration*. Von einem in 30–70%igem Äthanol betäubten und fixierten Wurm schneidet man hinter dem Clitellum ein wenige Zentimeter langes Stück heraus und entfernt Darm, Bauchmark und Gefäße; diesen Hautmuskelschlauch zerschneidet man in kleine Stücke, die für mindestens 24 Stunden in eine wäßrige 1%ige Kaliumbichromatlösung gelegt werden. Anschließend kann man mit Uhrmacherpinzetten kleine Portionen von Muskelmaterial von der Innenseite, d. h. aus dem Bereich der Längsmuskulatur, abzupfen und in einem Tropfen Bichromatlösung auf dem Objektträger so fein wie möglich weiter zerteilen. Nach Auflegen eines Deckglases kann man sich dann im Mikroskop die einzelnen oder in Gruppen liegenden Muskelzellen ansehen. Zunächst einmal sollte bei schwacher Vergrößerung Länge und Breite von vollständigen Muskelzellen gemessen werden. Bei höherer Vergrößerung, am besten im Phasenkontrast und wenn möglich mit Ölimmersion, kann man sich anschließend weitere Einzelheiten ansehen. Die langgestreckte, spindelförmige Muskelzelle ist blattartig flach und einseitig am Rande mit zahlreichen „Fransen" versehen, die zur Anheftung an den Bindegewebssepten dienen (Abb. 36).

Hat man eine Polarisationseinrichtung zur Verfügung, so sollte man sich diese Präparate auch im polarisierten Licht ansehen. Deutlich sind dann stark doppelbrechende Elemente zu sehen, die nahezu in Längsrichtung der Muskelzelle verlaufen. Eine richtige Deutung dieser Strukturen ist aber erst anhand elektronenmikroskopischer Aufnahmen von verschieden orientieren Schnitten möglich (Abb. 37).

Der den *Kern* enthaltende Teil der Muskelzelle ist zunächst, weil er sehr klein ist, nicht ohne weiteres zu finden (Abb. 36). Es handelt sich um eine kleine, etwa in der Mitte der Zelle liegende Aussackung, die vielfach bei der Isolierung der Zellen abreißt oder deformiert wird. Den eiförmigen Kern erkennt man vor allem im Phasenkontrast leicht an dem auffallend stark lichtbrechenden Nukleolus; bisweilen sind auch zwei Nukleoli vorhanden. Jede Muskelzelle enthält, im Gegensatz zu den vielkernigen quergestreiften Muskelzellen der Wirbeltiere, nur einen Kern.

Die Begriffe *Muskelzelle und -faser* werden wegen des starken Überwiegens des Faseranteils gern *synonym* verwendet. Die Muskelfasern des Regenwurms und anderer Anneliden gehören ebenso wie die der Nematoden zu den *schräggestreiften Muskelfasern*. Beim Regenwurm ist jedoch der kernhaltige, plasmareiche und fibrillenfreie Anteil erheblich kleiner als beim Spulwurm; außerdem fehlt hier die direkte Verbindung zwischen einem Ausläufer des Muskelzellanteils und dem Nervensystem in Form einer Synapse. Während quergestreifte Muskelzellen einen run-

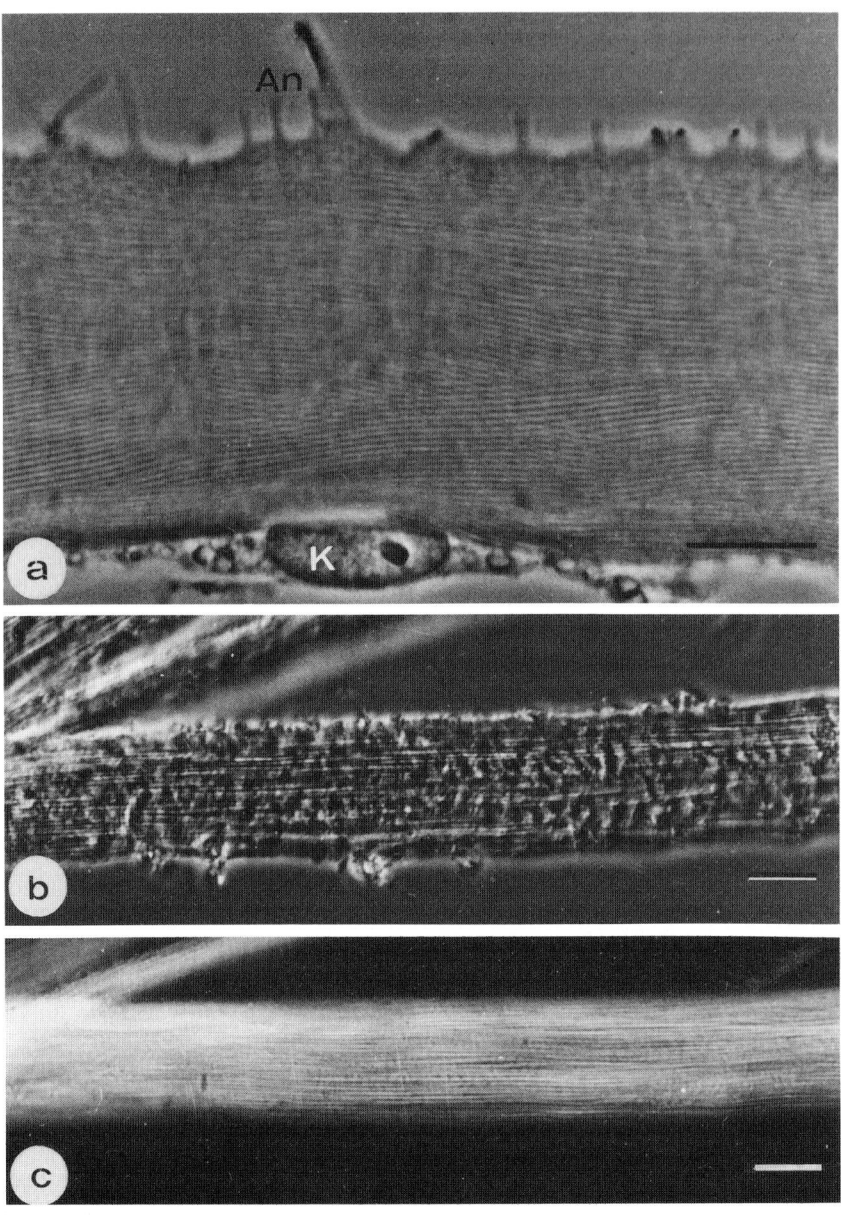

*Abb. 36:* Isolierte Muskelzellen aus der Längsmuskulatur des Hautmuskelschlauchs (Mazeration mit 1%iger wäßriger Kaliumbichromat-Lösung)
a. Im Phasenkontrastmikroskop sieht man, daß die Schrägstreifung zur Längsachse der Faser einen sehr kleinen Winkel aufweist. Die in manchen Präparaten deutlicher in Erscheinung tretende unterschiedliche Orientierung der Schrägstreifung wird bedingt durch die paarige Anordnung von Filamentgruppen (Abb. 37); man sieht stellenweise die Streifen der einen und in anderen Partien die der anderen Seite. Die an den Bindegewebssepten ansetzenden Anheftungsstrukturen (An) sind bei der Isolierung abgerissen; der Kern (K) ist bei diesen Muskelzellen einschließlich des umgebenden Plasmas sehr klein (man vergleiche damit die Muskelzellen von Ascaris). Vergrößerung 1730 x. Maßstab = 10 μm. Eine andere Muskelzelle ist im Phasenkontrast (b) und im polarisierten Licht (c) dargestellt.
Vergrößerung in b und c 860 x. Maßstab = 10 μm

den Querschnitt aufweisen, sind die schräggestreiften Längsmuskelzellen des Regenwurms bandförmig mit spitz auslaufenden Enden; sie sind bis zu 3 mm lang, etwa 20 μm breit und nur 2,5–3 μm dick (Hanson, 1957).

Im Phasenkontrast sieht man, daß viele Muskelzellen eine deutliche, dunkel aussehende Streifung aufweisen (Abb. 36 a), die nahezu parallel zur Längsrichtung der Zellen verläuft. Diese etwas schräg verlaufende Streifung erscheint im polarisierten Licht hell (Abb. 36 c), d. h. sie ist doppelbrechend oder anisotrop. In Analogie zu den beim quergestreiften Muskel üblichen Bezeichnungen nennt man auch beim schräggestreiften Muskel diesen ebenfalls aus Myosinfilamenten bestehenden anisotropen Bereich *A-Bande* (A = anisotrop). Zwischen den A-Banden liegen wie bei der quergestreiften Muskulatur nicht doppelbrechende, isotrope = I-Banden; diese bestehen im wesentlichen aus Actinfilamenten (Abb. 37). In manchen Präparaten verläuft die Schrägstreifung in zwei verschiedenen Richtungen (Abb. 36 a) oder die Streifen kreuzen einander. Dieses Phänomen der *„doppelten Schrägstreifung"* wurde bereits 1881 von Engelmann beschrieben.

Nähere Einzelheiten über den Bau des kontraktilen Apparats von Lumbricus konnten erst durch die elektronenmikroskopischen Untersuchungen von Jean Hanson (1957), Heumann u. Zebe (1967), sowie Mill u. Knapp (1970) ermittelt werden. Es ist empfehlenswert, zunächst noch einmal das Bauprinzip der quergestreiften Muskulatur zu wiederholen. Dann beginnt man am besten mit dem elektronenmikroskopischen Bild des Querschnitts der Muskelzelle von Lumbricus, bevor man sich den schwerer verständlichen Längsschnitten zuwendet. Im Querschnitt erkennt man „zweizeilig" angeordnete Gruppen aus zahlreichen dicken und dünnen Filamenten (Abb. 38). *Die dicken Filamente enthalten Myosin und Paramyosin, die dünnen Actin.* Die Gruppen, bestehend aus Actin- und Myosinfilamenten, entsprechen mit Einschränkungen den *Muskelfibrillen* der Lichtmikroskopiker. Die Gruppen bleiben auch nach Extraktion der Muskelzellen mit Glycerin erhalten, aber die Abstände zwischen den Gruppen sind dann größer als normal. Die einander gegenüberliegenden Gruppen verlaufen nicht immer parallel zueinander. Auf diese Weise kommt das bereits erwähnte Phänomen der doppelten Schrägstreifung zustande.

Im Querschnitt findet man neben Filamenten Anschnitte des sarkoplasmatischen Retikulums der Muskelzelle, die schlauchförmigen *Transversaltubuli*. Ein stärker entwickeltes Transversalsystem fehlt in der Regenwurmmuskulatur. Es ist anscheinend wegen der Kleinheit der Muskelzellen nicht erforderlich. Der Abstand zwischen den Transversaltubuli beträgt weniger als 1 μm, so daß die Diffusionsstrecken für das Calcium nicht größer als im quergestreiften Muskel sind (Heumann u. Zebe, 1967).

In der quergestreiften Muskulatur werden die einzelnen Sarkomere durch die flächenhaften Z-Scheiben oder Z-Banden voneinander getrennt. Derartige flächige Strukturen gibt es in den Muskelzellen von Lumbricus nicht. Statt dessen sind stabförmige Elemente vorhanden, die von Heumann und Zebe (1967) *Z-Stäbchen* genannt wurden. Sie alternieren mit den Transversaltubuli. Werden die Z-Stäbchen durch Glycerinierung der Muskelzellen entfernt, rücken die einzelnen Gruppen dicker und dünner Filamente weiter auseinander, wodurch sich eine aus schrägverlaufenden Fibrillen mit A- und I-Banden zusammengesetzte Muskelzelle ergibt. Die *Myosinfilamente* verlaufen parallel zur Längsachse der Muskelzelle (Abb. 37).

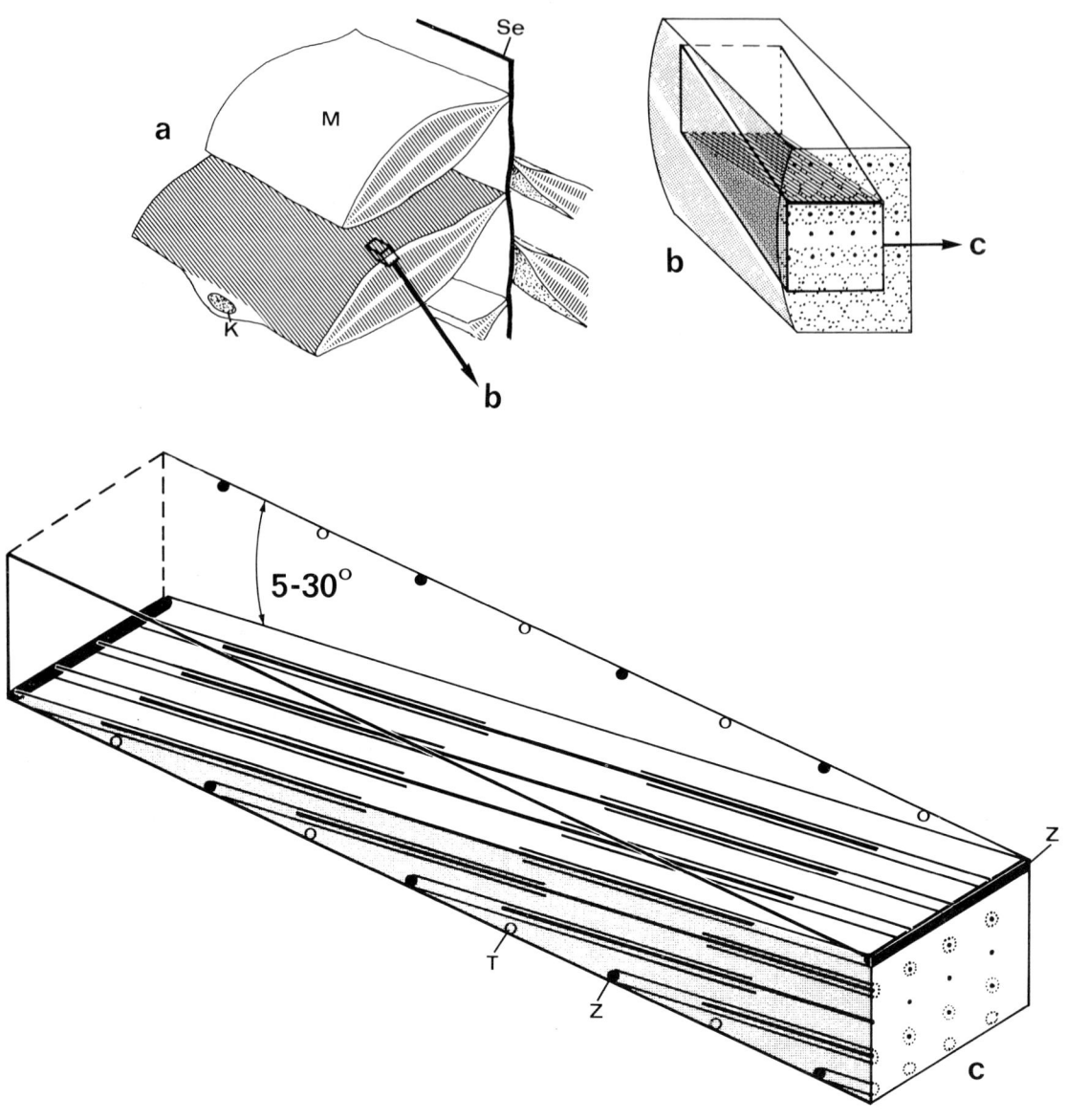

*Abb. 37:* Schematisierte Darstellung der Anordnung von Actin- und Myosin-Filamenten im schräggestreiften Muskel

a. Teile von Muskelzellen (M), eine davon mit kernhaltigem Anteil (K Kern), die am bindegewebigen Septum (Se) befestigt sind.

b. und c. stellen Ausschnitte dar; der Ausschnitt in b ist etwa um 45° nach links gekippt. Aus zeichentechni-
schen Gründen sind einige Besonderheiten abweichend von den natürlichen Verhältnissen dargestellt: Der
angegebene Winkel, die Abstände der Actin- und Myosin-Filamente und die Zahl der Actin-Filamente. Die
Gruppen von Actomyosin-Filamenten sind zweizeilig im mittleren Bereich der Muskelzelle und nicht in deren Peripherie angeordnet (Abb. 38); diese Abbildung zeigt auch, daß die Anordnung der Actin-Filamente
an sich unregelmäßiger ist als im Schema. Nur an der oberen Frontseite und der unteren Hinterseite ist je
ein Z-Stäbchen (Z) dargestellt; die übrigen sind nur als Anschnitte wiedergegeben. Das gleiche gilt für die
als Kreise angegebenen Anschnitte der Transversaltubuli (T).

Zum Verständnis der *Anordnung der Actin- und Myosinfilamente* ist es notwendig, zwei Längsschnitt-Richtungen zu unterscheiden:

1. Längsschnitte senkrecht zur Flachseite der Muskelzelle
2. Längsschnitte parallel zur Flachseite der Muskelzelle

Bei exakter Schnittführung findet man im ersten Fall eine Anordnung die dem Sarkomeraufbau im quergestreiften Muskel von Wirbellosen und Wirbeltieren täuschend ähnlich ist. Die Sarkomere werden durch die hier längsgeschnittenen Z-Stäbchen begrenzt und enthalten mehrere μm lange Myosinfilamente, zwischen denen, ausgehend von den Z-Stäbchen, die Actinfilamente eingeschoben sind. Auf Längsschnitten parallel zur Flachseite der Muskelzelle (zweite Möglichkeit) wird dagegen deutlich, daß hintereinandergeschaltete Sarkomere eine nur nahezu zweidimensionale bandförmige Ausdehnung aufweisen. Die einzelnen Lagen dieser Sarkomerbänder sind gegeneinander versetzt angeordnet, so daß z. B. die Reihen der in diesem Falle quergeschnittenen Z-Stäbchen in einem Winkel von 5–30° (je nach Kontraktionszustand der Zelle) zur Längsachse der Muskelzelle angeordnet sind.

In entsprechender Weise sind auch die Actin- und Myosinfilamente gegeneinander um einen bestimmten Betrag versetzt, oder anders ausgedrückt, gestaffelt angeordnet. Diese Anordnung bedingt die bereits lichtmikroskopisch sichtbare *Schrägstreifung*. Wie im quergestreiften Muskel sind auch in der schräggestreiften Muskulatur Querbrücken zwischen den Myosin- und Actinfilamenten vorhanden, die in beiden Fällen aus den Myosinköpfen bestehen; in diesem Bereich erfolgt durch Spaltung von ATP die Umwandlung chemischer in mechanische Energie. Bei der *Kontraktion* lassen sich zwei Vorgänge unterscheiden:

1. Eine Verkürzung der bandförmigen Sarkomere, wodurch die I-Banden zunehmend schmaler werden,
2. Eine Änderung des Winkels der Schrägstreifung von 5° auf etwa 30°; dies ist der Winkel den A- und I-Banden sowie die Reihen von Anschnitten der Z-Stäbchen und Transversaltubuli zur Längsachse der Muskelzelle bilden.

Die für den schräggestreiften Muskel typischen *Kontraktionsabläufe* lassen sich sehr schön *an isolierten Muskelzellen* demonstrieren. Hierfür werden Hautmuskelschlauchstücke präpariert und mit der Innenseite nach oben, unter leichter Spannung auf Plastikstreifen genäht. Anschließend werden sie zum Erschlaffen für drei Stunden oder über Nacht in Regenwurm-Ringerlösung (S. 154) ohne Calciumchlorid, aber mit 2 mM EGTA bei pH 6,3 und 4° C inkubiert. Die erschlafften Hautmuskelschlauchstücke werden danach mit Regenwurm-Ringerlösung (einschließlich Calciumchlorid), der pro ml 1 mg Kollagenase enthält, unter ständigem Schütteln 1–3 Stunden bei 25–30° C behandelt. Die Zellpräparation wird sauberer, wenn die Hautmuskelschlauchstücke nach 30–60 Minuten in frische Lösung übertragen werden. Das Ablösen der Längsmuskelzellen wird erleichtert, wenn das Peritoneum abgezogen oder mit Nadeln etwas aufgerissen wird. Mit einer Pipette kann desintegriertes Zellmaterial abgesaugt und in Regenwurm-Ringerlösung oder besser noch in Pufferlösung (30 mM Tris-Maleat-Puffer, pH 7,0 und 20 mM Calciumchlorid) gewaschen werden. Anschließend kann es entweder sofort für Kontraktionsversuche verwendet oder in dem erwähnten Tris-Puffer, dem 60–70% Glyzerin zugesetzt wurde, im Tiefkühlteil eines Kühlschranks für spätere Versuche monatelang aufbewahrt werden.

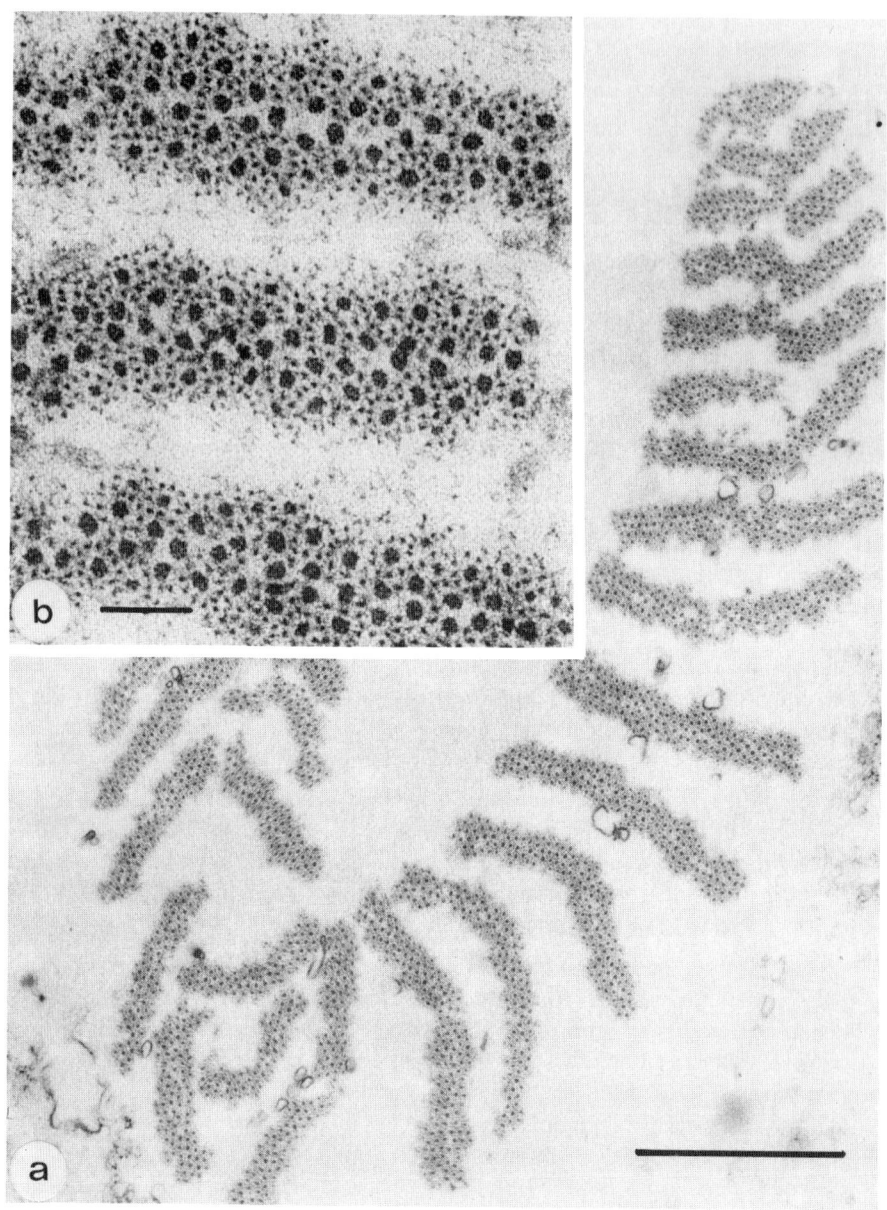

*Abb. 38:* a. Ausschnitt aus einem Querschnitt durch eine Muskelzelle deren Zellmembran und Z-Stäbchen durch Glyzerinbehandlung entfernt wurden. Die zweizeilig angeordneten Gruppen von Actin- und Myosin-Filamenten liegen nach der Glyzerinierung weiter auseinander als normalerweise; sie entsprechen mit Einschränkungen den Muskelfibrillen der Lichtmikroskopiker. Elektronenmikroskopische Aufnahme (nach D 'Haese, unveröffentlicht). Vergrößerung 28 000 x. Maßstab = 1μm

b. Bei höherer Vergrößerung erkennt man besser die Anordnung der quergeschnittenen dicken Myosin-Filamente und der um diese herum angeordneten Actin-Filamente; der Ordnungsgrad ist wesentlich geringer als bei quergestreiften Muskeln. Vergrößerung 120 000 x. Maßstab = 0,1 μm

98

Behandelt man die Zellsuspension mit 0,1% Triton X-100 oder der oben erwähnten Glyzerinlösung, so wird die Zellmembran zerstört. Für Kontraktionsversuche überträgt man einen Tropfen dieser Zellsuspension auf einen Objektträger, bedeckt ihn mit einem Deckglas und saugt 30 mM Tris-Maleat-Puffer pH 7,0, der 2 mM ATP und 1 mM Calciumchlorid enthält, unter das Deckglas.

Es zeigt sich dann, daß die Filamentsysteme schräggestreifter Muskelzellen ohne die Mitwirkung der Zellmembran und auch ohne die Z-Stäbchen als Haltestruktur und Widerlager kontrahieren können. An Zellfragmenten läßt sich weiterhin beobachten, daß sich auch einzelne schräglaufende Fibrillen verkürzen können (D'Haese, unveröff.).

Bei der Kontraktion isolierter und mit Glyzerin extrahierter Muskelzellen kommt es zu einer Verkürzung auf etwa 20–30% der Ausgangslänge. Dies ist mit der Kontraktilität glatter Muskeln vergleichbar, während quergestreifte Muskeln von Wirbeltieren und Wirbellosen bedingt durch die Anordnung der Sarkomeren nur maximal auf etwa 50% der Ausgangslänge kontrahieren können. Die Kontraktilität membranloser Zellpräparationen wurde bereits von Hoffmann-Berling (1954) u. a. bei Fibroblasten und deren Teilungsstadien, sowie bei Spermatozoen beschrieben.


## 6.1.3. Coelom

Die primäre Leibeshöhle der Anneliden wird während der Embryonalentwicklung von segmental angelegten, paarigen, aus dem Mesoderm stammenden Säckchen verdrängt, indem sich diese Säckchen ausdehnen, bis sie dorsal und ventral eng aneinander stoßen. Die Wandungen der so entstandenen *sekundären Leibeshöhle, des Coeloms,* werden in der weiteren Entwicklung in besonderer Weise differenziert oder auch abgebaut. Die Anteile, die den Darm, die Längsmuskulatur, die Nephridien, das Bauchmark und andere Organe überziehen, bezeichnet man als *Peritoneum, Coelomepithel, Coelothel* oder *Mesothel.* Die medianen Längswände nennt man *Mesenterien;* sie sind beim ausgewachsenen Regenwurm nur unvollständig ausgebildet. Die segmentalen Querwände heißen *Dissepimente.* Das Coelom enthält eine Flüssigkeit, deren Zusammensetzung von der des Blutes abweicht (Kap. 5.6.) sowie besondere Zellelemente, die *Coelomocyten.* Einen weiteren, für Regenerationsvorgänge wichtigen Zelltyp, die *Neoblasten,* findet man an den Coelomwänden.

Das *Peritoneum* stellt größtenteils ein unscheinbares, flaches, einschichtiges Epithel aus verschieden großen, stark ausgezogenen und eng miteinander verzahnten Zellen dar (Abb. 35 und Abb. 40). Sofern es der Längsmuskulatur innen anliegt, spricht man von der *Somatopleura oder dem parietalen Blatt;* entsprechend wird der dem Darm anliegende Teil als *Splanchnopleura oder viszerales Blatt* bezeichnet. Dieser auffallendste Teil des Peritoneums wird aber meistens *Chloragog* genannt (Abb. 39 und Abb. 60). Der Begriff Chloragog stammt von Morren (1825/1826). Burian hat schon 1924 darauf hingewiesen, daß die weit verbreitete Bezeichnung Chloragogen sprachlich nicht korrekt ist, da sich der Name von chloros = grün und agogos = führend herleitet und nicht von gignomai = werden, entstehen. Die langgestreckten, keulenförmigen Chloragogzellen oder *Chloragocyten* bedecken die Außenseite des Darms, soweit diese mit einem Gefäßnetz versehen ist; sie fehlen an Pharynx und Oesophagus. Sie überziehen außerdem das Dorsalgefäß, einschließlich der Blindsäcke und der Anfangsteile der abführenden Gefäße. Chloragocyten kommen ferner in der Typhlosolis vor (Abb. 47). An der Ventralseite des Darms geht das Chloragog in der Umgebung der Ansatzstelle des Mesenteriums abrupt in das aus kleinen, flachen Zellen bestehende Peritonealepithel über (Abb. 39b), das bereits erwähnt wurde. Die Choragocyten haben einen meist länglichen Kern, der etwa in der Mitte der Zelle liegt.

Charakteristisch sind für sie die zahllosen *Chloragosomen,* welche die Zellen mit Ausnahme der basalen Partien ziemlich gleichmäßig ausfüllen (Abb. 47). Es handelt sich um kugelförmige Gebilde von verschiedener Größe, die den lebenden Zellen eine charakteristische gelbliche, bisweilen etwas grünstichige Färbung verleihen. Die Chloragosomen enthalten nach Urich (1960) etwa 61% Lipide in der Trockensubstanz, von denen $^9/_{10}$ zu einer Phospatidfraktion gehören. 16% des Trockengewichts bestehen aus Proteinen; Nukleinsäuren scheinen zu fehlen. Der Wassergehalt beträgt 49%. Das Phosphatid ist in Methanol-Chloroform-Gemischen, sowie in Pyridin oder Eisessig löslich, nicht aber in Wasser, Alkoholen, Chloroform, Aceton, Petroläther, Äther oder Benzol. Nach biochemischen Untersuchungen von Delkeskamp (1963, 1964) enthalten die Chloragosomen etwa 80% des Speichereisens der Chloragocyten (= Gesamteisen abzüglich Ferment- und Hämoglobineisen). Elektronenmikroskopisch konnte jedoch nicht das im allgemeinen als Speichereisen vorkommende Ferritin in den Chloragosomen nachgewiesen werden (Lindner, 1965); entweder wurde es bei der Präparation aus den Chloragosomen ausgewaschen, oder es waren bei den biochemischen Untersuchungen in der Chloragosomenfraktion auch die ferritinreichen, als Siderosomen bezeichneten Vesikel enthalten (Abb. 47).

Die Chloragocyten spielen offenbar eine besondere Rolle im Hämoglobin-Stoffwechsel, denn Delkeskamp (1964) hat die Bildung von Porphyrinen für die Hämsynthese nachweisen können; außerdem fand man elektronenmikroskopisch in Vakuolen Hämoglobinkristalle (Lindner, 1965). Ferner sind die Chloragocyten am Kohlenhydrat- und Fettstoffwechsel beteiligt und stellen einen wichtigen Speicherort dar. Sie speichern neben Lipid auch Glykogen, das leicht mit Bestschem Karmin bzw. mit Jodjodkalium (Lugolscher Lösung) nachgewiesen werden kann; zur Kontrolle wende man den Speicheltest an. Schließlich wird in den Chloragocyten auch Harnstoff synthetisiert.

*Im basalen Bereich* weisen die Chloragocyten zahlreiche Fortsätze auf, die ein kompliziertes Lückensystem schaffen (Abb. 47), aber lichtmikroskopisch wegen ihrer geringen Dimensionen nicht zu sehen sind. Die Fortsätze reichen bis in den Bereich der Darmmuskulatur. Sie sind miteinander und mit den Muskelzellen verzahnt. Außerdem bilden sie die Wand der *Blutlakunen des Darms* und der übrigen bereits genannten Anteile des Gefäßsystems. In diesem Bereich sind die parallel zueinander verlaufenden Zellmembranen nicht durch Zellhaften miteinander verbunden, so daß man annehmen kann, daß durch dieses Lückensystem ein *Stoffaustausch zwischen Blut und Coelomflüssigkeit* stattfinden kann, der lediglich durch die Permeabilitätseigenschaften der den Basen der Chloragocyten anliegenden Basalmembranen eingeschränkt werden dürfte (Abb. 47 c). Höhermolekulare Bestandteile des Blutes wie das Hämoglobin können diese Basalmembranen nicht passieren.

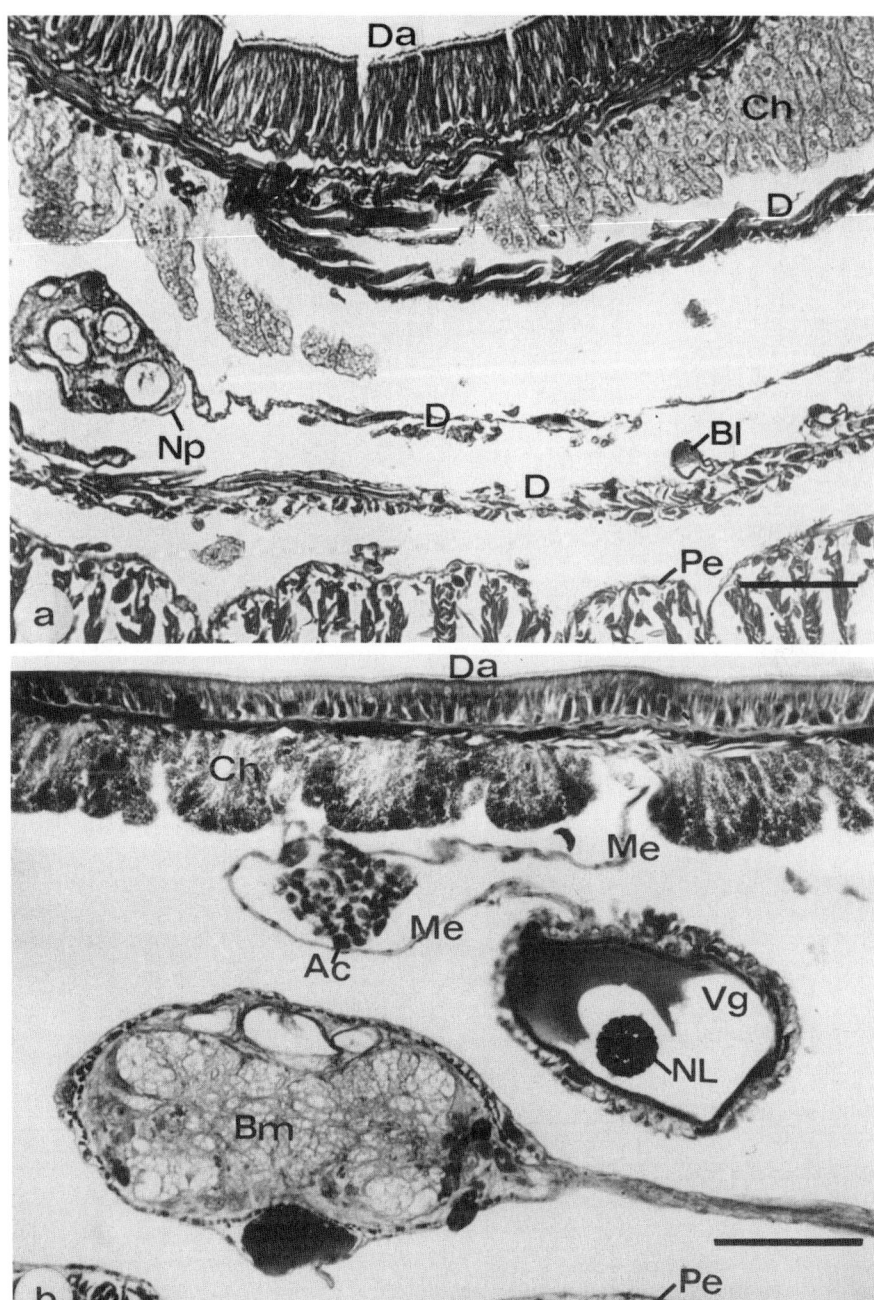

*Abb. 39:* a. Auf Querschnitten mitten im Coelom auftretende bandförmige oder flächige Muskelstrukturen irritieren immer wieder den Anfänger. Es handelt sich hier um Anschnitte von Falten des Dissepiments (D), dessen Muskelschichten besonders deutlich im Elektronenmikroskop zu erkennen sind (Abb. 40).

Da Darm, Ch Chloragog, Np Nephridium, Bl Blutgefäß, Pe Peritoneum, das die Längsmuskulatur bedeckt. Vergrößerung 160 x. Maßstab = 100 µm

b. Das reduzierte ventrale Mesenterium (Me) erreicht nur das Ventralgefäß (Vg), in dem neben geronnenem Blut der Querschnitt einer Nematodenlarve (NL) zu sehen ist. Beim Bauchmark (Bm) ist ein Segmentalnerv getroffen; Ac Ansammlung von Amoebocyten. Übrige Abkürzungen wie in a. Vergrößerung 200 x. Maßstab = 100 µm

101

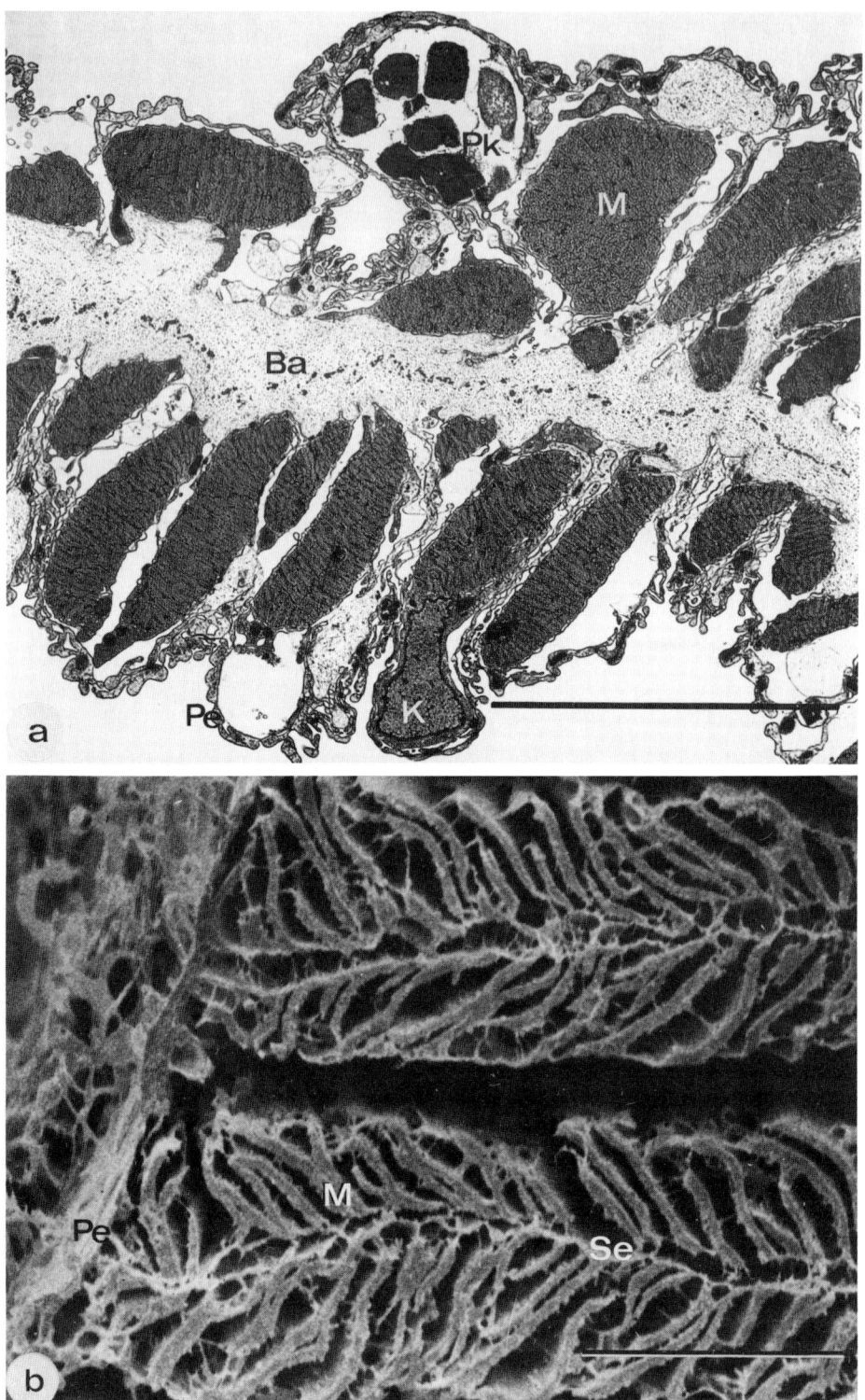

Das *dorsale Mesenterium* scheint bei ausgewachsenen Oligochaeten durchweg zu fehlen; als Rest dieses Mesenteriums wird die äußere Umkleidung des Dorsalgefäßes aufgefaßt (Abb. 23 a und Abb. 47 a). Das *ventrale Mesenterium* reicht noch vom Darm über das Ventralgefäß bis zum Bauchmark (Abb. 39); der restliche Anteil fehlt. Die *Dissepimente* sind hingegen wohl ausgebildet und werden nur im vorderen Körperbereich schon früh in der Entwicklung reduziert. Im allgemeinen werden für Kurszwecke vorgesehene Querschnittpräparate so ausgewählt, daß möglichst kein Dissepiment in Erscheinung tritt. Da bei der Fixierung auch betäubte Tiere noch Kontraktionen ausführen, durch die die Dissepimente Falten bilden, treten in Querschnitten aber immer wieder unregelmäßige Anschnitte von Dissepimenten auf (Abb. 39 a); diese können Unerfahrenen große Rätsel aufgeben. Die unterschiedlich ausgedehnten und miteinander in Verbindung stehenden Quer- bis Tangentialschnitte von Dissepimenten sind leicht am reichlichen Vorkommen von Muskelfasern erkennbar (Abb. 39 a und Abb. 40 a). Bei Färbung mit Molybdat-Hämatoxylin nach Dobell (S. 156) sind die Faserelemente kräftig blauschwarz gefärbt. Besonders Längsschnitte durch Segmente der mittleren Körperregion, sowohl Sagittal- wie Frontalschnitte, zeigen, daß die Dissepimente aus einer Basalmembran bestehen, die beiderseits mit Muskelfasern besetzt ist. Das Ganze ist von flachen Peritonealzellen überzogen und mit Blutkapillaren versehen (Abb. 40 a und Kap. 6.2.).

Das Coelom ist von einer Flüssigkeit erfüllt, in der Zellen vorhanden sind, die *Coelomocyten*. Sie stammen aus dem Peritoneum. Auf Schnitten sind diese Zellen sehr unscheinbar. Man untersucht sie am besten in einem Ausstrich von lebendem Material (Kap. 5.4.).

Die segmentalen Coelomräume stehen nicht nur untereinander (Kap. 6.2.), sondern auch mit der Außenwelt in Verbindung. In der dorsalen Medianlinie befinden sich in den Intersegmentalfurchen Öffnungen, die *Coelomporen* oder *Rückenporen*. Sie fehlen in den ersten sieben Segmenten und sind im Bereich des Clitellums durch Wucherungen der Epidermis verschlossen. Eine ausführliche Darstellung über Bau und Vorkommen der Rückenporen stammt von Ude (1885). Die Epidermis ist einschließlich der von ihr abgeschiedenen Kutikula an der Rückenpore bis in den Bereich der Längsmuskulatur eingesenkt. Hier bildet die Kutikula eine kurze, schlauchförmige, innen offene Einsenkung (Abb. 29 d und Abb. 41 sowie Kap. 5.7.1.). An den Innenrändern des zugehörigen Epidermisschlauchs setzt die Längsmuskulatur an, die in der Nähe der Rückenpore von ringförmiger Muskulatur durchsetzt ist (Abb. 41). Diese Muskulatur fungiert als *Sphinkter* und kann, durch die schon von Ude nachgewiesenen Nerven gesteuert, die Rückenpore öffnen und schließen.

---

*Abb. 40:* a. Ein Querschnitt durch ein Dissepiment zeigt im Elektronenmikroskop eine zentrale Partie, die wie eine mit kollagenhaltigem Material verstärkte Basalmembran (Ba) aussieht; ihr liegen Muskelfasern (M) an; K = Kern; den Abschluß bildet ein zartes Peritonealepithel (Pe), das auch Protoporphyrinkristalle (Pk) umschließen kann. Vergrößerung 5000 x. Maßstab = 10 µm
b. Ein Gefrierbruch des Hautmuskelschlauchs läßt im Rasterelektronenmikroskop das dünne Peritonealepithel (Pe), das bindegewebige Septum (Se) der Längsmuskelgruppen und die flache Gestalt der einzelnen, hier quer gebrochenen Muskelzellen (= Muskelfasern) erkennen. Vergrößerung 3700 x. Maßstab = 100 µm

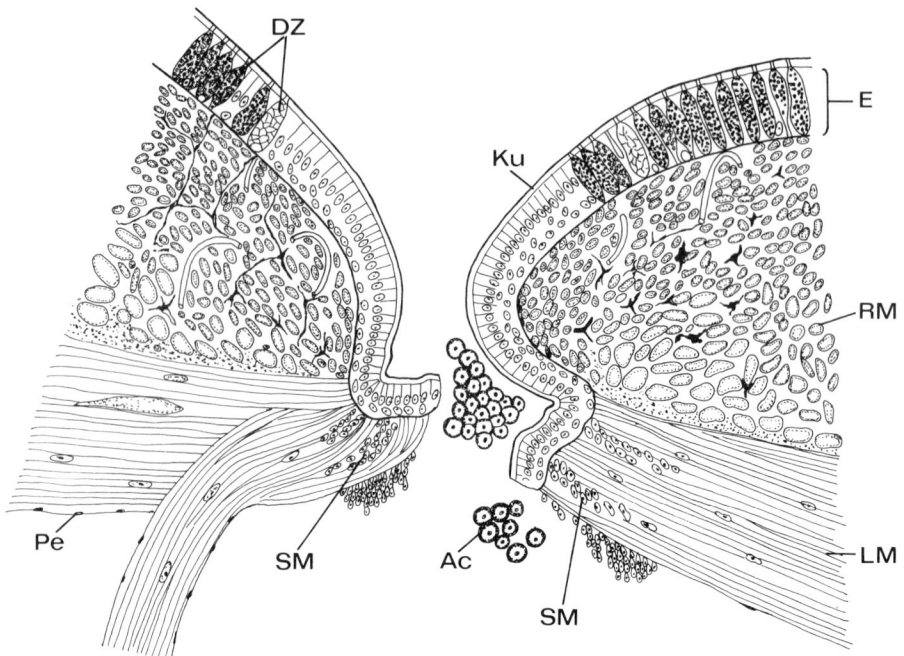

*Abb. 41:* Rückenporen sind eine Besonderheit der landbewohnenden Oligochaeten. Hier ist absichtlich die klassische Abbildung eines Längsschnittes durch einen Rückenporus nach Ude aus dem Jahre 1885 wieder-gegeben, um zu zeigen, wie sorgfältig und detailliert man schon damals die Strukturen darstellte.
Ac Amoebocyten, DZ Drüsenzellen der Epidermis (E), Ku Kutikula, LM Längsmuskulatur, Pe Peritoneum, RM Ringmuskulatur, SM ringförmiger Schließmuskel (Sphinkter)

Die Coelom- oder Rückenporen kommen nur bei den landbewohnenden, nicht aber bei den im Süßwasser lebenden Oligochaeten vor. Man hält diese Poren für Neubildungen während der Phylogenese der bodenbewohnenden Oligochaeten; sie sollen den Coelomodukten nicht homolog sein. Die Coelomodukte dienen in den Geschlechtssegmenten als Ausführgänge für die Geschlechtsprodukte.

## 6.1.4. Blutgefäße

Das Blutgefäßsystem des Regenwurms ist ein *geschlossenes System* mit einem aus-gedehnten Kapillaranteil (Abb. 11 und Abb. 24). Es enthält drei größere, längs durch den Körper verlaufende Gefäße, deren Querschnitte im Präparat sofort auf-fallen: Dorsal-, Ventral- und Subneuralgefäß; letzteres wird durch das Peritoneal-epithel in die Bauchmarkhülle einbezogen. Blutfarbstoff und Blutproteine reagie-ren mit Hämatoxylin nach Dobell ebenso wie mit Plasmafarbstoffen (Eosin, Chro-motrop), so daß der Inhalt der Blutgefäße im allgemeinen leicht auf den Schnitt-präparaten zu erkennen ist (Abb. 23b). Das als Blutfarbstoff fungierende Hämoglo-bin (Kap. 5.5.) ist durch seinen Eisengehalt elektronendicht und dadurch im Elek-tronenmikroskop deutlich zu sehen (Abb. 42).

104

Ende des vorigen Jahrhunderts stritt man sich, ob die Blutgefäße des Regenwurms überhaupt ein Endothel besitzen. Lankester (1865) und Bergh (1890, 1900, 1902) waren der Meinung, daß lediglich eine Kutikula oder Intima in Form einer nichtzelligen Bindegewebslage vorhanden sei. Ude (1896), Johnston (1903) und Vejdovsky (1905) fanden hingegen Endothelzellen, die Vejdovsky „vasotheliale Myoblasten" nannte. Wie schwer diese Strukturen lichtmikroskopisch zu untersuchen sind, erkennt man daran, daß erst die elektronenmikroskopische Untersuchung der Blutgefäße von Eisenia foetida durch Hama (1959) eine Klärung herbeiführen konnte. Im Grunde haben beide Seiten recht behalten. Die *Gefäß- und Kapillarwände* des Regenwurms bestehen aus *Endothelzellen,* die eine kontinuierliche Lage bilden und durch Desmosomen miteinander verbunden sind. Die Endothelzellen sind in den einzelnen Gefäßen in unterschiedlichem Ausmaß mit Myofilamenten versehen. Hama hat sie daher *Myoendothelzellen* genannt. Die wenigsten Myofilamente sind in den Endothelzellen der Kapillaren vorhanden; besonders viele, und zwar in Längsrichtung des Gefäßes orientiert, kommen im Endothel des Dorsalgefäßes vor (Abb. 22 b). Bei diesem liegt außerhalb des Endothels noch eine Ring- und darüber eine weitere Längsmuskelschicht. Das Dorsalgefäß besitzt als Motor des Gefäßsystems auch die stärksten Muskeln.

Auf der Lumenseite liegt den Endothelzellen eine kontinuierliche, verstärkte, verschieden dicke und vermutlich vom Endothel gebildete Basallamina an (Abb. 22b und Abb. 42). Diese entspricht der im Lichtmikroskop beim Dorsal- und beim Ventralgefäß deutlich erkennbaren, strukturlosen Innenschicht, die von den eingangs erwähnten Untersuchern als Intima oder Kutikula aufgefaßt wurde. Die Basallamina enthält Kollagenfibrillen, die in eine PAS-positive, d. h. kohlenhydrathaltige Grundsubstanz eingebettet sind. In Präparaten, die mit Azan nach Heidenhain gefärbt werden, ist zu erkennen, daß die Basallamina sehr dünn ist. Im Subneuralgefäß hat sie eine Dicke von 30-40 nm und im Dorsalgefäß erreicht sie Stärken von 0,5-1 µm. Als einziges Gefäß hat das Ventralgefäß auch auf der Außenseite des Endothels eine Basallamina.

An der Lumenseite liegen der Basallamina vielfach sehr kleine Zellen an. Vejdovsky hielt sie für die Kerne seiner „vasothelialen Myoblasten", Ude für Endothelzellen und Bergh für Blutzellen; v. Haffner (1928) nannte sie bei Lumbriculus „wandständige Blutzellen" (Abb. 42). Bergh hat letztlich recht behalten, denn im Elektronenmikroskop erweisen sich diese Zellen als stark verzweigte *Amoebocyten* mit teilweise sehr ausgedehnten feinen Ausläufern. Ihre Herkunft und Funktion sind noch unbekannt.

Wenn man die Möglichkeit hat, Semidünnschnitte zu untersuchen (S. 160), auf denen Gefäße quer geschnitten sind (z. B. Semidünnschnitte von Nephridien), so kann man die erwähnten Strukturen sehr viel deutlicher sehen als in den üblichen Paraffinschnitten. Das hängt mit der besseren Fixierung durch gepufferten Glutaraldehyd, der geringen Schnittdicke und der Tatsache zusammen, daß bei lichtmikroskopischen Übersichtspräparaten die Differenzierung der Färbung stets ein Kompromiß sein muß, bei dem die Epidermis und das Darmepithel das Maß sind, und die zarten Gefäßwandungen unberücksichtigt bleiben müssen.

Schnitte durch das Dorsalgefäß zeigen stellenweise eigenartige Zellgruppen (Abb. 23), die als *Ventilklappen* fungieren und ein Zurückströmen des Blutes verhindern (Kap. 5.5.).

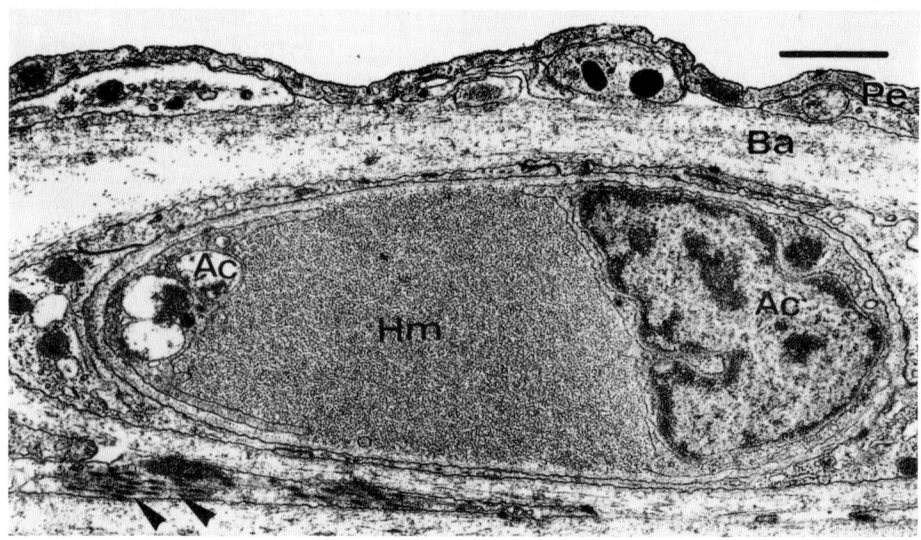

*Abb. 42:* Blutsinus sind im Elektronenmikroskop leicht an dem körnig erscheinenden, elektronendichten Hämoglobin (Hm) mit einem Molekulargewicht von 3,8 Millionen Dalton, sowie den randständigen Amoebocyten (Ac) zu erkennen; die Amoebocyten besitzen einen gelappten, großen Kern (rechts) und vielfach größere Vakuolen (links). Die Wand eines Blutsinus wird von Zellen gebildet, die in verschiedenem Maße Myofilamente (Pfeil) enthalten und daher Myoendothelzellen genannt werden; die Basallamina (Ba) liegt innen, ihr liegen die Amoebocyten an. Dieser Blutsinus liegt in einem Dissepiment und ist von einer Kollagenfibrillen enthaltenden Basallamina eingehüllt. Den Abschluß bildet hier das dünne Peritonealepithel (Pe). Vergrößerung 13 630 x. Maßstab = 1 μm

Bisher wissen wir noch nicht, an welcher Stelle bei Lumbricus eigentlich der Primärharn gebildet wird (Kap. 5.6.). Im Nephridium finden lediglich Vorgänge statt, die zur Entstehung des Sekundärharns führen, nämlich Rückresorption und Sekretion (Zerbst-Boroffka und Haupt, 1975). Das Verhältnis der osmotischen Drücke im Blut einerseits und in der Coelomflüssigkeit andererseits läßt vermuten, daß die Coelomflüssigkeit durch Ultrafiltration von Blut entsteht, d. h. einem Primärharn entspricht. Mehrere elektronenmikroskopische Untersuchungen haben bisher keinerlei Anhaltspunkte für das Vorkommen von leistungsfähigen Filtrationsstrukturen nach Art der weit verbreiteten Podocyten ergeben; bei Tubifex wurden aber bereits Podocyten im Ventralgefäß gefunden (Peters, 1977). Bei Lumbricus kommen als Orte der Ultrafiltration bisher nur die zahlreichen Blutlakunen im Darmbereich in Frage. Hier ist kein lückenloses Epithel aus Myoendothelzellen vorhanden, sondern zwischen diesen Zellen drängen sich die stark aufgegliederten, ein basales Labyrinth bildenden Basen der Chloragocyten des Darms (s. Abb. 47). Dieses Labyrinth ist durch eine starke Verzahnung der Chloragocytenausläufer gekennzeichnet, die aber nicht durch Desmosomen oder andere Zellhaften verbunden sind. Hier könnte eine Ultrafiltration durch die kontinuierlich vorhandene etwa 300–500 nm dicke Basallamina erfolgen, und das Filtrat anschließend durch die Zellücken in das Coelom gelangen.

## 6.1.5. Bauchmark

Das Bauchmark des Regenwurms leitet sich von einem *Strickleiternervensystem* her, dessen paarige Ganglien und Konnektive weitgehend verschmolzen sind. Äußerlich ist von paarigen Strukturen außer Seitennerven nichts zu sehen. Aber in Querschnitten findet man noch Hinweise auf die ursprünglich paarige Konstruktion. So haben die Zell- und Faserelemente in den Konnektiven wie in den Ganglien eine auffallende symmetrische Verteilung (Abb. 46). Im Bereich der Konnektive sind streckenweise in der Mittellinie senkrechte *bindegewebige Septen* vorhanden, die die Fasermasse in zwei Längsstämme teilen. In den Ganglien ist dieses *Vertikalseptum* vielfach unterbrochen, und daher nur sehr undeutlich zu erkennen; durch die Lücken ziehen viele Nervenfasern, einzeln oder in Bündeln von einer Seite des Bauchmarks zur anderen, die *Faserquerbrücken*. Die *Zellkörper (Somata)* der Nervenzellen sind fast alle in den umfangreichen Ganglien konzentriert und fehlen fast vollkommen in den kurzen *Konnektiven;* dies hält man allgemein für einen abgeleiteten Zustand.

Wesentlich besser als auf einem Gesamtquerschnitt kann man die im folgenden beschriebenen Strukturen auf Semidünnschnitten (S. 160) von Bauchmarkstücken sehen (Kap. 2.3. und Kap. 5.3.).

Die Nervenelemente des Bauchmarks sind nach außen durch eine *dreischichtige Hülle* geschützt (Abb. 44):

1. Eine dünne, strukturlose Schicht wird als *Grenzlamelle* bezeichnet und außen von einem zarten *Peritonealepithel* bedeckt.
2. Unter der Grenzlamelle liegt eine Schicht aus *Längsmuskeln*.
3. Innen liegt eine dicke Schicht Bindegewebe, die *Neuroglia*.

Dadurch, daß das Peritoneum auch das *Subneuralgefäß* umgibt, wird dieses ebenso in den Bereich der Hülle einbezogen wie eine Reihe kleinerer Gefäße (Abb. 46b); diese verlaufen alle parallel zur Längsrichtung des Bauchmarks. Die kleineren *Blutgefäße* haben einen Durchmesser bis zu 50 μm und geben schlingenförmig angeordnete Kapillaren ab (Scharrer, 1944), die die Neuroglia durchziehen.

Nach dieser Übersicht wollen wir uns den Einzelheiten der Hülle zuwenden. Die flachen Zellen des *Coelomepithels (Peritoneums)* werden Deckzellen genannt. Diese haben zwar keine Oberflächendifferenzierungen, auch keine Mikrovilli, doch läßt das Vorkommen von Pinocytosevesikeln vermuten, daß durch das Epithel ein Stofftransport stattfindet. Die Zellen sind von unregelmäßiger Gestalt und eng miteinander verzahnt. Ein Stofftransport durch die Zellücken ist kaum zu erwarten, da Zellhaften, und zwar Zonulae occludentes, die Zellgrenzen apikal abriegeln. Eine dünne Basallamina ist nur elektronenmikroskopisch nachweisbar. Unterhalb des Peritoneums liegen in unregelmäßiger Verteilung, d.h. keine geschlossene Schicht bildende Bindegewebszellen, in denen Einschlüsse nachgewiesen wurden. Da diese Bakterien ähneln, hat man sie früher als Bakteroide bezeichnet. Inzwischen hat sich herausgestellt, daß es sich um Mikrokristalle handelt, die Protoporphyrin enthalten dürften, da man im Hautmuskelschlauch entsprechende Kristalle findet, die die gleiche rote Autofluoreszenz aufweisen.

Die als *Grenzlamelle* bezeichnete Bauchmarkhülle wurde ursprünglich für eine Art Kutikula gehalten (Friedländer, 1888; Stough, 1926). Sie erscheint im Lichtmikroskop homogen, reagiert nicht mit Orcein, und enthält demnach kein Elastin. Auf

Präparaten, die mit Azan nach Heidenhain gefärbt wurden (S. 157), erscheint sie blau. Dieses färberische Verhalten läßt erwarten, daß es sich um Kollagen handelt. Die elektronenmikroskopische Untersuchung hat dies bestätigt und gezeigt, daß massenhaft Kollagenfibrillen vorhanden sind (Coggeshall, 1965). Diese Kollagenfibrillen enthaltende Schicht wird auch *faserige Hülle* genannt; sie dient nicht nur als Umhüllung, sondern sendet auch Ausläufer in das Innere des Bauchmarks. Am auffallendsten sind die starken, von Bindegewebe begleiteten, median senkrecht verlaufenden Septen, die im Bereich der Konnektive das Bauchmark in zwei Hälften trennen.

Die zweite Schicht der Bauchmarkhülle wird von *Muskelfasern* gebildet, die parallel zur Längsachse des Bauchmarks orientiert sind.

Die *Neuroglia* liefert die dritte Schicht der Bauchmarkhülle (Abb. 44). Im Lichtmikroskop erscheint diese Zone als lockeres Bindegewebe (Hüllgewebe). Elektronenmikroskopisch kann man zwei Typen kleiner Gliazellen unterscheiden, die *Stützzellen* und die *wandernden Gliazellen* (Coggeshall, 1965). Die wandernden Gliazellen haben keine Zellhaften.

Die Stützzellen sind klein und mit zahlreichen, verschieden langen Fortsätzen versehen, die auch faserartig lang sein können. Im Querschnitt sehen die Zellkörper der Stützzellen flach oder keilförmig aus. Dieser Zelltyp kommt nicht nur im Bauchmark, sondern im gesamten Nervensystem des Regenwurms vor und dürfte eine Stützfunktion haben. Dafür sprechen unter anderem die zahlreichen, verschieden strukturierten, nur im Elektronenmikroskop sichtbaren Zellhaften.

In dieser von der Neuroglia beherrschten dritten Schicht der Bauchmarkhülle liegen auch die schon erwähnten *kleineren Gefäße und Kapillaren*. Im Lichtmikroskop sieht man nur die mit Blut gefüllten, nicht aber die kollabierten Kapillaren. Bisher ist noch unbekannt, wie die mit dem Blutstrom angelieferten Nährstoffe zu den Nervenzellen und Nervenfasern im Innern des Bauchmarks gelangen; in diesem Bereich sind auch elektronenmikroskopisch weder Gefäße noch Kapillaren zu finden. Berta Scharrer hat schon 1939 vermutet, daß die Neurogliazellen am Transport von Nährstoffen in das Bauchmark beteiligt sein könnten, da die Gliazellen direkt bis an die Endothelzellen der Bauchmarkgefäße reichen. Möglich ist auch eine Diffusion der Nährstoffe durch die Zellücken oder der Transport durch die Nervenzellen (Coggeshall, 1965).

Man hat vermutet, daß die recht umfangreiche, dreischichtige Bauchmarkhülle die Aufgabe hat, die Nerven vor Druck, Stauchung oder Dehnung während der Bewegungen des Regenwurms zu schützen. Dabei dürfte die Längsmuskulatur eine aktive, die Neuroglia eine passive Rolle spielen; Dehnungsrezeptoren sind zwar noch nicht gefunden worden, wohl aber Nervenfasern in der Hülle. Elektrophysiologische Untersuchungen haben gezeigt, daß eine Dehnung der Nerven die Geschwindigkeit der Erregungsleitung nicht beeinträchtigt (Bullock und Horridge, 1965). Außerdem könnte die Bauchmarkhülle die nervösen Elemente auch gegenüber chemischen Bestandteilen der Coelomflüssigkeit abschirmen, gegenüber bestimmten Ionen, Stoffwechselprodukten usw.

Das von dieser Hülle umgebene Innere des Bauchmarks enthält im dorsalen Bereich Querschnitte durch drei besonders dicke Nervenfasern sowie lateral und ventral die kernhaltige Partie von Nervenzellen *(Somata)* und außerdem eine Unzahl von Querschnitten durch dünne Nervenfasern. Auf den ersten Blick erscheint das

Ganze recht ungeordnet. In den letzten Jahren ist aber durch eine Reihe sehr gründlicher morphologischer Untersuchungen, bei denen das Fasersystem möglichst weitgehend kartiert wurde, sowie durch kombinierte elektrophysiologische und morphologische Untersuchungen vor allem von Günther schon etwas Klarheit in dieses Fasergewirr gekommen. Die einzelnen Nervenzellen und ihre Ausläufer sind keineswegs zufällig und regellos verteilt, sondern erstaunlich regelmäßig angeordnet und immer wieder an der gleichen Stelle anzutreffen. Durch eine vergleichende Betrachtung dieser Strukturen innerhalb der Anneliden (vor allem Nereis, Lumbricus und Hirudo) und Arthropoden ist die Forschung neuerdings erheblich vorangekommen.

Die dorsal liegenden *Riesenfasern* fallen durch ihre ungewöhnliche Größe als erstes auf einem Querschnitt durch das Bauchmark des Regenwurms auf (Abb. 44); von ihnen war bereits im Zusammenhang mit den schnellen Fluchtbewegungen, den Zuckreflexen, die Rede (Kap. 3.2.). Sie erscheinen auf den ersten Blick hohl, da sie keinerlei Farbstoff aufnehmen und auch durch Osmium nicht geschwärzt werden. Da die Riesenfasern sich auch nicht bei der Silberimprägnierung nach Golgi färben lassen, bestritten Lenhossek (1892, 1893) und Retzius (1892) sogar, daß es sich um Nerven handelt. Man hat sie gar als Stützgebilde, Nahrungskanäle oder Blutgefäße aufgefaßt. Auch im Elektronenmikroskop ändert sich das Erscheinungsbild der Riesenfasern nicht nennenswert, da die Zahl der Neurofilamente in ihrem Innern im Verhältnis zur Größe dieser Fasern klein ist. Sehr kräftig färbbar sind hingegen die Hüllen der Riesenfasern. Diese Hüllen bestehen aus den sehr flachen und ausgedehnten Ausläufern kleinerer Zellen, die in mehr oder weniger geordneten Schichten eine Riesenfaser umwickeln. Man bezeichnet die Hülle als lockere Myelinscheide (Abb. 43 und Abb. 44). Sieht man sich isolierte Riesenfasern im Polarisationsmikroskop an, so zeigt sich, daß diese Hülle doppelbrechend (anisotrop) ist wie die Myelinhülle eines Wirbeltiernerves (Taylor, 1940). Im Elektronenmikroskop erkennt man außerdem, daß die einzelnen Schichten Desmosomen aufweisen, die stellenweise in Reihen geordnet vorhanden sind (Abb. 43 b).

Diese Hüllenstruktur der dorsalen Riesenfasern entsteht während der Ontogenie erst allmählich. Zunächst werden die Riesenfasern nur unvollständig von Neurogliazellen umgeben. Anschließend umwickeln Ausläufer dieser Neurogliazellen die Riesenfasern. Die Zellkörper der Neurogliazellen bleiben außerhalb der so gebildeten Myelinscheide in der Neurogliaschicht der Bauchmarkhülle. Die mediane Riesenfaser kann einen Durchmesser zwischen 60–75 μm haben, während die lateralen Riesenfasern einen Durchmesser von 30–50 μm erreichen können. Wie groß sind die Durchmesser im eigenen Präparat?

Die Riesenfasern sind keineswegs durchgehende, mächtige Stränge; segmental können schrägliegende *Septen* vorhanden sein, die den Zellgrenzen entsprechen. Diese Septen kann man am besten auf Längsschnitten erkennen (Abb. 44 b), während sie auf Querschnitten weniger auffallend sind (Abb 44 a); zur physiologischen Bedeutung siehe Kapitel 3.2. In der medianen Riesenfaser können die segmentalen Septen, d. h. die Zellgrenzen, zu rund 50–85 %, in den lateralen Riesenfasern zu etwa 20–60 % fehlen (Günther, 1971, 1975), d. h. über mehrere Segmente hinweg können die Riesenfasern syncytial sein. Das ist von großer Bedeutung für die Geschwindigkeit der Erregungsleitung. Günther vermutet, daß zunächst alle segmentalen Septen angelegt und während der weiteren Entwicklung des Regenwurms teil-

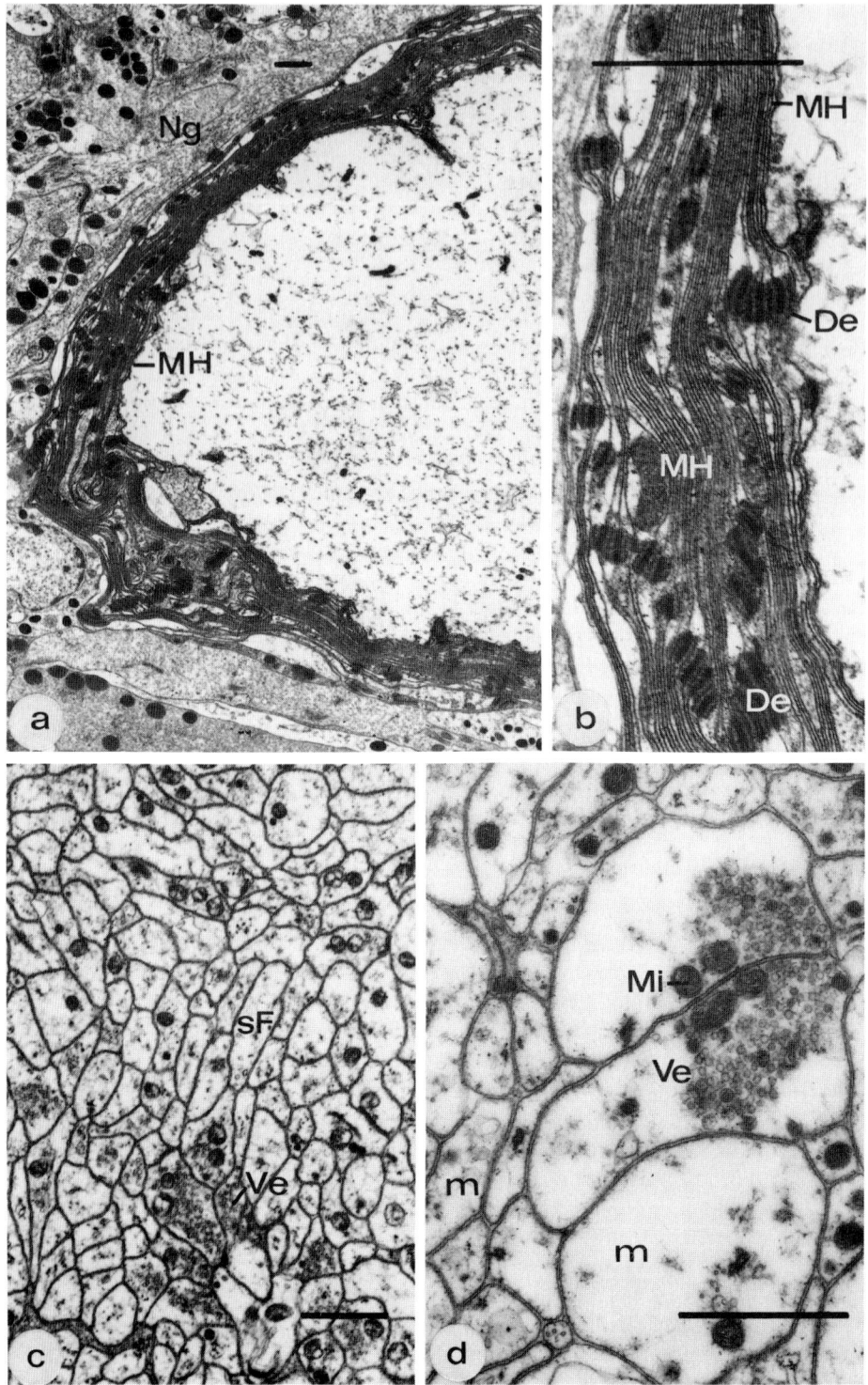

weise wieder aufgelöst werden. Die unterschiedlichen Ergebnisse in den bisherigen Untersuchungen über das Vorhandensein von Septen lassen sich eventuell auf die Verwendung von Untersuchungsmaterial verschiedenen Alters zurückzuführen.

Schon im Lichtmikroskop kann man, besonders an sagittalen Semidünnschnitten durch das Bauchmark, erkennen, daß ein schräg durch die Riesenfaser ziehendes, vollständiges Septum aus zwei Abschnitten besteht (Abb. 44 b). Aus der Gliahülle der Riesenfaser ragt ringsum ein Teil verschieden weit mit etlichen Schichten in die Riesenfaser hinein und bildet die Basis des Septums. Am Innenrand dieses Glianteils setzt das eigentliche Septum, die Synapse an. Es hat sich als ein unerwartet differenziertes Gebilde erwiesen (Oesterle und Barth, 1973, 1981; Kensler et al., 1979). Neben „*intermediate junctions*", die vermutlich vorwiegend mechanische Aufgaben haben, sind „*gap junctions*" mit typischer hexagonaler Substruktur vorhanden, die für einen Stofftransport in Frage kommen könnten: der Abstand zwischen den Membranen beträgt 7 nm und ist somit weiter als bei Säugetieren (2–3 nm). Außerdem sind in der Nähe der Septen Vesikel vorhanden, die sich jedoch nicht mit dem bei Wirbeltieren bewährten Verfahren zur Darstellung von Vesikeln an Synapsen mit chemischer Erregungsübertragung kontrastieren lassen. Bisher gelten die Synapsen der Riesenfasern des Regenwurms als klassisches Beispiel einer elektrischen Synapse.

Auf Sagittalschnitten ist bereits lichtmikroskopisch eine weitere überaus interessante Erscheinung zu beobachten, die offenbar nur bei der *medianen Riesenfaser* vorkommt. In jedem Segment sind dorsal zwei runde Öffnungen in der Gliahülle (Myelinscheide) vorhanden (Abb. 45), die einen Durchmesser von etwa 10–15 µm haben; der Abstand zwischen den Öffnungen beträgt 0,5–0,7 mm. An diesen Stellen ragt die Riesenfaser durch die Gliahülle, und ihre Zellmembran, das Axolemma, grenzt nunmehr an die Kollagenfibrillen enthaltende Grenzlamelle der Bauchmarkhülle. Diese Verhältnisse ähneln sehr denen an den Ranvierschen Schnürringen der Wirbeltiernerven. Günther (1973) nimmt daher an, daß die mediane Riesenfaser des Regenwurms eventuell auch eine saltatorische Erregungsleitung aufweist (Kap. 3.2.). Dadurch, sowie durch die häufigen Fusionen, könnte verständlich werden, daß die Leitungsgeschwindigkeit in der medianen Riesenfaser gegenüber den lateralen Riesenfasern höher ist, als man nach dem Verhältnis ihrer Durchmesser erwarten würde.

Die *lateralen Riesenfasern* haben eine Besonderheit aufzuweisen, die ebenfalls in physiologischer und biologischer Hinsicht von großer Bedeutung ist. Sie sind segmental durch eine Querbrücke, eine *Kollaterale,* eng miteinander gekoppelt (Abb. 45) und erzeugen gemeinsam nur einen Impulstyp (Kap. 3.2.).

*Abb. 43:* Bauchmark: elektronenmikroskopische Aufnahmen
a. und b. Im Vergleich zur Myelinscheide von Wirbeltiernerven ist die Myelinhülle (MH) der Riesenfasern des Regenwurms geradezu liederlich gebaut. Auffallend sind die vielfach gruppenweise vorhandenen Desmosomen (De). Neuroglia (Ng)
c. und d. Die Durchmesser der Nervenfasern im Neuropil sind außerordentlich verschieden. Motorische Fasern (m) haben größere Durchmesser, sensorische Fasern (sF) sind dagegen vielfach so dünn, daß man ganze Faserbündel im Lichtmikroskop nur als dunkel gefärbte Partie erkennt; erst im Elektronenmikroskop zeigt sich, daß es sich um eine sehr große Zahl Nervenfasern handelt.
Ve Vesikel mit Neurotransmitter, Mi Mitochondrium
Vergrößerung a 4500 x, b 30400 x, c 12000 x, d 24000 x. a–d: Maßstab = 1 µm

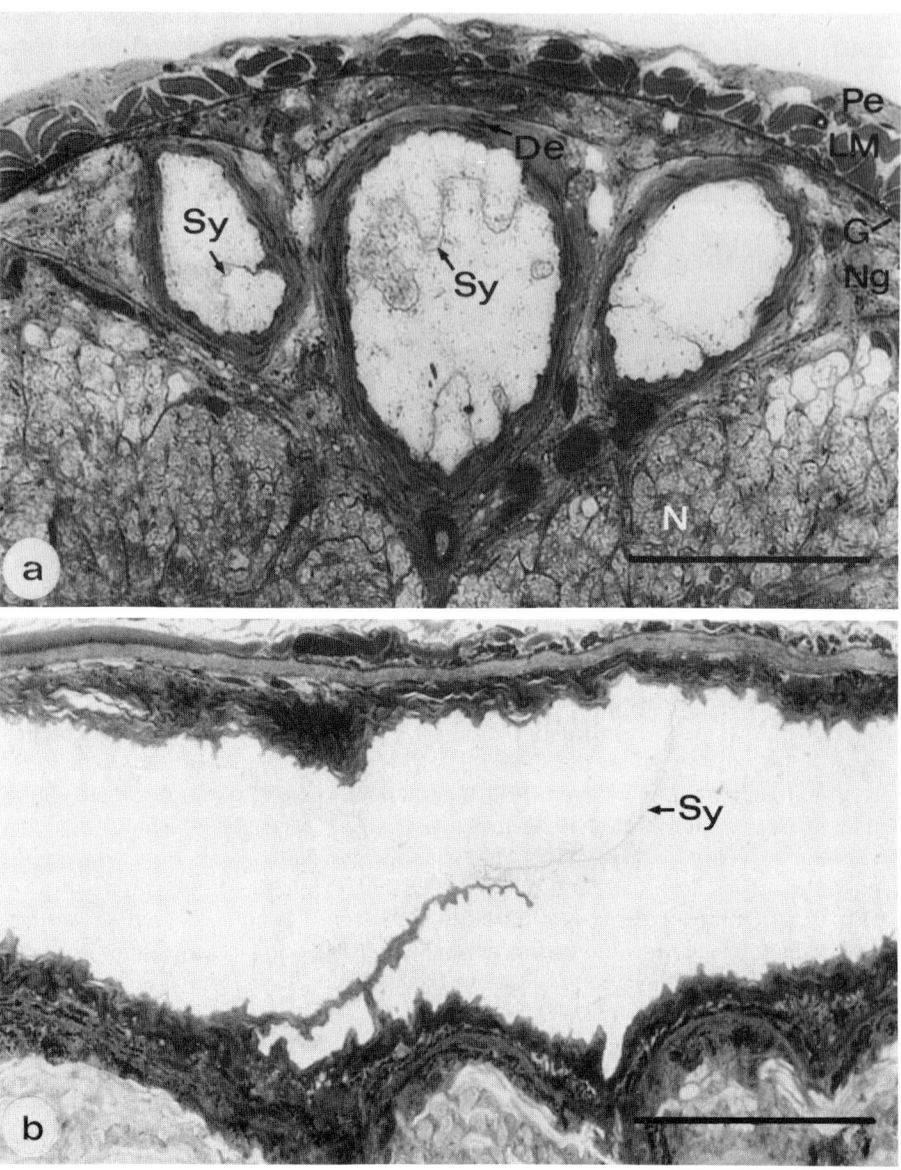

*Abb. 44:* Bauchmark quer (a) und längs (b) geschnitten (Semidünnschnitte) zur Demonstration der Synapsen (Sy) = Septen = Zellgrenzen in den Riesenfasern; Lichtmikroskopische Aufnahmen. Vor allem in b ist der Gliaanteil sehr deutlich zu erkennen.
De Desmosomenanhäufungen in der Myelinscheide, G kollagenhaltige Grenzlamelle, LM Längsmuskelschicht, N Nervenfasern, Ng Neuroglia, Pe Peritonealepithel. Vergrößerung 320 x. Maßstab = 100 μm

Man kann nicht erwarten, alle im folgenden geschilderten Strukturen auf einem einzigen Querschnitt zu sehen. Daher empfiehlt es sich, die besonderen Strukturen eines bestimmten Querschnittes auf dem Etikett zu notieren, und die Präparate unter Praktikanten auszutauschen, um ein einigermaßen vollständiges Bild zu gewinnen.

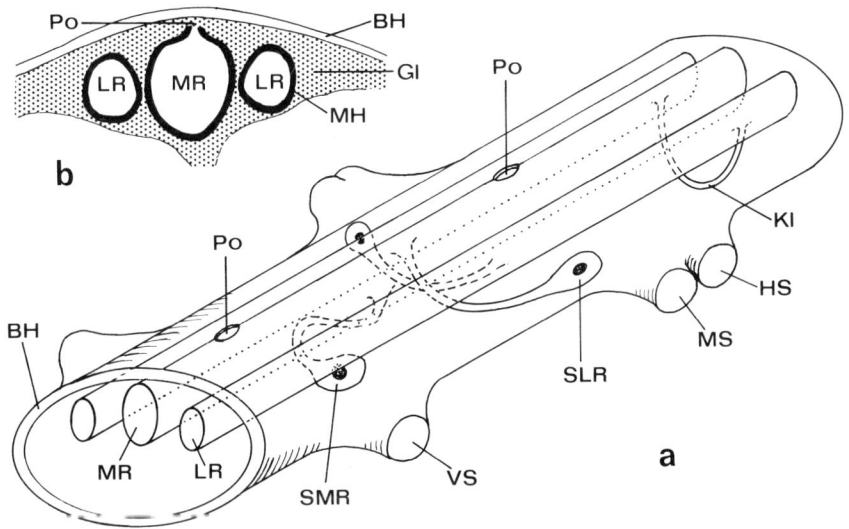

*Abb. 45:* Besonderheiten der Riesenfasern

a. Schematische Darstellung des Bauchmarks, in dem nur eingezeichnet sind: BH Bauchmarkhülle, Kl eine Kollaterale, die die lateralen Riesenfasern (LR) verbindet; pro Segment sind zwei Poren in der Gliahülle der medianen Riesenfaser (MR), nicht aber der lateralen Riesenfasern vorhanden; die kernhaltigen Somata der medianen (SMR) bzw. lateralen (SLR) Riesenfasern liegen ventral im Bauchmark; vordere (VS), mittlere (MS) und hintere (HS) Segmentalnerven sind als kurze Stümpfe gezeichnet.

b. Querschnitt durch den dorsalen Teil des Bauchmarks in Höhe eines Porus (Po) in der Myelinhülle (MH) der medianen Riesenfaser (MR). BH Bauchmarkhülle, Gl Glia, LR laterale Riesenfaser. Die segmental vorhandenen Septen = Zellgrenzen der Riesenfasern = Synapsen sind nicht eingezeichnet; sie können nach Günther (1971, 1975) vielfach fehlen (siehe Text: kombiniert nach Günther, 1971, 1973; Günther u. Schürmann, 1973; Günther u. Walther, 1971; Mulloney, 1970).

Lange hat man geglaubt, die segmentalen Abschnitte der Riesenfasern hätten jeweils mehrere *Zellkörper.* Dieser Irrtum ist sogar noch in den zusammenfassenden Darstellungen von Laverack (1963) und Bullock und Horridge (1965) zu finden. Inzwischen ist sicher, daß eine Riesenfaser in jedem Segment nur ein Soma besitzt (Mulloney, 1970; Günther, 1971; Günther und Schürmann, 1973).

Diese Somata liegen aber nicht in unmittelbarer Nähe der zugehörigen Riesenfaser, sondern im ventralen Bereich des Bauchmarks. Das *Soma der medianen Riesenfaser* liegt dabei etwa median, während die Somata der lateralen Riesenfaser jeweils auf der der zugehörigen Faser entgegengesetzten Seite (kontralateral) etwas mehr seitlich im Bauchmark liegen (Abb. 45 und Abb. 46). Die Somata der Riesenfasern fallen durch ihre starke Fleckung und ihre geringe Färbbarkeit auf. Bisher hat sich noch nicht klären lassen, was diese auch im elektronenmikroskopischen Bild hellen Partien eigentlich enthalten; sie sind bisher auch nur bei Neuronen von Regenwürmern beschrieben worden (Schürmann und Günther, 1973). Das Soma der medianen Riesenfaser liegt links oder rechts der Medianen und ist mit durchschnittlich 65 μm Durchmesser die größte Zelle im Ganglion. Sie entsendet stets nur einen Fortsatz in dorsaler Richtung, der zunächst einen Durchmesser von etwa 5 μm hat. Nach dem Eintritt in die dorsal gelegene Gliahülle nimmt der Fortsatz einen mehr als zehnfach größeren Durchmesser an.

113

Die *Somata der lateralen Riesenfasern* haben einen Durchmesser von etwa 50–70 µm und können recht verschieden gestaltet sein. Sie haben im Gegensatz zu den Somata der medianen Riesenfaser mehrere Fortsätze, sind also multipolare Nervenzellen; die Anzahl der Fortsätze variiert allerdings (Friedländer, 1888; Günther, 1971). Ein Teil der Fortsätze zieht zu den benachbarten Nervenfasern, während aus einem starken Fortsatz die laterale Riesenfaser auf der gegenüberliegenden Seite entsteht. Dieser Fortsatz besitzt ebenfalls seitliche Verzweigungen.

Die Somata der Riesenfasern weisen ebenso wie ihre Fortsätze einen nur elektronenmikroskopisch erkennbaren dünnen Gliaüberzug auf, der einen Durchmesser von lediglich 0,1–0,5 µm hat. Diese Gliahülle isoliert die Somata der Riesenfasern vollständig von den umliegenden Somata anderer Nervenzellen. Kontakte zwischen Nervenfasern und den Somata der Riesenfasern gibt es bei der medianen Riesenfaser nur ausnahmsweise (Schürmann und Günther, 1973). Dagegen zeigen die Zellfortsätze eine Reihe von verschiedenen strukturierten Kontakten, *chemischen wie elektrischen Synapsen,* die aber alle nur elektronenmikroskopisch sichtbar zu machen sind (Günther und Schürmann, 1973). So haben beispielsweise die einander überkreuzenden Fortsätze der lateralen Riesenfaserzellkörper eine längere Kontaktstelle miteinander, die als elektrische Synapse fungiert. An diesen Stellen fehlt die Gliahülle und beide Fortsätze können sich eng aneinander legen. Das gleiche gilt für die Berührungsstelle zwischen dem Fortsatz der medianen Riesenfaserzelle und dem Rieseninterneuron, die auch lichtmikroskopisch ebenso zu sehen ist wie die Kontaktstelle zwischen dem Rieseninterneuron und dem Fortsatz einer der lateralen Riesenfaserzellen. Im letzteren Fall handelt es sich, wie die elektronenmikroskopische Untersuchung gezeigt hat, nicht um eine elektrische, sondern um eine chemische Synapse mit den typischen präsynaptischen Bläschen.

Im ventralen und lateralen Bereich des Bauchmarks gibt es außer den Somata der Riesenfasern zahlreiche weitere *Ganglienzellen,* die nur einen Fortsatz entsenden, die also *unipolar* sind.

Neben größeren Zellen gehören hierzu auch zahlreiche kleine, sehr gleichartig aussehende Zellen mit einem Durchmesser von 15–25 µm, die etwa die Hälfte aller Nervenzellen des Ganglions ausmachen. Das Plasma dieser Zellen ist gut färbbar und erscheint in den lichtmikroskopischen Präparaten schollig bis körnig strukturiert. Die elektronenmikroskopische Untersuchung hat gezeigt, daß im Plasma (*Perikaryon,* Neuroplasma) ein gut entwickeltes endoplasmatisches Retikulum (ER) vorhanden ist. Ganze Stapel von Zisternen des ER, die reich mit Ribosomen versehen sind, entsprechen den Nissl-Schollen in lichtmikroskopischen Präparaten. Hier findet die Proteinsynthese statt, die anschließend in den Golgiapparaten vervollständigt wird. Von den Golgiapparaten werden Unmassen von Vesikeln gebildet. Das endoplasmatische Retikulum zerfällt schließlich in dem Maße, wie sich das Perikaryon mit Vesikeln füllt (Scharrer und Brown, 1961, 1962). Die Vesikel enthalten offenbar *Trägerproteine* mit daran gebundenen physiologisch wichtigen Verbindungen. Die Identifizierung und Lokalisation dieser Verbindungen, die in den letzten Jahren sehr intensiv betrieben wurde, ist schwierig, weil auf engem Raum gleich mehrere ähnlich reagierende wirksame Verbindungen vorhanden sind:

1. Von den als Neurotransmitter an chemischen Synapsen bekannten Monoaminen kommen im Bauchmark des Regenwurms Dopamin, Noradrenalin und 5-Hydroxytryptamin (Serotonin) vor. In den Perikaryen sind die Transmittersubstanzen anscheinend in Vesikeln mit einem Durchmesser von 50–90 nm enthal-

ten, die als Vorratsbehälter fungieren. Die synaptischen Vesikel haben hingegen nur einen Durchmesser von 30–50 nm (Myhrberg, 1972). 5-Hydroxytryptamin (Serotonin) ist offenbar in den Motoneuronen vorhanden (Myhrberg, 1967). Damit ist bei Vertretern aus drei Annelidengruppen, nämlich Nephthys, Lumbricus und Hirudo 5-Hydroxytryptamin in beträchtlichen Mengen im Bauchmark nachgewiesen. Im Bauchmark von Lumbricus terrestris wurden 3,1–10,4 µg 5-Hydroxytryptamin pro g Frischgewicht gefunden (Myhrberg, 1967). Die Lokalisation erfolgte fluoreszenz- und elektronenmikroskopisch mit besonderen Verfahren. Insgesamt wurden pro Ganglion 30–50 Nervenzellen gefunden, die 5-Hydroxytryptamin in unterschiedlichen Mengen enthielten. Diese Zellen lagen vorwiegend in der Nähe der Abzweigung der 2. und 3. Seitennerven; die größeren Zellen befanden sich ventral, kleinere lateral (Rude, 1966; Myhrberg, 1967). Sie gehören zur Gruppe der von Günther (1971) kleine Interneurone genannten Ganglienzellen.

2. Größere Vesikel mit Durchmessern von 120–250 nm und sogar bis zu 400 nm enthalten *Neurosekrete,* in denen vermutlich Peptide oder Proteine als wirksamer Anteil an Trägerprotein gebunden vorliegen (Abb. 57). Bisher sind noch keine näheren Analysen bekannt geworden, und die von einigen Autoren angenommene Bedeutung der Neurosekrete für Gonadenreifung und Regenerationserscheinungen ist noch umstritten (Hubl, 1953, 1956; Herlant-Meewis, 1956/57). Unbekannt ist außerdem noch immer, wo und wie die Neurosekrete abgegeben werden. Es wäre aber sehr wesentlich, das zu wissen, denn es gehört zu den wichtigsten Unterscheidungsmerkmalen zwischen neurosekretorischen und Transmitter produzierenden Zellen, daß erstere das Hormon an die Blutbahn abgeben. Unter den neurosekretorisch tätigen Zellen hat man aufgrund ihres Aussehens nach Färbung mit Paraldehydfuchsin mehrere Typen unterschieden (B. Scharrer, 1937; Hubl, 1956). Brandenburg (1956) und Otremba (1961) haben jedoch schon vermutet, daß es sich hierbei wohl lediglich um Stadien eines Sekretionszyklus handelt. Die bereits geschilderten elektronenmikroskopischen Befunde über die Bildung der Neurosekrete enthaltenden Vesikel unterstützen diese Annahme.

Auf einem Querschnitt durch das Bauchmark macht auf den ersten Blick die Vielzahl der *Nervenfaserabschnitte* einen verwirrenden Eindruck. Dieser Bereich wird *Neuropil* genannt. Die sorgfältige, vor allem in neuerer Zeit intensiv und vergleichend betriebene Untersuchung mit morphologischen und elektrophysiologischen Methoden hat aber gezeigt, daß hier bestimmte Felder teils nur erst mit Namen versehen, teilweise aber auch schon mit bestimmten Funktionen in Verbindung gebracht werden können und eine sehr konstante Anordnung zeigen. Abbildung 46 gibt eine Übersicht der in den meisten Präparaten anzutreffenden Fasergruppen. Zunächst fallen im mittleren Teil jederseits der Medianen zwei dicke Faseranschnitte auf, die zu den *Rieseninterneuronen* gehören. Wie der Name andeuten soll, schaffen diese Fasern Verbindungen von einem Segment zum nächsten. Im ventralen Bereich liegen ebenfalls zwei Faserquerschnitte, die mit 10–20 µm Durchmesser von wesentlich größerem Kaliber sind als die übrigen Faseranschnitte mit Ausnahme der Riesenfasern. Diese *ventralen Riesenfasern* sind von einer lichtmikroskopisch sichtbaren, dünnen Hülle umgeben. Diese Hülle gleicht aber nicht der Gliahülle der Riesenfasern, sondern besteht nach elektronenmikroskopischen Untersuchungen aus einer großen Zahl sehr dünner Nervenfasern, die keine Hülle besitzen und parallel zur ventralen Riesenfaser verlaufen und mit dieser zahlreiche Synapsen bilden. Günther (1971) konnte feststellen, daß die ventralen Riesenfasern keine Syncytien sind, wie Stough (1926) und Smallwood (1930) annahmen, sondern ebenso wie die dorsalen Riesenfasern aus einer Reihe von segmentalen, teilweise einander überlappenden Nervenfasern bestehen, zu denen pro Segment ein Zellkörper gehört. Über die Funktion der ventralen Riesenfasern ist noch nichts bekannt.

Ventral und dorso-lateral liegen im Ganglion mehrere auffallende, umfangreiche Gruppen und lateral eine kleinere Gruppe umfangreicherer Faserquerschnitte, die schon von Friedländer (1888) beschrieben und *Hauptfaserzüge* genannt wurden. Günther (1971) unterscheidet nicht nur drei Gruppen wie Friedländer, sondern fünf indem er die dorsale und ventrale Gruppe in jeweils eine laterale und mediane Gruppe unterteilt, da sich die zugehörigen Nervenzellen und -fasern in bestimmten Merkmalen unterscheiden lassen. Der Durchmesser der Fasern in den Hauptfaserzügen beträgt 6–8 µm, maximal sogar 15 µm und ihre Zahl ist weitgehend konstant. Diese Fasern sind *polysegmentale Interneurone* von ganz erstaunlicher Länge.

Axone der dorsalen Hauptfaserzüge konnten über durchschnittlich 30 Segmente verfolgt werden, während sich die Axone der ventro-medianen Hauptfaserzüge über etwa 34 Segmente, und die der ventro-lateralen Hauptfaserzüge sogar über 67 Segmente erstrecken (Günther, 1971).

Ein weiteres größeres Feld von Faserquerschnitten befindet sich jederseits der Medianen des Ganglions und wird daher als *medianes Faserbündel* bezeichnet. In diesem Feld befinden sich sowohl Fasern, die nur im gleichen Segment verlaufen, als auch solche, die sich über mehrere Segmente erstrecken.

In fünf weniger auffälligen Gruppen sind schließlich noch sehr feine Nervenfaseranschnitte in außerordentlich großer Zahl vereinigt. Da diese Fasern bis hin zu den Sinneszellen in der Epidermis verfolgt werden konnten (Lenhossek, 1892; Retzius, 1892; Hesse, 1894; Langdon, 1895), nennt man diese Gruppen *sensorische Längsbündel*. Die Fasern haben zumeist einen Durchmesser von weniger als 1 µm. Manche Partien der Bündel erscheinen in osmiumfixierten Präparaten sehr dunkel und erweisen sich erst im Elektronenmikroskop als Bündel aus Hunderten von feinsten Fasern mit Durchmessern von 0,1–0,3 µm (Abb. 43 c).

Günther (1971) hat erstmals die *Zahl der Neuronen pro Ganglion* bei Lumbricus terrestris ermittelt. Am Vorderende sind pro Ganglion etwa 1 600 Neuronen vorhanden, im Clitellumbereich wird die höchste Zahl, nämlich 2 000 erreicht, in den Ganglien des mittleren Körperbereichs etwa 800–900 und in den Ganglien des Hinterendes etwa 1 000 Neuronen. *In den Konnektiven* zählte er jedoch in der mittleren Körperregion 3 500–4 000 Nervenfasern, wobei zu bedenken ist, daß trotz Verwendung einer Ölimmersion zahlreiche sehr dünne sensorische Fasern nicht erfaßt sein dürften. Die Diskrepanz zwischen 800–900 Ganglienzellen und 3 500–4 000 Fasern wird verständlich, wenn man bedenkt, daß eine große Zahl von Fasern, die Interneurone, sich über viele Segmente erstreckt.

Das Nervensystem des Regenwurms bietet noch immer eine Vielzahl von Problemen, die von allgemeinem Interesse sind und teilweise bereits angedeutet wurden. Beispielsweise mehren sich neuerdings Hinweise, daß bei den Anneliden und Arthropoden das Bauchmark im wesentlichen in eine *motorische dorsale* und eine *sensorische ventrale Hälfte* gegliedert ist (Günther, 1971). Unbekannt sind noch die Transportmechanismen im Nervensystem, ganz gleich, ob es sich um Transmitter-

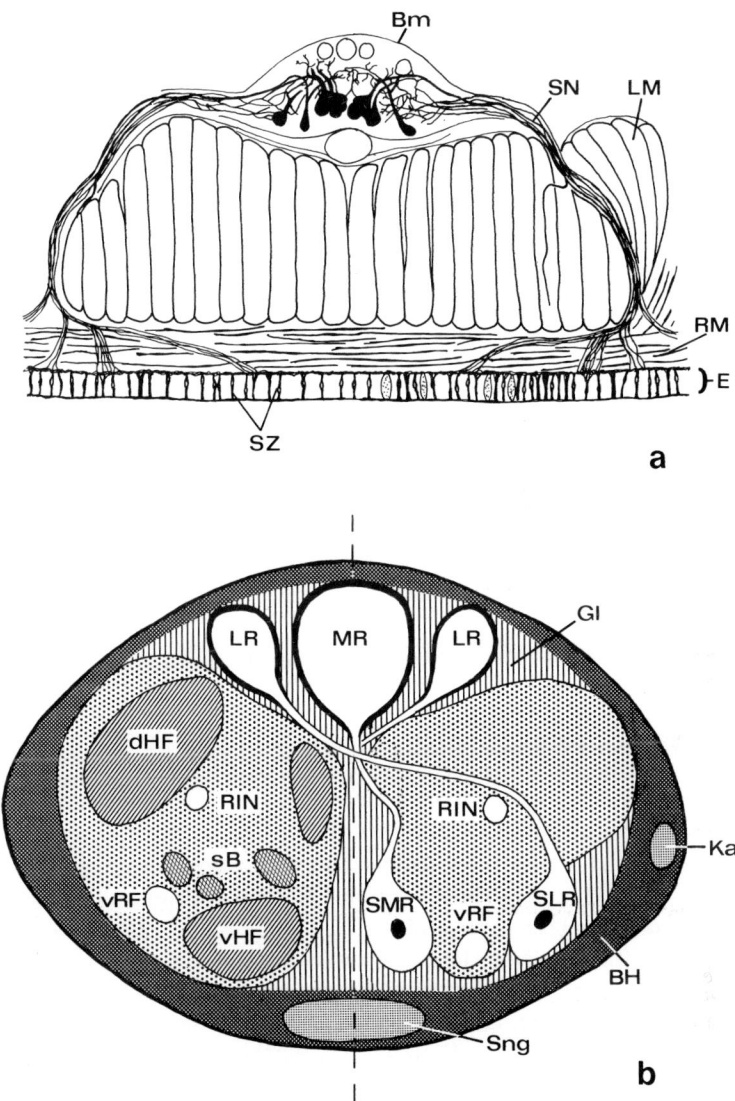

*Abb. 46:* a. Querschnitt durch den ventralen Teil des Regenwurms im Bereich eines Ganglions; Bm Bauch-mark. Der ventrale Ast der Segmentalnerven (SN) versorgt mit motorischen Anteilen die Längs- (LM) und Ringmuskulatur (RM), sowie mit sensorischen Anteilen vorwiegend die Sinneszellen (SZ) der Epidermis (E) (nach Retzius, 1892).

b. Schematische Darstellung der wichtigsten Elemente und Bereiche des Bauchmarks (näheres siehe Text). Um Überlagerungen zu vermeiden ist in der linken Hälfte in erster Linie die Verteilung der großen Nerven-fasergruppen, in der rechten die Lage der Somata der medianen (SMR) und einer lateralen Riesenfaser (SLR) eingezeichnet. Weitere im ventralen Bereich liegende Somata von Nervenzellen und neurosekretori-schen Zellen sind nicht notiert.

dHF dorsale Hauptfaserzüge, Gl Glia, BH dreischichtige Bauchmarkhülle, Ka Kapillare, LR laterale Rie-senfaser, MR mediane Riesenfaser, RIN Rieseninterneuron, sB sensorische Bereiche sind lichtmikrosko-pisch nur als dunkel gefärbte Zonen erkennbar, weil die feinen Fasern unterhalb der Auflösungsgrenze des Lichtmikroskops liegen; Sng Subneuralgefäß, vHF ventrale Hauptfaserzüge, vRF ventrale Riesenfasern (zusammengestellt nach Angaben von Günther sowie Günther und Schürmann).

117

substanzen, Neurosekrete oder Nährstoffe handelt. Neurofilamente und Neurotubuli scheinen für die Transportvorgänge von Bedeutung zu sein. Neurofilamente haben einen Durchmesser von etwa 10 nm und liegen parallel zueinander angeordnet in Nervenzellen und ihren Ausläufern. Die lichtmikroskopisch nach Silberimprägnierung sichtbaren und schon im vorigen Jahrhundert entdeckten *Neurofibrillen* haben sich als Aggregate von *Neurofilamenten* erwiesen. *Mikrotubuli,* die in Nervenzellen vorkommen, werden *Neurotubuli* genannt; sie haben den charakteristischen röhrenförmigen Aufbau aus spiralig angeordneten Bausteinen und einen Durchmesser von 20–25 nm.

## 6.1.6. Darm

Der Mitteldarm hat einen runden Querschnitt und an der Dorsalseite eine mächtige, sofort auffallende tiefe Einsenkung (Abb. 47 a und Abb. 48 a). Diese wurde erstmals von Willis (1672) als intestinum in intestino beschrieben. Morren (1825/26) hat ihr erst den heute üblichen Namen Typhlosolis gegeben, was soviel wie Blindrohr bedeutet. Die Typhlosolis ist bereits beim Regenwurm vorhanden, wenn er aus dem Kokon schlüpft. Sie erstreckt sich nicht über den gesamten Darm, sondern nur über die vorderen zwei Drittel. Im allgemeinen wird angenommen, daß die Typhlosolis der Vergrößerung der resorbierenden Oberfläche dient, doch hat schon Stephenson (1930) darauf hingewiesen, daß diese Annahme fragwürdig erscheint, wenn man sich die Verhältnisse bei anderen Oligochaeten ansieht. Bei manchen Arten, wie bei der kleinen Eiseniella tetraedra, stellt sie nur eine kleine Erhebung dar, bei anderen Arten ist sie noch schwächer entwickelt, und beim größten Regenwurm, Megascolices australis, fehlt sie. Vielleicht ist die Typhlosolis noch für andere Aufgaben als für die Resorption zuständig.

Der Mitteldarm ist außen von einer Schicht Chloragocyten umgeben, die man insgesamt als Chloragog bezeichnet (Kap. 6.1.3.). Das Rückengefäß, das auch für die Blutversorgung des Darms zuständig ist, kann in das Chloragog des Darms einbezogen sein oder etwas weiter dorsal liegen (Abb. 23 a).

Zwischen Chloragog und Darmepithel liegen in dünner Schicht *Muskeln,* und zwar innen Ring- und außen Längsmuskeln (Abb. 48 b); die Reihenfolge der Muskulatur ist also umgekehrt wie im Hautmuskelschlauch, wo außen die Ring- und innen die Längsmuskulatur liegt. Die Ringmuskelfasern biegen kaum in die Typhlosolis ein. Die Mehrzahl der hier liegenden Fasern überspannt diese Einsenkung des Darmepithels und bildet ein Geflecht, durch dessen Lücken Blutgefäße in die Typhlosolis gelangen (Abb. 47 a). Ring- und Längsmuskeln sind in kollagenhaltiges *Bindegewebe* eingebettet, das sich mit Azan blau färbt (S. 157). Ebenso färbt sich auch die sehr deutlich hervortretende, mächtige *Basalmembran,* die zwischen Darmepithel und Bindegewebe liegt. In der Typhlosolis ist das Bindegewebe stärker entwickelt als am übrigen Mitteldarm, was man ebenfalls sehr schön an einem mit Azan gefärbten Präparat erkennen kann. Im Zentrum der Typhlosolis ist kein Bindegewebe vorhanden. Hier findet man Gefäßanschnitte.

Weitere stark gefärbte Gefäßanschnitte von sehr verschiedenem Durchmesser und vielfach sehr unregelmäßigem Umriß trifft man zwischen Basalmembran und Bindegewebe an. Man bezeichnet sie als Blutlakunen oder Blutsinus. Weiter innen liegen Muskelfasern; es sind fast ausschließlich Längsmuskeln (Abb. 47 a).

Das *einschichtige Mitteldarmepithel* enthält zwei Zelltypen (Abb. 47 b):

1. *Bewimperte Zellen,* die auch *Nährzellen* (Schneider, 1908) oder gewöhnliche Epithelzellen (Stolte, 1933) genannt werden, und
2. *Drüsenzellen,* die auch in Analogie zu den Zellen des Wirbeltierdarms als *Becherzellen* (englisch goblet cells) bezeichnet werden.

In den Epithellücken können ferner *Lymphocyten* liegen, die aus dem Coelom eingewandert sein dürften; die Funktion dieser Zellen ist noch nicht befriedigend geklärt. Die *Innervierung* des Darmepithels ist für die Steuerung der Sekretionstätigkeit von Drüsenzellen wichtig; dies hat Millott (1944) nachweisen können, indem er durch Reizung von Darmnerven eine Sekretabgabe auslöste. Wie der *Ersatz verbrauchter Darmepithelzellen* erfolgt, ist bisher noch ungeklärt. *Die bewimperten Zellen* sind schmal und langgestreckt. Ihre apikale Partie ist mit Cilien und Mikrovilli versehen. Das Zahlenverhältnis von Cilien und Mikrovilli variiert in den einzelnen Darmregionen. In der älteren Literatur findet man einander widersprechende Angaben über das Fehlen und Vorhandensein von Cilien in den einzelnen Partien des Mitteldarms vor allem in der Typhlosolis (Stolte, 1933; Millott, 1948). Nach Millott (1944) hängt es davon ab, wie der Wurm ernährt ist; bei Hungertieren sollen diese Zellen keine Cilien besitzen. Bei der Lebendbeobachtung dieser Zellen hat sich ferner gezeigt, daß die Cilien aufhören können zu schlagen und sich flach auf die Zelloberfläche legen. Nach Zusatz von 0,05 ml Ammoniaklösung zur Regenwurm-Ringerlösung begannen die Cilien jedoch kurzfristig wieder zu schlagen, waren also gar nicht reduziert. Der Kern befindet sich im apikalen Drittel der bewimperten Zellen. Die *Drüsenzellen* werden jeweils von 4–5 bewimperten Zellen regelrecht umhüllt, so daß apikal nur ein Porus oder ein kollabierter Gang übrig bleibt. Die Oberfläche des Darmepithels wird daher praktisch ausschließlich von den bewimperten Zellen, den *Nährzellen,* gebildet.

Die *Drüsenzellen* weisen entsprechend ihrem Funktionszustand sehr verschiedene Gestalt und unterschiedliche Färbbarkeit auf. Ihr Basalteil ist sehr schlank. Der Kern liegt etwa im oberen Teil des ersten Drittels der Zelle. Die apikale Hälfte der Zelle wird mit zunehmender Anhäufung von Sekreten immer stärker aufgetrieben. Apikal ist die Drüsenzelle spitz ausgezogen und mit einem Porus versehen.

An der Typhlosolis sind Drüsenzellen in größerer Zahl vorhanden als in anderen Darmpartien. An Präparaten, die mit Azan gefärbt sind (S. 157), kann man schon erkennen, daß sich der Inhalt der Drüsenzellen in der Typhlosolis, einschließlich derjenigen des unmittelbar benachbarten Epithels, vom Inhalt der Drüsenzellen des übrigen Mitteldarmepithels unterscheidet; die ersteren sind violett gefärbt, die letzteren blau. Bei Lumbricus castaneus hat Haase (1969) nachgewiesen, daß die Drüsenzellen der Typhlosolis und des benachbarten Epithels sehr hohe Aktivitäten an β-Glucuronidase und N-Acetyl-β-Glucosaminidase aufweisen, die den Drüsenzellen des übrigen Darmepithels fehlen. Man weiß, daß die Drüsenzellen Proteasen bilden (Millott, 1944), und daß im Darm verschiedene Enzyme tätig sind, deren Herkunft noch nicht näher analysiert ist (Stolte, 1933; Heran, 1956; Jeuniaux, 1963; Moser, 1963).

Im Darmlumen des Regenwurms findet man Anschnitte von membranartigen Strukturen, die die Nahrung und Nahrungsreste umgeben und teilweise auch zwischen diesen liegen. Es handelt sich um *peritrophische Membranen* (Abb. 48 a), die zwar am besten von Insekten bekannt sind, aber inzwischen auch aus den meisten Tierstämmen bekannt geworden sind (Peters, 1967, 1968). Bei Lumbricus wurden

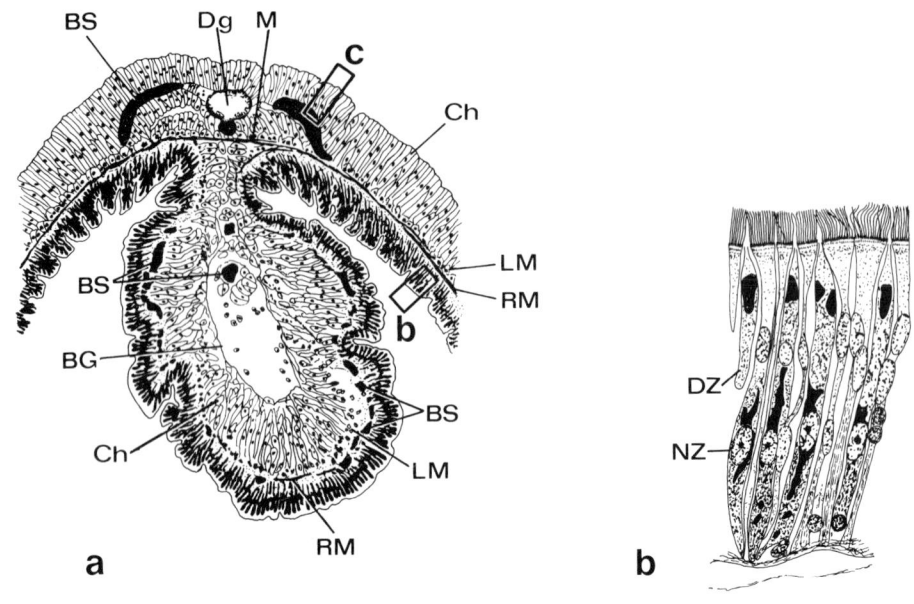

a

b

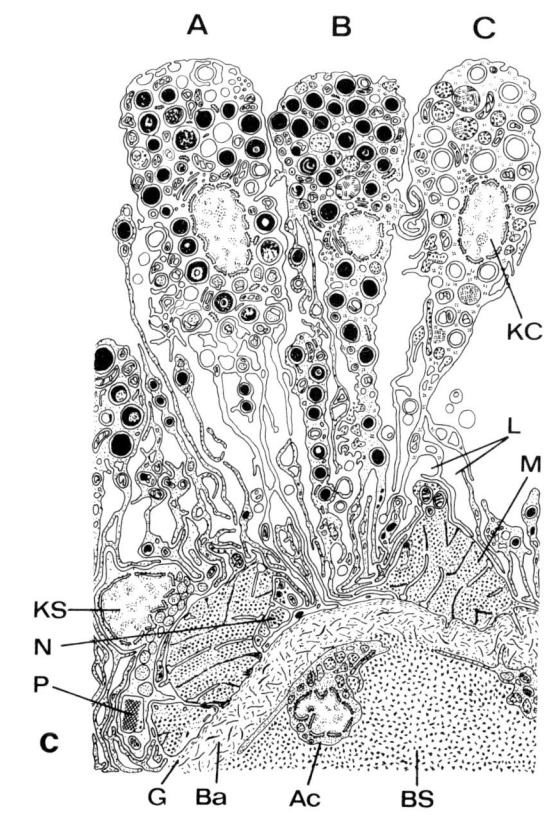

c

sie erstmals von Arthur (1963) beschrieben. In Präparaten, die mit Azan nach Heidenhain gefärbt sind (S. 157), erscheinen sie blau. An verschiedenen Stellen sind die peritrophischen Membranen schon vom Epithel abgehoben, an anderen Stellen liegen sie noch auf dem Epithel. Sie werden demnach fladenweise und nicht vom gesamten Darmepithel gleichzeitig gebildet (Abb. 48 a). Es entsteht auf diese Weise erst durch das Verkleben mehr oder weniger zahlreicher und verschieden ausgedehnter Fladen schließlich eine Hülle um die Nahrung und die Nahrungsreste im Darm, die man als *peritrophe Hülle* bezeichnen kann (Abb. 48 b). Diese ist aber keineswegs so lückenlos und mechanisch widerstandsfähig, wie das beispielsweise bei Arthropoden der Fall ist. Histochemische Untersuchungen haben gezeigt, daß die peritrophischen Membranen auch beim Regenwurm zumindest Proteine und Proteoglykane (saure Mucopolysaccharide) enthalten. Außerdem ist in ihnen ein unregelmäßiges Geflecht aus chitinhaltigen Mikrofibrillen vorhanden, das nur im Elektronenmikroskop sichtbar ist (Peters, 1968; Vierhaus, 1971). Das Chitin läßt sich mit dem Chitosantest nachweisen (S. 161). Vierhaus (1971) stellt im Gegensatz zu Arthur (1963) fest, daß peritrophische Membranen anscheinend vorwiegend vom eigentlichen Darmepithel und weniger von der Typhlosolis abgeschieden werden. Gemeinsam können Zellen aus dem Bereich zahlreicher Segmente größere Membranstücke bilden. Zur Sekretion peritrophischer Membranen ist anscheinend das gesamte Mitteldarmepithel fähig, wobei im Bereich zwischen dem 30.–60. Segment ein Maximum der Bildungsrate erreicht wird. Die Produktion peritrophischer Membranen scheint unabhängig von der Nahrungsaufnahme zu erfolgen, aber im Tagesablauf ein Maximum zwischen 1–5 Uhr nachts zu haben, d. h. im Anschluß an die Zeit besonders intensiver Freßtätigkeit zwischen 19–24 Uhr (Vierhaus, 1971).

Während der Darmpassage werden die peritrophischen Membranen mechanisch und in geringerem Maße wohl auch enzymatisch abgebaut (Vierhaus, 1971). Vergleicht man den Anteil peritrophischer Membranen im Inhalt des hinteren Mitteldarms von Tieren, die Gartenerde oder Sand gefressen haben, mit dem Darminhalt von Regenwürmern, die Zellstoff aufgenommen haben, so zeigt sich, daß im Darminhalt der letzteren wesentlich mehr peritrophische Membranen erhalten bleiben. Für den enzymatischen Abbau peritrophischer Membranen kommt wohl in besonderem Maße die von Tracey (1951), sowie von Devigne und Jeuniaux (1960) im Darm des Regenwurms nachgewiesene Chitinase in Frage. Diese stammt nach Devigne und Jeuniaux aus dem Mitteldarmgewebe und nicht von Bakterien.

Über die physiologische Bedeutung dieser in beachtlicher Menge gebildeten, die Nahrung nicht immer vollständig umgebenden und schon während der Darmpassage teilweise wieder abgebauten Strukturen wissen wir bisher leider noch nichts.

*Abb. 47:* Querschnitte durch den Typhlosolisbereich des Mitteldarms
a. Lichtmikroskopische Übersicht. Die Kästchen geben die Lage der Ausschnitte b und c an.
BG Bindegewebe, BS Blutsinus, Ch Chloragog, Dg Dorsalgefäß, LM Längsmuskelfasern, M gitterförmig angeordnete Muskelfasern, RM Ringmuskelfasern (nach K. C. Schneider, 1908)
b. Mitteldarmepithel mit Drüsen- (DZ) und Nährzellen (NZ); letztere besitzen Cilien und Mikrovilli in unterschiedlichem Verhältnis (nach Joseph, 1903).
c. Halbschematische Darstellung des Chloragogbereichs nach elektronenmikroskopischen Aufnahmen; die Chloragogzellen sind verkürzt gezeichnet. In Zelle A sind die Chloragosomen in ihren verschiedenen Erscheinungsformen, in Zelle B das Vorkommen von Ferritin (Gruppen von 4 Punkten), und in Zelle C ist beides in üblicher Verteilung dargestellt.
Ac Amoebocyt, Ba Basallamina, BS Blutsinus = Blutlakune mit Hämoglobin, G Grenzlamelle, KC Kern einer Chloragogzelle, KS Kern einer Sekret enthaltenden Zelle, L basales Labyrinth, M Muskelfaser, N Nervenfaser, P Parakristall (nach Lindner, 1965)

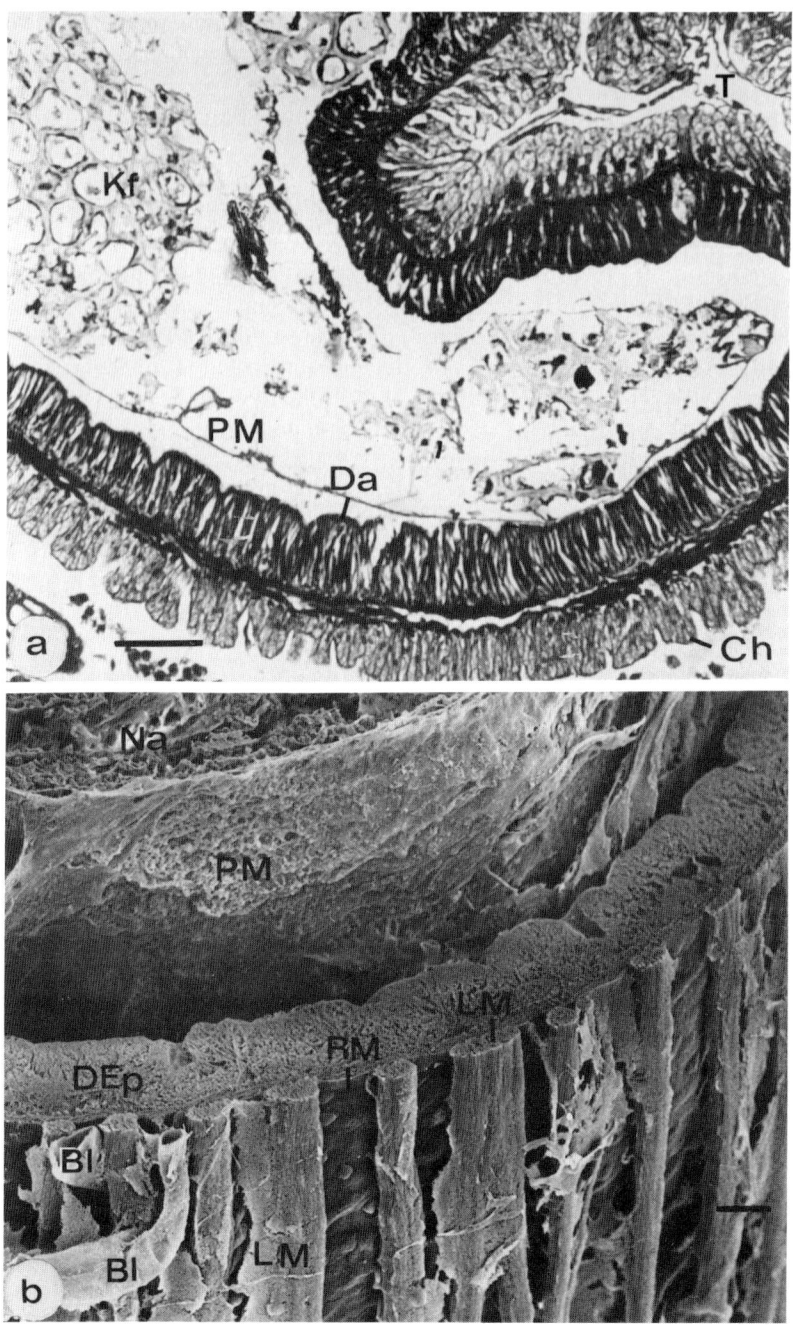

*Abb. 48:* Mitteldarm

a. Querschnitt im Bereich der Typhlosolis (T). Das Darmepithel scheidet peritrophische Membranen (PM) zur Umhüllung der Nahrung ab; in diesem Falle wurde mit Kaffeesatz gefüttert (Kf). Ch Chloragog. Licht-mikroskopische Aufnahme. Vergrößerung 122 x. Maßstab = 100 µm

b. Im Rasterelektronenmikroskop zeigt der Querschnitt durch ein vom Chloragog befreites Darmstück sehr schön die Anordnung der Ring- (RM) und Längsmuskulatur (LM), Blutgefäße (Bl), Darmepithel (DEp) und die von peritrophischen Membranen (PM) verpackte Nahrung (Na). Vergrößerung 700 x. Maßstab = 10 µm

## 6.2. Darstellung der Dissepimentmuskulatur

Dissepimente bestehen aus zwei Muskelschichten, die jederseits von einer Lage flacher Peritonealzellen bedeckt sind (Abb. 40a). Um den komplizierten *Verlauf der Muskelfasern* im Dissepiment insgesamt zu sehen, fertigt man am besten von Material, das in Paraffin eingebettet ist, eine Reihe von Handschnitten quer durch den Regenwurm an. Als Führung für das Skalpell oder eine starke Rasierklinge dient dabei der Daumennagel der den Paraffinblock haltenden Hand. Durch leichtes Andrücken gegen den elastischen Nagel erreicht man eine günstige Schnittdicke. Die Schnitte werden in einem Schälchen mit Xylol vom Paraffin befreit und anschließend sortiert. Diejenigen, die Dissepimente enthalten, werden nach dem Passieren der Alkoholreihe mit Dobell's Molybdat-Hämatoxylin gefärbt und wie üblich weiterbehandelt (S. 156). Noch besser und einfacher ist es, die ungefärbten Schnitte nach zweimaligem Wechsel des Xylols wie üblich einzudecken und anschließend im *polarisierten Licht* anzusehen, wenn möglich mit einem mit Durchlicht und Polarisationszusatz versehenen Stereomikroskop. Mit beiden Methoden kann man die in den einzelnen Partien des Dissepiments unterschiedlich gerichteten Scharen von Muskelfasern sichtbar machen. Vor allem kann man in diesen Präparaten auch eine im ventralen Bereich das Bauchmark und das Ventralgefäß umgebende Öffnung im Dissepiment erkennen. Diese Öffnung kann von ringförmig angeordneter Muskulatur (Sphinkter) mehr oder weniger weit geöffnet oder geschlossen werden. Auf diese Weise kann Coelomflüssigkeit nach Bedarf von einem Kompartiment in das andere strömen; so kann ein Transport von Partikeln über viele Segmente hinweg erfolgen. Normalerweise scheint diese Öffnung aber geschlossen zu sein (Kap. 3.2.).

## 6.3. Querschnitte aus verschiedenen Körperregionen

### 6.3.1. Kalkdrüsen

An Querschnitten durch das 10.–14. Segment sollen nur die morphologisch wie physiologisch interessanten Kalkdrüsen berücksichtigt werden, während die hier außerdem vorhandenen Anteile des Geschlechtsapparates besser an Sagittalschnitten untersucht werden (Kap. 6.5.).

Die Kalkdrüsen (engl.: calciferous glands) werden auch nach einem der ersten Beschreiber *Morrensche Drüsen* genannt (franz.: glandes de Morren). Seit sie erstmals 1820 von Julius Leo beschrieben wurden, hat man sie bis heute immer wieder untersucht und ihnen vielerlei Funktionen zugeschrieben, ohne behaupten zu können, daß schon eine befriedigende Klärung erfolgt ist.

Kalkdrüsen fehlen den wasserbewohnenden Oligochaeten und kommen bei den landbewohnenden Formen nur in den Familiengruppen Lumbricina und Megascolecina in verschiedenen Differenzierungsstufen vor (Stephenson und Prashad, 1919). Bei den einheimischen Gattungen nimmt die *Faltenbildung* in den Kalkdrüsen in folgender Reihenfolge zu: Eisenia - Dendrobaena - Allolobophora - Lumbricus (Smith, 1924); entsprechend nimmt auch die Differenzierung der Blutgefäße in diesem Bereich zu (Kreutz, 1936). Vielleicht sind die Kalkdrüsen innerhalb der Lumbricina und Megascolecina mehrfach unabhängig voneinander entstanden, denn sie können im 7.-9., im 10.-12. oder 15.-16. Segment liegen und paarig oder auch unpaarig sein (Stephenson und Prashad, 1919).

Die Kalkdrüsen entstehen bei Lumbricus terrestris nach Harrington (1899) aus entodermalem Material. Der embryonale Oesophagus bildet ein Paar Ausstülpungen, die lediglich das vordere Säckchenpaar ergeben, während die eigentlichen Drüsenteile durch Einwanderung von amöboiden Zellen aus dem Darmbereich in die benachbarten Biträume entstehen sollen.

Bei Lumbricus terrestris liegen die Kalkdrüsen in den Segmenten 10-14 und bestehen aus einem langen, seitlich dem Oesophagus eng anliegenden Schlauch (Abb. 49) mit paarigen Aussackungen im Bereich der Segmente 10-12. Von diesen hat nur das vordere, im 10. Segment liegende Paar direkten *Zugang zum Oesophaguslumen*. Die im 11.-14. Segment liegenden Teile sind hingegen untereinander und mit den zum 10. Segment gehörenden Taschen in offener Verbindung.

Im Inneren der Taschen sind längs und quer angeordnete Lamellen vorhanden (Abb. 49). Diese *Lamellen* bestehen aus zwei Epithellagen, zwischen denen ein meist nur an den Enden stärker gefüllter Blutraum, ein Lamellensinus, vorhanden ist. Die *Blutversorgung der Kalkdrüsen* ist sehr gut. Das Blut wird vom Dorsalgefäß zunächst in die äußeren Blutsinus gepumpt, dann durch die Lamellen zu den Lamellensinus und schließlich über abführende Gefäße wieder in das Dorsalgefäß zurückbefördert. Ein lateral liegender Gefäßteil gabelt sich in einen Ast, der zu den Blutsinus der Kalkdrüsen und zurück zum Dorsalgefäß zieht, und in einen Ast, der zum Vorderende führt und das Gehirn versorgt (Kreutz, 1936).

Zunächst soll nur das Epithel der Lamellen in den Segmenten 11-14 betrachtet werden. In älteren lichtmikroskopischen Untersuchungen wurde immer wieder behauptet, das Lamellenepithel sei ein Syncytium. Wie schon in anderen Fällen hat aber auch hier das Elektronenmikroskop gezeigt, daß kein Syncytium vorliegt, sondern daß eindeutig Zellgrenzen vorhanden sind. Unterhalb des basalen Teils der Epithelzellen ist eine kontinuierliche, zarte, Kollagenfibrillen enthaltende Basallamina vorhanden. Im Blutsinus können selbst an den engsten Stellen noch Blutzellen (Amoebocyten) liegen. Die Epithelzellen weisen basal außerordentlich zahlreiche, weit in die Zelle reichende Einstülpungen auf, zwischen denen massenhaft Mitochondrien liegen. Sie zeigen damit die gleichen Charakteristika wie Zellen in Epithelien, die für einen intensiven Ionentransport zuständig sind: das Tubulusepithel der Wirbeltierniere, die Salzdrüse der Möwen, die Malpighischen Gefäße der Insekten usw. (s. u. a. Berridge und Oschmann, 1972). Die Kerne der Epithelzellen in den Kalkdrüsen des Regenwurms liegen mehr im apikalen Bereich und sind von Golgiapparaten umgeben. Im Plasma sind zahlreiche Vesikel und endoplasmatisches Retikulum enthalten. Die apikale Oberfläche der Zellen kann fast eben aussehen und in unregelmäßigen Abständen kurze Mikrovilli aufweisen. Die Oberfläche kann aber auch sehr unregelmäßig gestaltet sein, was von Harrington (1899) mit einem zyklischen Aktivitätsverlauf in Verbindung gebracht wurde; dieser ist aber bis heute noch nicht eindeutig nachgewiesen worden.

Harrington beschrieb schon 1899, daß das Epithel der Lamellen in den Kalkdrüsen des Regenwurms Kalk abscheidet (Abb. 50). Das geschieht anscheinend vorwiegend oder ausschließlich in den Teilen der Kalkdrüsen, die in den Segmenten

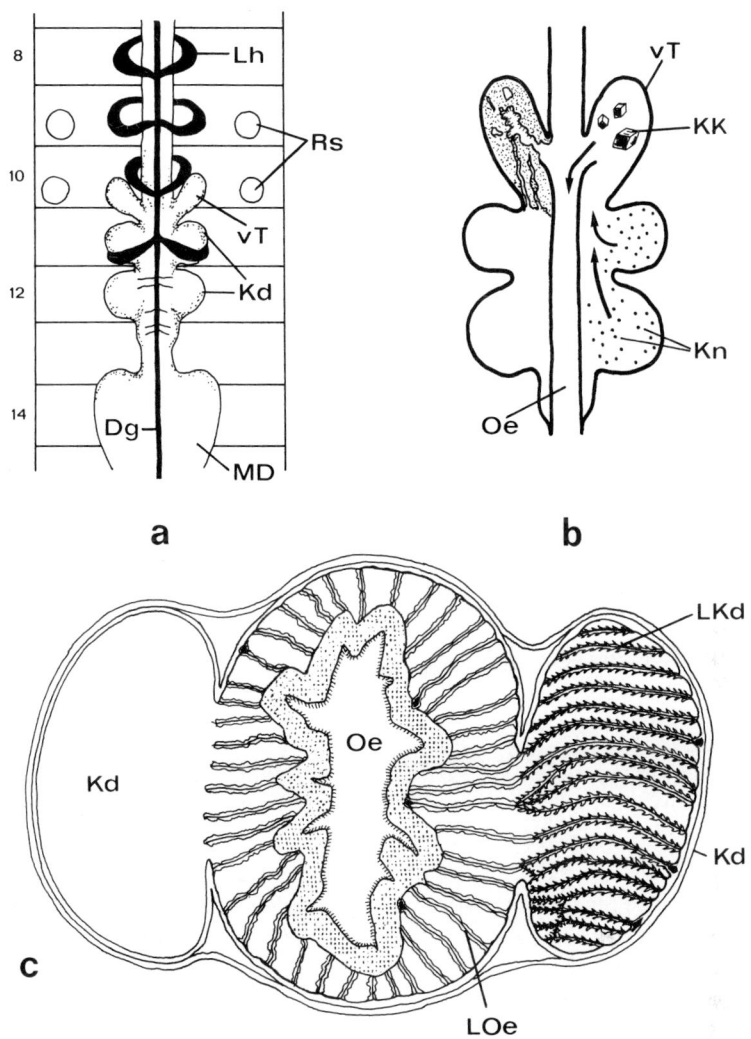

*Abb. 49:* Kalkdrüsen

a. Übersichtsskizze zur Lage der Kalkdrüsen nach Entfernung der Geschlechtsorgane; die Segmentzahl ist angegeben.

Dg Dorsalgefäß, Kd Kalkdrüse, Lh Lateralherzen, MD Mitteldarm, Rs Receptaculum seminis, vT vordere Tasche der Kalkdrüse

b. Funktionsschema. In den hinteren Taschen werden Kalkkonkremente (Kn) gebildet; diese können nur über die vordere Tasche (vT) in den Oesophagus (Oe) gelangen oder in dieser Tasche zu Kalkkristallen (KK) umgebildet werden.

c. Querschnitt durch den Oesophagus (Oe) im Bereich der Kalkdrüsen (Kd)

LOe Lamellen des Oesophagus, LKd Lamellen der Kalkdrüsen

11–14 liegen. Die Taschen im 10. Segment haben ein bewimpertes Epithel und dienen als Sammelraum für das aus den übrigen Teilen nach vorn beförderte Material. Bei diesem Transport soll die außen den Kalkdrüsen aufliegende Muskulatur von Bedeutung sein. Das körnige Material, das in den hinteren Abschnitten gebildet wird, besteht zu 94,9–96,7 % aus Calciumkarbonat (Robertson, 1936) und enthält außerdem etwas Phosphat und organische Substanz.

125

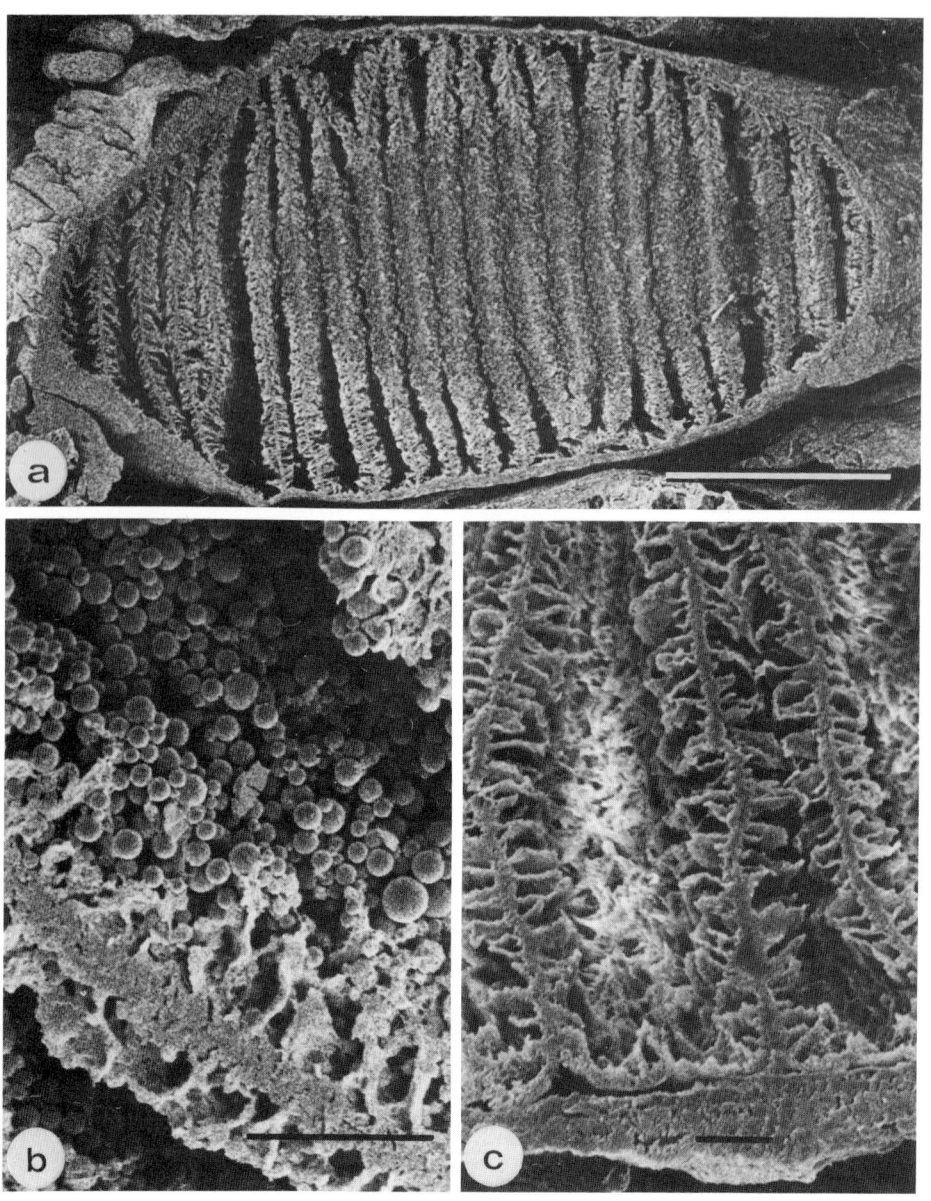

*Abb. 50:* Rasterelektronenmikroskopische Aufnahmen von Kalkdrüsen

a. Querschnitt durch eine hintere Kalkdrüse (aus räumlichen Gründen um 90° gedreht dargestellt; vergl. Abb. 49)

b. Lamellen mit bzw. ohne (c) kalkhaltige Konkremente.

Vergrößerung

a. 300 x. Maßstab = 100 μm

b. 2 500 x. Maßstab = 10 μm

c. 1 000 x. Maßstab = 10 μm

126

Isoliert man unter dem Binokular die Kalkpartikel aus den vorderen Taschen sowie getrennt davon aus den hinteren Taschen der Kalkdrüsen, so kann man bei der Untersuchung im polarisierten Licht feststellen, daß die Körnchen aus den hinteren Drüsenteilen, die man *Kalkkonkremente* nennt, einen Durchmesser von 0,75–5 μm haben (Abb. 50) und keine Doppelbrechung zeigen, d.h. amorph sind. Das Material aus den vorderen Taschen weist hingegen eine starke Doppelbrechung auf. Es ist demnach kristallin. Eine genauere Untersuchung zeigt, daß die *Kristalle* aus den vorderen Taschen 0,5–2 mm Durchmesser erreichen können und von rundlicher oder unregelmäßiger Gestalt sind (Abb. 51). Im normalen Licht erkennt man schon den Aufbau aus plättchenförmigen Elementen. Im polarisierten Licht weisen sie das für einachsige Kristalle typische schwarze Kreuz auf. Es handelt sich um die als *Calcit oder Kalkspat* bezeichnete *Kristallform des Calciumkarbonats,* das in vielfältiger Gestalt auftreten kann. Einige Kristalle können rhomboedrisch sein, d.h. sie entsprechen der zweiten Kristallform des Calciumkarbonats, dem Aragonit (Robertson, 1936).

Wie schnell die Bildung der Kalkkonkremente abläuft, kann man aus Versuchen ersehen, bei denen radioaktives $^{45}$Ca in das Coelom des hinteren Körperdrittels injiziert wurde. Bereits nach 30 Minuten war das Isotop in den Zellen der Kalkdrüsen vorhanden, und 4–24 Stunden nach der Injektion war es in den Kristallen der vorderen Tasche nachweisbar (Nakahara und Bevelander, 1970). Das kristalline Material wird schließlich in den Darm abgegeben. Was außerdem von den Kalkdrüsen ausgeschieden wird, ist noch unklar. Kalkkonkremente treiben massenhaft in einer Flüssigkeit unbekannter Zusammensetzung, die in den Taschen bewegt werden kann und zusammen mit den Konkrementen in den Darm abgegeben wird.

Seit 150 Jahren werden bereits Vermutungen und Untersuchungen über die Funktion der Kalkdrüsen angestellt; nur einige sollen hier erwähnt werden. Michaelsen (u.a. 1928) bezeichnete die Kalkdrüsen als Chylustaschen und glaubte, daß sie zur Nahrungsresorption dienen. Aber der Bau dieser Organe, ihre Feinstruktur sowie ihre Mündung, und alle bisherigen Untersuchungsergebnisse sprechen gegen diese Auffassung. Claparéde (1869) nahm an, daß die Kalkkristalle zum mechanischen Aufschluß der Nahrung im Kaumagen beitragen. Dem hat aber schon Darwin (1881) widersprochen. Er hielt die Kalkdrüsen für Exkretionsorgane, deren Produkt, das Calciumcarbonat, zur Neutralisation der Humussäuren diene, die beim Abbau von Laub im Darm freigesetzt würden. Das trifft aber offensichtlich auch nicht zu, denn die Calciumkarbonatkristalle lassen sich im Kot des Regenwurms nach Aufschwemmen von Kotproben leicht nachweisen oder auf Röntgenaufnahmen bei ihrer Passage durch den Darmkanal verfolgen (Voigt, 1936; Robertson, 1936). Sie werden demnach gar nicht in wahrnehmbarem Maße im Darm aufgelöst. Der pH-Wert ist in den einzelnen Darmabschnitten etwas verschieden (Heran, 1954) und seine Regulation dürfte auf anderem Weg erfolgen. Lumbricus terrestris kann in Böden von verschiedenem pH leben, nach Salisbury (1925) in Böden von pH 5,1–7,5 und nach Allee et al. (1930) in Böden mit einem pH von 5,6–8,3 (Edwards und Lofty, 1972). Am häufigsten ist diese Art aber in Böden mit annähernd neutraler Reaktion zu finden. Salisbury (1925) und Robertson (1936) haben gezeigt, daß der Regenwurmkot in sauren Böden einen höheren, in alkalischen Böden einen niedrigeren pH-Wert als der umgebende Boden aufweist. Diese Tendenz zur Neutralisation des aufgenommenen Bodenmaterials wird nach Robertson wohl von Darmsekreten und nicht von den Produkten der Kalkdrüsen verursacht. Voigt

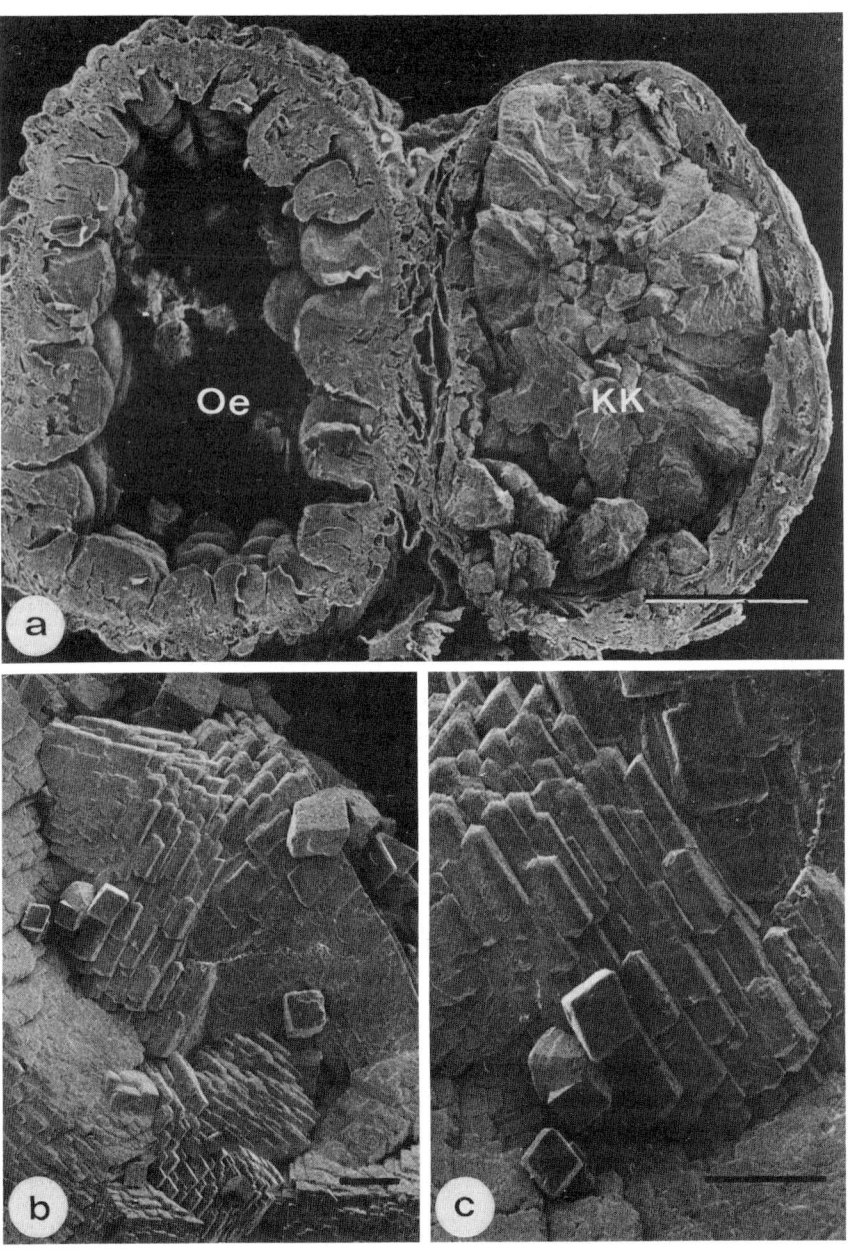

*Abb. 51:* Rasterelektronenmikroskopische Aufnahmen von Querschnitten im Bereich der vorderen Taschen

a. In diesem Falle ist die Tasche vollkommen gefüllt mit Kalkkristallen (KK), daneben der Oesophagus (Oe).

b. u. c. zeigen verschiedene Partien eines isolierten großen Calcitkristalls. Röntgenbeugungsdiagramme solcher Kristalle ergaben, daß es sich eindeutig um Calcit handelt.

Vergrößerung

a. 220 x. Maßstab (a) = 100 µm

b. 750 x. Maßstab (b und c) = 10 µm

c. 1625 x

(1933) wies nach, daß der Regenwurmkot etwa doppelt soviel Calciumcarbonat enthalten kann wie der umgebende Boden, d. h. der Regenwurm kann in seinem Körper regelrecht Kalk aus der Nahrung sammeln und wieder an den Boden abgeben.

Füttert man Regenwürmer mit sauer reagierenden Stoffen wie Torf, so verschwinden die Kalkkonkremente aus den Kalkdrüsen (Abb. 50 c). Gibt man den Würmern anschließend Filterpapier zu fressen, das mit Lösungen von Calciumverbindungen getränkt wurde, so sind in den Kalkdrüsen nach 1–5 Tagen wieder Kalkkonkremente vorhanden. Eine „Markierung" von Kalkkonkrementen und -kristallen läßt sich leicht dadurch erreichen, daß man an die Tiere statt Calcium das chemisch sich ähnlich verhaltende Strontium verfüttert. 0,053 m Strontiumchlorid (= 14,2 g $SrCL_2 \cdot 6 H_2O$ pro l) sind nach Dotterweich und Franke (1936) für den Regenwurm eine isotonische Lösung. Man verfüttert sie, nachdem man Filterpapier damit getränkt hat.

Nach den bisherigen Untersuchungsergebnissen scheinen die Kalkdrüsen unter normalen Lebensbedingungen überschüssige, mit der Nahrung aufgenommene Calciumverbindungen zu sammeln und in kaum löslicher und vom Darm nicht resorbierbarer Form in den Darm abzugeben, unter ungünstigen Lebensbedingungen, wie hohem Kohlendioxidgehalt der Atemluft in den tieferen Bereichen der Röhren oder bei sauer reagierender Nahrung könnten sie eine Pufferwirkung ausüben, indem sie überschüssiges Calcium an Kohlendioxid binden und eine Übersäuerung des Blutes durch eine Mobilisierung von Kalkreserven verhindern; mit anderen Worten, die Kalkdrüsen sollen nach Dotterweich (1933) den Calcium- und Kohlendioxidspiegel des Blutes regulieren. Merkwürdig ist allerdings, daß sich ein Ausscheidungsorgan für überschüssiges Calciumcarbonat nicht am hinteren Darmabschnitt, sondern am Oesophagus befindet. Diese Lage sowie auch die gute Blutversorgung direkt vom Dorsalgefäß her, das die vom Darm aufgenommenen Nährstoffe verteilt, lassen vermuten, daß die Kalkdrüsen noch weitere Funktionen haben.

## 6.3.2. Clitellum

An einem geschlechtsreifen Regenwurm fällt schon bei oberflächlicher Betrachtung sofort das Clitellum auf, dessen Besonderheiten seit Hoffmeister (1845) immer wieder untersucht und beschrieben wurden. Wie bereits erwähnt, handelt es sich um eine sattelförmige, nicht ringförmige Zone mit besonders großen Drüsenzellen und guter Blutversorgung. Seit Cerfontaine (1890) unterscheidet man am Clitellum *drei verschieden gebaute Regionen* (Abb. 52 b):

A. Eine dorsolaterale Region, die unterhalb der seitlichen, dorsolateralen Borsten endet.
B. Die Region um die ventralen Borsten.
C. Die ventrale Region.

Die *Region B* ist durch die umfangreichen und sehr intensiv färbbaren *Divertikeldrüsen* gekennzeichnet, die in die Divertikel der Stechborsten münden. Die Stechborsten werden bei der Begattung in den Körper des Partners gestoßen; das Sekret der Divertikeldrüsen kann dabei auch in den Partner gelangen. Unklar ist noch, ob das Sekret zum Verkleben der Geschlechtspartner dient oder in die Blutbahn gelangt und als Pheromon wirkt.

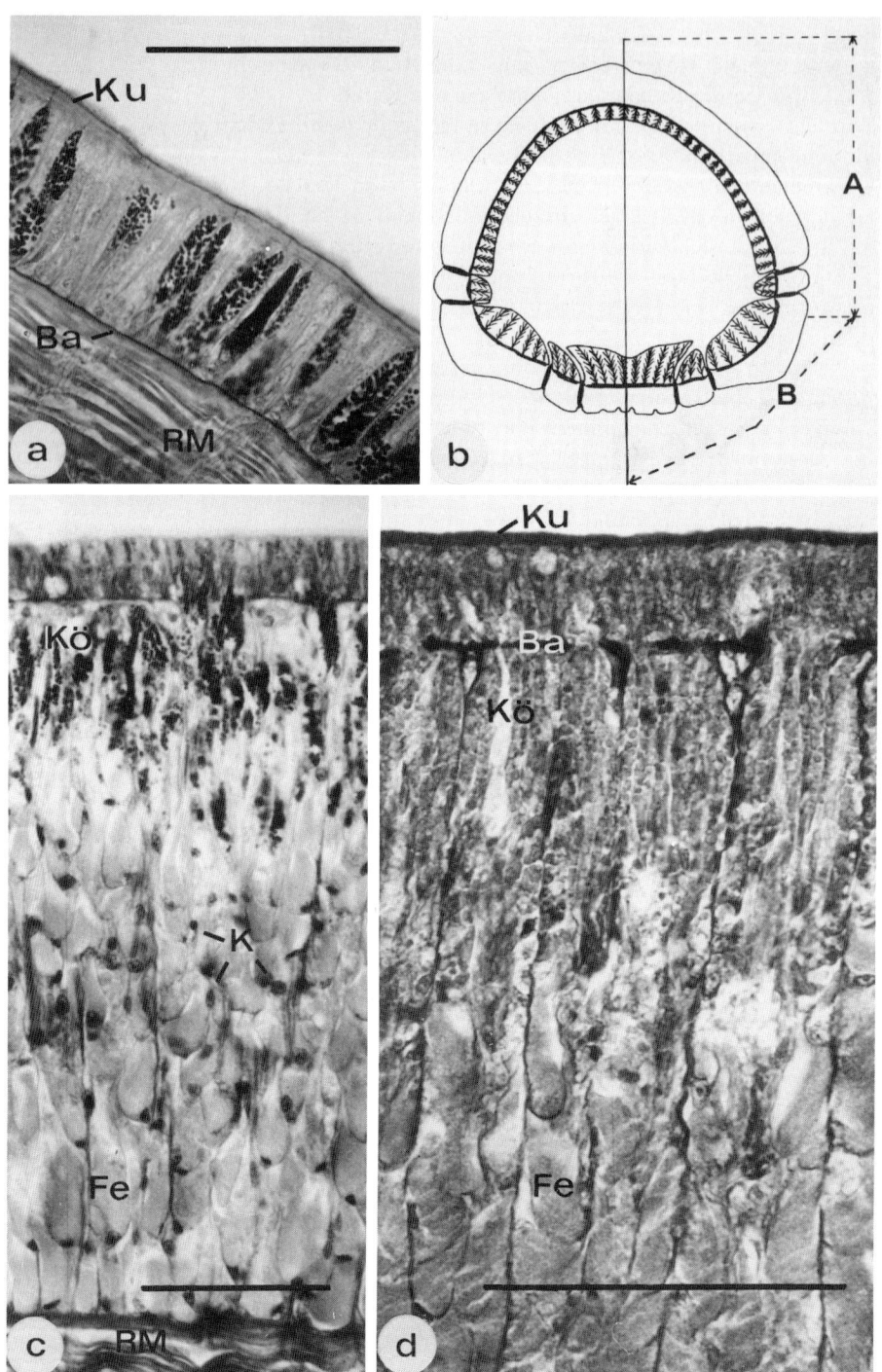

Im folgenden soll lediglich die *Region A* näher untersucht werden. Dazu wird einem in Chloreton betäubten Wurm diese Region abgetrennt, in einem Schälchen, dessen Boden mit Paraffin ausgegossen ist, mit der Außenseite nach oben festgesteckt und in 5 % Glutaraldehyd in 0,05 M Cacodylatpuffer pH 7.4 oder in dem alkoholischen Pikrinsäuregemisch nach Bouin – Duboscq – Basil fixiert (S. 155). Paraffinschnitte färbt man am besten mit Azan nach Heidenhain (S. 157); spezielle Färbungen zum Nachweis von Kohlehydratkomponenten (PAS-Färbung s. Romeis, 1956) bzw. Mucopolysacchariden (Alcianblaufärbung bzw. Metachromasie nach Toluidinblaufärbung S. 161) können Anhaltspunkte über die chemische Zusammensetzung der Drüsensekrete liefern (Richards, 1973, 1974).

Der heutige Stand unserer Kenntnisse über die Zellelemente des Clitellums beruht vorwiegend auf den Untersuchungen von Feldkamp (1924), Grove (1925), Grove und Cowley (1928) und Heumann (1931). Histochemische und elektronenmikroskopische Untersuchungen fehlen für Lumbricus-Arten noch immer.

Das Clitellum ist eine sehr dynamische Struktur. Es ist verantwortlich für die *Kokonbildung*. Seine Ausbildung und Tätigkeit wird vermutlich *hormonal gesteuert*. Bei Eisenia foetida, dem Mistwurm, haben André, Barbe und Riviére (1972) nachgewiesen, daß bei geschlechtsreifen Würmern die noch nicht kopuliert haben, eine Kokonbildung ausgelöst werden kann, wenn Cerebralganglien von Würmern implantiert werden, die bereits Kokons ablegten. Neurosekrete aus dem Gehirn sollen daher für die Ausbildung des Clitellums verantwortlich sein.

Die Untersuchung der Drüsenzellen des Clitellums sollte möglichst an einem voll entwickelten Clitellum erfolgen. Zum Vergleich kann auch ein *in Bildung oder in Rückbildung befindliches* Clitellum untersucht werden. In diesem Fall muß man bei der Präparation den Füllungszustand der Receptacula seminis berücksichtigen. Sind diese bereits gefüllt, so dürfte es sich um ein in Bildung begriffenes Clitellum handeln; sind dagegen die Receptacula leer, so kann man annehmen, daß es sich um ein in Rückbildung befindliches Clitellum handelt (Heumann, 1931).

Das Clitellum ist offensichtlich eine besondere Ausbildungsform der Epidermis (Abb. 52). Es weist ebenso wie die Epidermis *Deck- (Stütz-)zellen* auf, die auf einer Basallamina angeordnet sind. Aber die *Drüsenzellen* sind wesentlich ausgedehnter und leistungsfähiger als in der übrigen Epidermis. Sie ragen durch *Unterbrechungen der Basallamina* (Abb. 52 b, c) und ergeben, zwischen dieser und der Ringmuskelschicht gelegen, eine gegenüber der Epidermis erheblich verdickte, drüsenreiche Partie. Die Dickenrelation zwischen Epidermis und dorsaler Clitellumregion be-

---

*Abb. 52:* Ein Vergleich der Epidermis eines mittleren Körpersegments (a) und des Clitellums (c und d) zeigt, daß die Drüsenzellen in der Epidermis zwischen der Kutikula (Ku) und der intakten Basalmembran (Ba) liegen, während sie sich im Clitellum bis weit unter die Basalmembran ausdehnen. Die Basalmembran ist im Clitellumbereich vielfach unterbrochen und die Ringmuskulatur (RM) weit zum Körperinneren verdrängt.
a. Das Sekret der verschiedenen Drüsenzellen der Epidermis tritt sehr deutlich bei Paraldehyd-Fuchsin-Färbung nach Gabe hervor (vergleiche Abb. 35). Vergrößerung 350 x. Maßstab = 100 μm
b. Die Regionen des Clitellums wurden schon von Cerfontaine 1890 beschrieben (nach Groove, 1925). In Region B befinden sich die Divertikeldrüsen, die an den Geschlechtsborsten münden.
c. und d. In der Region A fallen besonders die sehr umfangreichen in die Tiefe verlagerten Drüsenzellen auf. Der eine Typ produziert körnig erscheinendes Sekret (Kö) für die Kokonbildung. Zum zweiten Typ gehören verschieden weit nach innen reichende Drüsenzellen mit fein granuliert aussehendem Sekret (Fe), das die Nährflüssigkeit im Kokon liefert. K Kern. Paraffinschnitte gefärbt mit Azan nach Heidenhain. Vergrößerung c 260 x. d 490 x. Maßstab = 100 μm

trägt etwa 1 : 5 bis 1 : 10. Die starke Vermehrung der Drüsen ist besonders auffällig, wenn man die isolierte Kutikula des Clitellums mit der von anderen Körperpartien vergleicht (Kap. 5.7.1 und Abb. 29 c); die Zahl der erkennbaren Drüsenmündungen ist im Clitellumbereich erheblich größer als in anderen Körperregionen. Man kann drei Typen von Drüsenzellen unterscheiden: Schleimdrüsen, grobgranulierte und feingranulierte Drüsenzellen.

*Die Schleimdrüsen* werden bei der Azanfärbung (S. 157) sowie mit Alcianblau blau und mit Toluidinblau (S. 161) metachromatisch rötlich gefärbt; sie enthalten ein wabig aussehendes Sekret. Diese Schleimdrüsen sehen ebenso aus wie die Schleimdrüsen in der Epidermis, reichen aber im voll ausgebildeten Clitellum bis kurz unter die Basalmembran. Ihr Sekret trägt zum Aufbau der *Schleimhülle* des Wurms bei.

*Die grobgranulierten Drüsenzellen* sind von schlauchförmiger Gestalt und reichen bis weit unter die im ausgebildeten Clitellum vielfach unterbrochene Basalmembran (Abb. 52). Ihr Sekret erscheint grobkörnig und wird bei der Azanfärbung (S. 157) orange bis rötlich, mit Alcianblau (S. 161) aber gar nicht gefärbt; mit Toluidinblau (S. 161) reagiert es orthochromatisch blau, d. h. anders als das der Schleimdrüsen. Dieses Sekret wird für die *Bildung des eigentlichen Kokonmaterials* verwendet.

*Die feingranulierten Drüsenzellen* sind im Clitellum die am stärksten entwickelten Drüsenelemente (Abb. 52). Sie bilden Reihen aus großen Zellen, die sich um die im Zentrum angeordneten Ausführgänge gruppieren und basal einen Kern aufweisen. Diese Zellreihen reichen durch Lücken der Basalmembran hindurch bis an die Ringmuskulatur. Ihre Ausbildung bestimmt im wesentlichen die Dickenausdehnung dieser Clitellumregion. Die Zellreihen sind durch Bindegewebe, Blutlakunen und Muskulatur voneinander getrennt. Die Muskeln könnten für das Ausschleusen des Sekrets von Bedeutung sein. Das Bindegewebe wird bei der Azanfärbung kräftig blau gefärbt. Das feinkörnig erscheinende Sekret dieser Drüsenzellen sieht nach der Azanfärbung (S. 157) blaßorange und nach der Alcianblaufärbung (S. 161) bläulich aus. Das Sekret dient als eiweißhaltige *Nährflüssigkeit* zur Ernährung des heranwachsenden Embryos im Kokon. Während der gegenseitigen Begattung sind die Blutlakunen stark mit Blut gefüllt. Nach Feldkamp (1924) treten die Biuträume besonders deutlich durch einen glänzend roten Farbton hervor, wenn man Schnitte von Clitellummaterial, das während der Kopulation fixiert wurde, mit Hämatoxylin färbt und anschließend mit 25 %iger Essigsäure behandelt, bevor man mit wäßrigem Eosin nachfärbt.


## 6.3.3. Typhlosolis

In Kapitel 5.1. wurde bereits vorgeschlagen, Querschnitte des Darms vom mittleren bis hinteren Körperbereich mit einer Rasierklinge herzustellen, um die unterschiedliche Form und die Ausdehnung der Typhlosolis zu ermitteln. Derartige Querschnitte liefern natürlich nur ein sehr grobes Bild. Eine detailliertere Vorstellung gewinnt man, wenn Paraffinschnitte von jedem zehnten Segment zur Verfügung stehen (Abb. 60).

Die Form der Typhlosolis ist erstaunlich variabel. Teilweise engt sie das Lumen des Mitteldarms erheblich ein. Es lohnt sich, Skizzen von der Form und Größe der

Typhlosolis anzufertigen und zu notieren, wo sie beginnt und wo sie endet. Im letzten Körperdrittel fehlt die Typhlosolis. Hier hat der Darm fast rechteckigen Umriß (Abb. 60).

Will man die *Ausdehnung der kollagenhaltigen Kutikula im hinteren Darmabschnitt* untersuchen, so schneidet man das Hinterende und den hinteren Darmabschnitt eines gründlich betäubten Wurms in einem Paraffinschälchen auf, steckt die Seitenteile mit Nadeln fest, spült den Darminhalt beiseite und fixiert das Präparat in der Schale mindestens eine Stunde mit dem alkoholischen Pikrinsäuregemisch nach Bouin-Dubosq-Brasil (S. 155). Anschließend wäscht man das Fixierungsmittel durch mehrfach gewechseltes 50%iges Äthanol aus und bringt das Präparat zur weiteren Behandlung in ein Schnappdeckelröhrchen. Nach kurzem Abspülen mit destilliertem Wasser beizt man mit 5%iger wäßriger Phosphorwolframsäurelösung etwa eine Stunde lang. Nach zweimaligem Auswaschen mit destilliertem Wasser wird mit 0,2%iger wäßriger Anilinblaulösung 30–60 Minuten lang gefärbt. Bevor das Präparat zum Differenzieren in 96%igen Alkohol kommt, wird überschüssige Farblösung kurz mit destilliertem Wasser abgespült. Anschließend wird in dreimal gewechseltem absoluten Alkohol entwässert und in zwei bis dreimal gewechseltem Benzylbenzoat aufgehellt, das Benzylbenzoat kann auch zur Aufbewahrung des Präparats dienen. Bis zu welchem Segment können Sie in dem Ihnen vorliegenden Präparat die so gefärbte Kutikula vom Hinterende des Regenwurms nach vorn verfolgen?

Die vom Ektoderm stammende *Enddarmanlage* wird während der Entwicklung bei Allolobophora putris Hoffmeister nach Hoffmann (1899) immer weiter nach vorn ausgedehnt. Schließlich verschmilzt sie mit der Anlage des Mitteldarms im 5./6. Segment (von hinten gezählt) und bildet mit dieser ein durchgehendes Lumen. Ausgehend von dieser entwicklungsgeschichtlichen Untersuchung sollte man erwarten, daß die kollagenhaltige Kutikula auch bei Lumbricus terrestris etwa im 5./

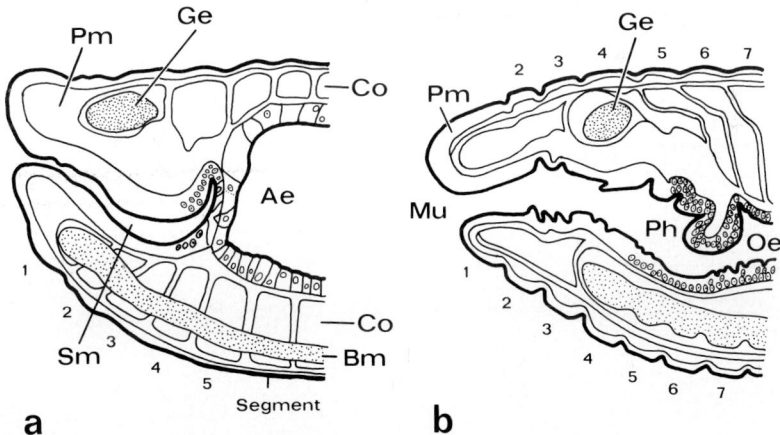

Abb. 53: Entwicklung des Vorderdarms (nach Menzi, 1919)
a. Die ektodermale stomodaeale Einsenkung (Sm) hat den entodermalen Urdarm (Archenteron Ae) erreicht. Der Durchlaß wird durch Histolyse ektodermaler Anteile vorbereitet.
In b ist er bereits fertig ausgebildet. Das Stomodaeum wird zu Mundhöhle und Pharynx (Ph) differenziert und scheidet ebenso wie die Körperwand eine kollagenhaltige Kutikula ab. Oesophagus (Oe), Kropf und Muskelmagen sind entodermaler Herkunft.
Bm Bauchmark, Co Coelom, Ge Gehirn, Mu Mund, Pm Prostomium

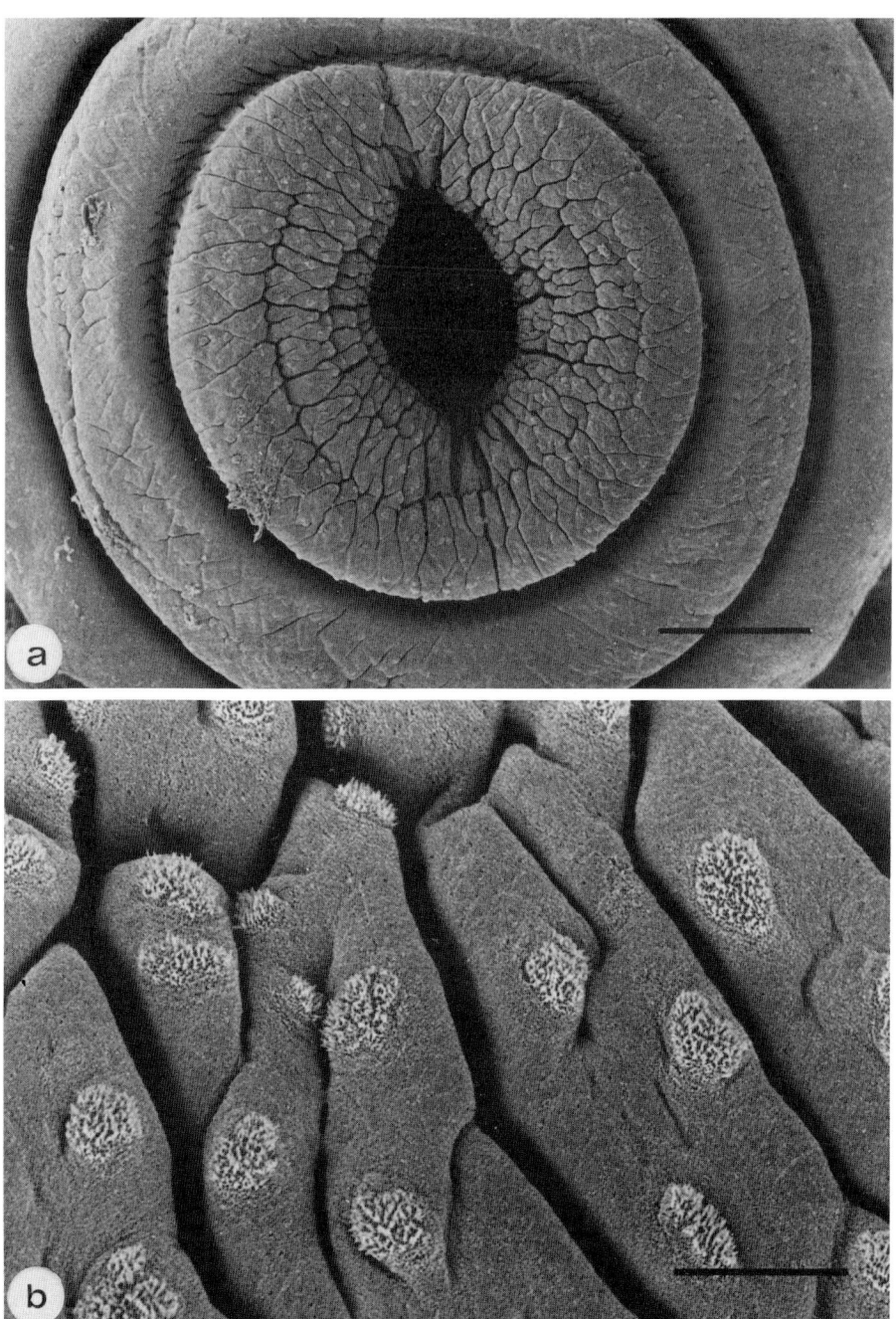

*Abb. 54:* Afterregion. Im Rasterelektronenmikroskop sieht man sehr deutlich, daß die Afterregion etwa ebenso dicht übersät ist mit Cilien aufweisenden Sinneszellgruppen wie das Vorderende. Fanny Langdon fand dies bereits 1895 bei lichtmikroskopischen Untersuchungen an der Kutikula.

Vergrößerung:

a. 200 x. Maßstab = 100 µm

b. 2300 x. Maßstab = 10 µm

6. Segment (von hinten gezählt) endet. Das ist aber keineswegs der Fall, wie die mit Anilinblau gefärbten Totalpräparate und Längsschnitte zeigen. Bei den Arthropoden ist der aus einer Einstülpung des Ektoderms entstandene Enddarm an seiner chitinhaltigen Kutikula zu erkennen. Wenn wir annehmen, daß in entsprechender Weise beim Regenwurm nur der aus einer Einstülpung des Ektoderms hervorgegangene Enddarm eine kollagenhaltige Kutikula abscheidet, so müssen wir feststellen, daß diese Kutikula wesentlich weiter nach vorn ausgedehnt ist, als nach den entwicklungsgeschichtlichen Untersuchungen von Hoffmann (1899) an Allolobophora putris zu erwarten ist. Lumbricus terrestris könnte eine viel weiter nach vorn reichende ektodermale Einstülpung als Allolobophora putris ausbilden oder nach der Verschmelzung der Anlagen von End- und Mitteldarm eine allmähliche Ausdehnung des Enddarms nach vorn im Verlauf der weiteren Entwicklung vornehmen. Es besteht ferner die Möglichkeit, daß die Oligochaeten eine entsprechende Parallele von ektodermaler Einstülpung und Kutikulaabdeckung, wie wir sie bei den Arthropoden antreffen, noch gar nicht entwickelt haben; bei den meisten wasserbewohnenden Oligochaeten-Formen ist der Enddarm bewimpert.

Die gleichen Widersprüche zwischen Angaben über die Ausdehnung der Ektodermeinstülpung und das Vorhandensein einer Kutikula treten auch beim Vorderdarm des Regenwurms auf; der Oesophagus stammt nach Menzi (1919) vom Entoderm ab, besitzt aber eindeutig eine kollagenhaltige Kutikula, die ganz entsprechend wie die der Epidermis, der Buccalhöhle und des Pharynx gebaut ist.

## 6.4. Medianschnitt vom Vorderende

An einem median geführten Sagittalschnitt ist sehr deutlich zu sehen, daß beim Regenwurm die Mundöffnung nicht terminal am Vorderende, sondern etwas unterständig liegt (Abb. 55). Sie wird vom Prostomium überdeckt, das dorsal median das erste Segment vollständig durchsetzt. An die Mundöffnung schließt sich die geräumige Mundhöhle an, die in den Pharynx übergeht. Dieser ist dorsal mit einem dicken, im Schnitt sehr unübersichtlichen Drüsenpolster versehen. Das Gehirn (Oberschlundganglion) ist im Schnitt quer getroffen. Es ist in das 3. Segment zurückverlagert (Kap. 5.3.). Diese Lage läßt sich im Schnitt nicht ohne weiteres feststellen, denn die Dissepimente der ersten Segmente sind reduziert; man muß die Körperringe zählen. Bei einem Paramedianschnitt können die Schlundkonnektive getroffen sein, die Ober- und Unterschlundganglion verbinden, und beiderseits des Vorderdarms verlaufen. Weiter caudad sind auf derartigen Schnitten die Segmentalnerven (Kap. 5.3.) quer geschnitten. Auf Medianschnitten ist das Unterschlundganglion und der daran anschließende Teil des Bauchmarks zu sehen. Das Unterschlundganglion ist ebenso wie das Gehirn nach hinten verlagert. Es befindet sich im vorderen Teil des vierten Segments.

Nachdem man sich bei schwacher Vergrößerung eine Gesamtübersicht verschafft hat, kann bei höherer Vergrößerung die Untersuchung einiger Besonderheiten am Vorderende des Regenwurms beginnen.

*Kutikula und Epidermis* sehen im Bereich des Prostomiums wie im Querschnitt durch ein mittleres Körpersegment aus (Kap. 6.1.). An den Segmentgrenzen fehlen in der Epidermis die Drüsenzellen, was besonders deutlich auf Präparaten zu erkennen ist, die mit Azan gefärbt sind (S. 157). Kleine, unscheinbare *Sinnesorgane*

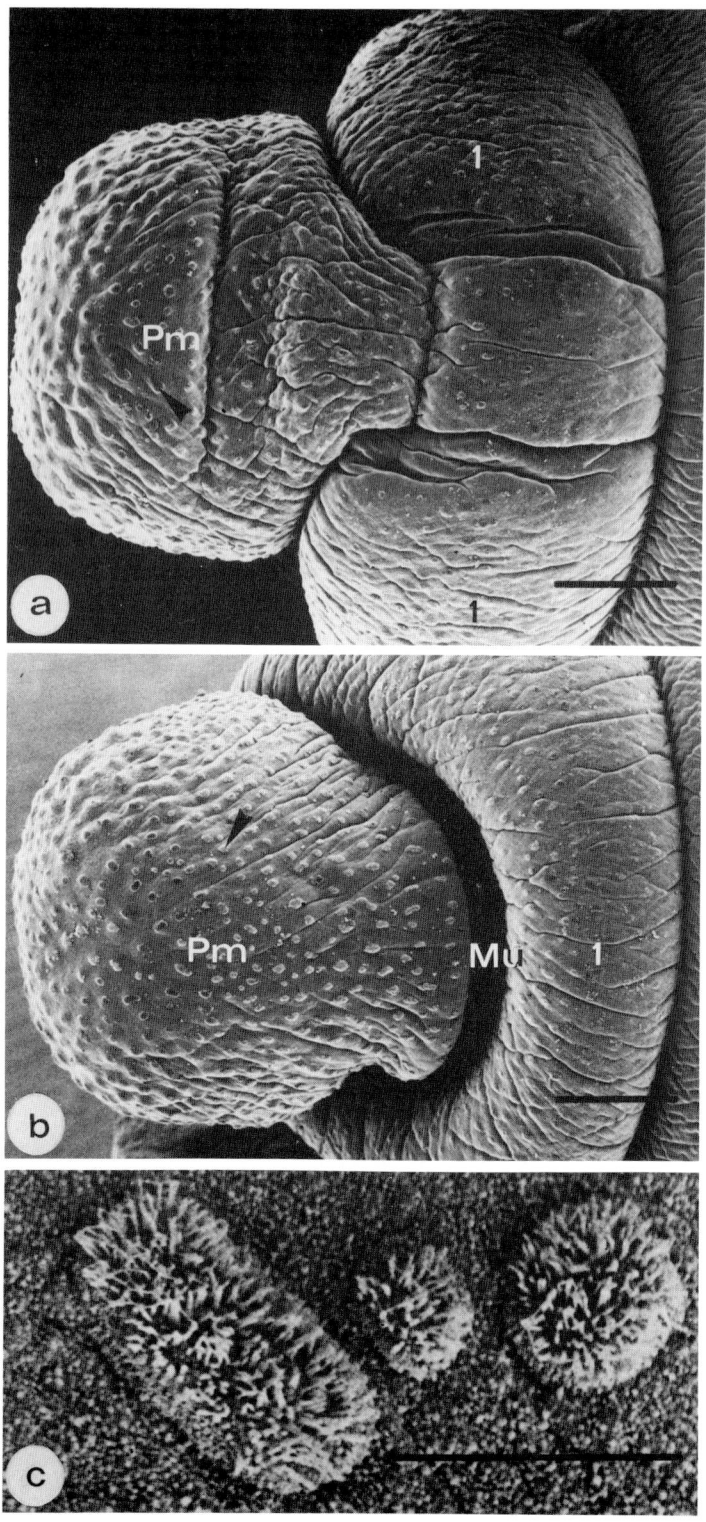

sind in großer Zahl auf dem Prostomium vorhanden. Besonders gut treten sie auf Semidünnschnitten in Erscheinung. Die sehr schmalen Zellen fallen in der Epidermis kaum auf. Man sucht besser zunächst nach den Gruppen von Cilien, die deutlich die Kutikula überragen, in der Kutikula aber allenfalls schwach zu erkennen sind. Die Zahl der Cilien variiert entsprechend der Lage des Schnittes. Einzelheiten dieser Sinneszellen sind nur bei elektronenmikroskopischer Untersuchung zu erkennen (Abb. 55 und Abb. 56). Im Elektronenmikroskop zeigt sich, daß es sich nicht um einzelne Sinneszellen, sondern um Gruppen von Sinneszellen handelt, die zusammen jeweils als Sinnesorgan aufzufassen sind. Langdon (1895) stellte bei der Untersuchung der isolierten Kutikula (Kap. 5.7.1.) 25–35 Sinneszellen pro Sinnesorgan fest, und Hesse (1894) ermittelte in Schnittpräparaten 16–25 Sinneszellen pro Gruppe; seine Angaben wurden durch elektronenmikroskopische Untersuchungen bestätigt. Im Rasterelektronenmikroskop sind die Zahl der Cilien und die Verteilung der Sinnesorgane an den verschiedenen Körperpartien besonders augenfällig (Abb. 55). Knapp und Mill (1971) stellten zwei Typen von Sinneszellen fest, die sie als uni- und multiciliate Sinneszellen bezeichneten. Beide Typen kommen in unterschiedlichem Zahlenverhältnis in den Sinnesorganen nebeneinander vor.

*Uniciliate Sinneszellen* fallen sofort durch ihre besonders elektronendichte Struktur auf. Ein Sinnesorgan kann bis zu neun uniciliate Sinneszellen besitzen. Jede Sinneszelle bildet apikal eine Delle, aus der ein Cilium etwa 15 µm weit aus der Kutikula herausragt, während der Kranz von Mikrovilli nur bis etwa zur Mitte der Kutikula reicht (Abb. 56). Im Innern des Ciliums befindet sich die charakteristische $9 \times 2 + 2$-Anordnung von Mikrotubuli, die basal in einen Basalkörper mit sternförmig angeordneten Elementen übergeht. Die *multiciliaten Sinneszellen* haben je nach Zellgröße 4–18 Cilien mit je einem Basalkörper und einer ausgedehnten Wurzelstruktur (Abb. 56). Die Zellkörper sind apikal im Querschnitt meist flach (1–2 µm x 3–10 µm) und können gebogen oder geknickt aussehen (U-, V- oder Y-Form). Die Sinneszellen sind einander nie direkt benachbart, sondern stets durch *Stützzellen* getrennt, die als *Gliazellen* fungieren. Hesse (1894) und Langdon (1895) haben diese Zellen schon beschrieben. Die Gliazellen umhüllen die Sinneszellen stets zu mehreren, wobei eine einzelne Gliazelle an der Umhüllung von bis zu fünf Sinneszellen beteiligt sein kann.

Die Funktion der uniciliaten und multiciliaten Sinneszellen kann mit den heute zur Verfügung stehenden Methoden noch nicht aufgeklärt werden. Man vermutet, daß es sich um Tastsinnesorgane oder Chemorezeptoren handelt, oder daß beide Funktionen ausgeübt werden können.

Neben den uniciliaten und multiciliaten Sinneszellen gibt es noch eine dritte Form von Sinneszellen, die *einzeln liegenden Sinneszellen*. Sie besitzen Cilien, die flach im basalen Bereich der Kutikula verlaufen. Es könnte sich bei diesen Sinneszellen um Propriorezeptoren handeln, die auf Spannungsänderungen in der Kutikula und der Epidermis reagieren.

*Abb. 55:* Im Rasterelektronenmikroskop erkennt man sehr gut die Gliederung des Vorderendes und seine Ausstattung mit Sinnesorganen.
a. und b. Auf der Dorsalseite reicht ein Fortsatz des Protomiums (Pm) durch das gesamte erste Segment (1). Mundöffnung (Mu).
c. Die zahlreichen in a und b erkennbaren Flecken (Pfeile) erweisen sich bei höherer Vergrößerung als Gruppen von Cilien, die zu Sinneszellen gehören (Abb. 56).
Vergrößerung:
a und b 160 x. Maßstab = 100 µm
c 3 900 x. Maßstab = 10 µm

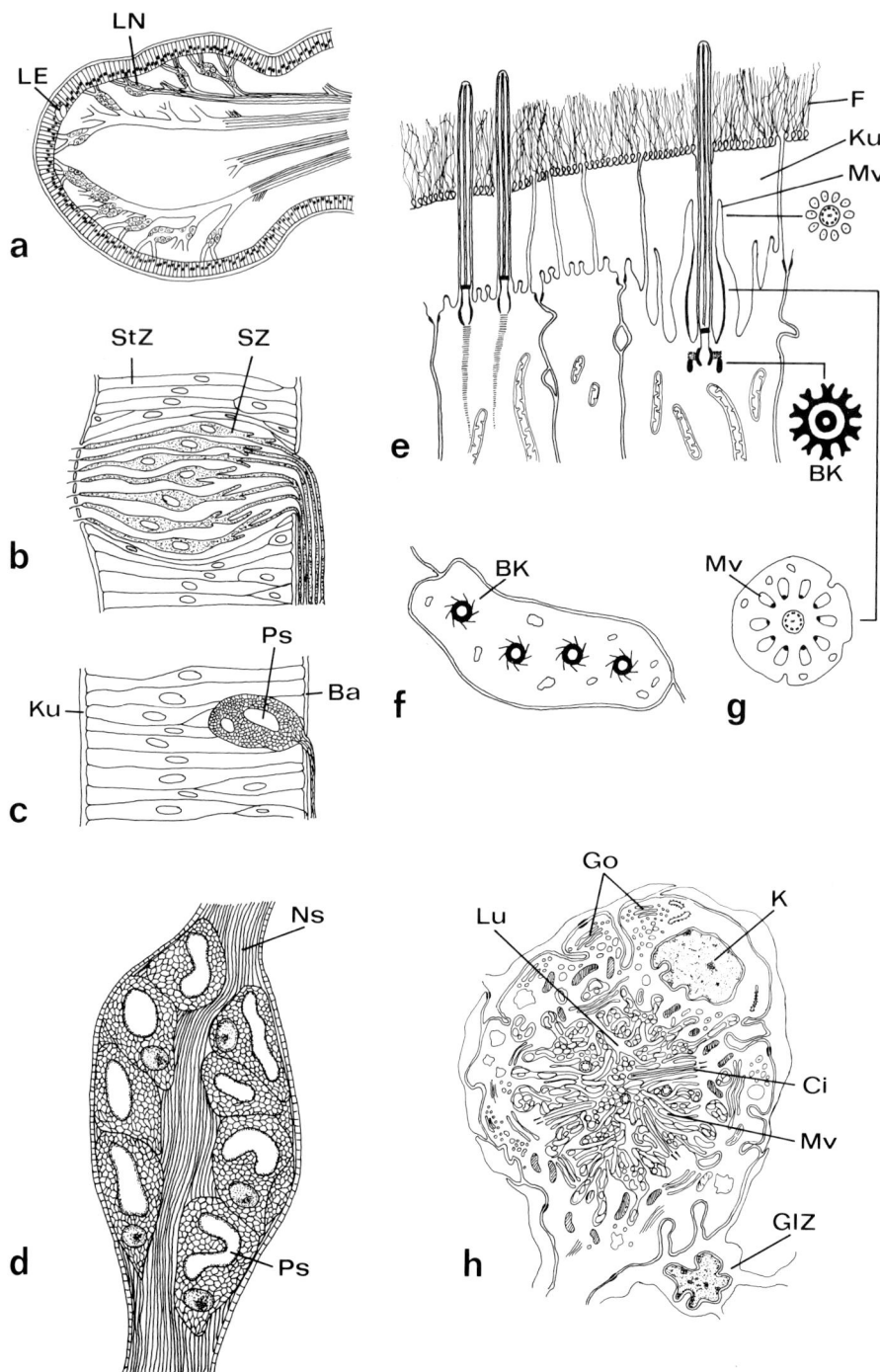

Wesentlich schwerer und unsicherer als die mit Cilien versehenen Sinnesorgane sind die vermutlich als *Photorezeptoren* fungierenden Sinneszellen zu finden. Sie liegen entweder einzeln basal zwischen Epidermiszellen oder in Gruppen von 3–20 Zellen in Nervengabelungen des Prostomiums (Abb. 56 c, d) oder im Gehirn. Ihre Kleinheit (22–63 µm) und ihr verstreutes Vorkommen machen ebenso wie bei den cilientragenden Sinnesorganen eine elektrophysiologische Funktionsprüfung mit den bisher bekannten Verfahren noch nicht möglich. Die Vermutung, daß es sich um Photorezeptoren handelt, ist daher nur durch die morphologische Ähnlichkeit mit anderen Sinnesorganen begründet, für die ein solcher Nachweis möglich war. Im Gegensatz zu anderen Lichtsinnesorganen fehlen in diesen Sinneszellen Pigmentansammlungen oder Pigmentzellen. Ihr einziges lichtmikroskopisches Charakteristikum ist ein hell erscheinender Teil, der von Hesse (1896) Binnenkörper oder *Phaosom* genannt wurde. Im Elektronenmikroskop erkennt man, daß es sich um einen Hohlraum handelt, der vollständig von unregelmäßig angeordneten Mikrovilli erfüllt ist, zwischen denen sich, vorwiegend in der Peripherie, einzelne Cilien mit 9 x 2 + 0-Struktur und Basalkörper ohne Wurzelbildungen befinden (Abb. 56 k; Röhlich, Aros und Viragh, 1970).

Im Prostomium sind zahlreiche Blutlakunen, Muskel- und Nervenfasern verschiedener Stärke zu erkennen. Das *Gehirn* ist im Medianschnitt quer getroffen. Peritoneum und Muskelhülle, Blutversorgung und Neuroglia sind wie beim Bauchmark ausgebildet (Kap. 6.1.5.). Das Innere enthält Fasermassen, die man auch hier Neuropil nennt. In der Peripherie liegen die Nervenzellkörper. In vielen Nervenzellen läßt sich mit der Paraldehyd-Fuchsin-Methode nach Gabe (Adam und Czihak, 1964) *Neurosekret* nachweisen (Abb. 57 a). Das gleiche gilt für das Unterschlundganglion und die anschließenden Bauchmarkabschnitte. Wie unspezifisch diese Färbung ist, erkennt man, wenn man sich die ebenfalls gefärbten Sekrete der metachromatisch färbbaren Drüsenzellen der Epidermis ansieht (Abb. 52 a).

Vor kurzem wurden von Alumets et al. (1979) im Gehirn des Regenwurms mit Immunofluoreszenzverfahren Nervenzellen und -fasern nachgewiesen, die Enkephalin und β-Endorphin oder nahe verwandte Peptide enthalten. Demnach verfügt

*Abb. 56:* Sinnesorgane am Vorderende des Regenwurms (links nach licht-, rechts nach elektronenmikroskopischen Untersuchungen)
a. Sagittalschnitt durch das Prostomium zur Darstellung der Lage der Lichtsinneszellen in der Epidermis (LE) bzw. an Nervenbündeln (LN) (nach Hess, 1925)
b. Schnitt durch eine Sinnesknospe in der Epidermis. StZ Stütz- und SZ Sinneszellen. Schematisiert nach Ergebnissen von Fanny Langdon (1985) mit der Silberfärbung nach Golgi (nach Grove u. Newell, 1962)
c. Epidermale Lichtsinneszelle mit Phaosom (Ps) und daneben liegendem Kern; Ba Basalmembran, Ku Kutikula (nach Hess, 1925)
d. Gruppe von Lichtsinneszellen an einem Nervenstrang (Ns; vergrößert aus a.); Phaosom (nach Hess, 1925)
e. In den Sinnesknospen befinden sich, wie diese schematisierte Darstellung zeigt, zwei verschiedene Typen von Sinneszellen, multiciliate (links im Bild und f.) und uniciliate (rechts im Bild und g). Die Cilien ragen noch über die filamentöse, im Bereich der Sinnesknospen besonders ausgeprägte Außenschicht (F) der Kutikula (Ku) hinaus. Die Zahl der Cilien ist bei den multiciliaten, flachen Sinneszellen verschieden. Bei den uniciliaten Sinneszellen umgibt ein Kranz von Mikrovilli (Mv) die Basis des Ciliums; der Basalkörper (BK) ist auffallend differenziert. Querschnitte in verschiedenen Ebenen (f und g) zeigen diese Besonderheiten deutlicher (verändert nach Knapp u. Mill, 1971).
h. Eine Lichtsinneszelle weist im elektronenmikroskopischen Bild an Stelle des vakuolenartig erscheinenden Phaosoms ein von Mikrovilli (Mv) und cilienartigen Strukturen (Ci) stark eingeengtes Lumen (Lu) auf; beim Blutegel konnte nachgewiesen werden, daß es sich hier um eine Einstülpung der Zelloberfläche handelt.
Ci cilienartige Strukturen mit 9 x 2 + 2 Mikrotubuli, GlZ Gliazelle, Go Golgifelder, K Kern (nach Röhlich, Aros und Viragk, 1970)

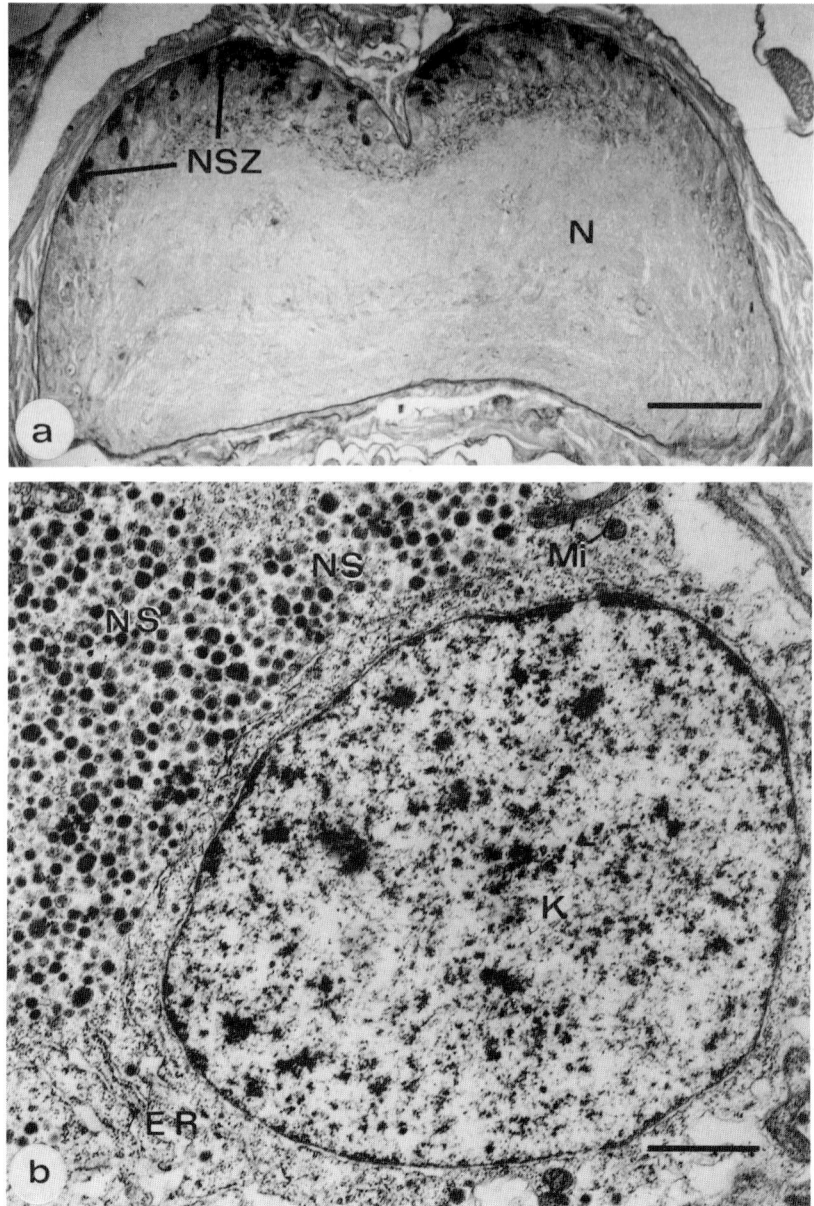

*Abb. 57:* a. Neurosekretorische Zellen (NSZ) werden mit Paraldehyd-Fuchsin nach Gabe rotviolett gefärbt; der Farbstoff ist nicht speziflsch für Neurosekrete; er reagiert mit Kohlehydratkomponenten und färbt unter anderem auch Sekretionsprodukte in Drüsenzellen der Epidermis. Diese lichtmikroskopische Aufnahme eines Paraffinschnitts durch das Gehirn des Regenwurms zeigt außerdem einen ausgedehnten Anteil mit Nervenfasern (N), Neuropil, und zahlreichen Zellkörpern in der Peripherie. Vergrößerung 150 x. Maßstab = 100 µm.

b. Neurosekretbildende Zellen kommen auch im Bauchmark vor. Im Elektronenmikroskop erkennt man, daß sie große Mengen an Vesikeln mit elektronendichtem Inhalt (englisch „dense core vesicles") enthalten, die anscheinend die Transportform des Neurosekrets (NS) enthalten; Neurotransmitter enthaltende Vesikel sind erheblich kleiner (Abb. 43).

ER Endoplasmatisches Retikulum, K Kern, Mi Mitochondrium, Vergrößerung 15 000 x. Maßstab = 1 µm

auch der Regenwurm über endogene Opiate bzw. Opiat-Rezeptoren, die zuvor nur bei Wirbeltieren nachgewiesen wurden. Welche Bedeutung dieser Befund hat, bleibt aber noch abzuwarten.

Im Bereich der *Mundöffnung* gehen Epidermis und Kutikula nahtlos in die *Buccalhöhle* über (Abb. 58 a). Ventral ist das Epithel der Buccalhöhle etwas höher als dorsal. Im Vergleich zum Prostomium ist die Kutikula fast gleichstark ausgebildet, aber die Zahl der Drüsenzellen und Sinnesorgane ist geringer. Die Sinnesorgane im Epithel der Buccalhöhle sind ebenso wie die des Prostomiums gebaut; ihre Verteilung und Häufigkeit ist besonders gut mit dem Rasterelektronenmikroskop zu erkennen (Abb. 58 c). Das Epithel der Buccalhöhle weist viele unregelmäßig verteilte Falten auf und ist von Muskeln und Blutgefäßen unterlagert. Beim Einbohren in den Boden kann es vorgestülpt werden (Kap. 3.3.3.). Die stempelartige, mit Drüsen versehene vordere Partie des Pharynx (Abb. 58 b) kann dabei wie ein Tupfer gehandhabt werden und mit einem klebrigen Sekret Boden- und Nahrungspartikel in den Darm befördern; dieses Verfahren ist auch bei anderen Anneliden verbreitet.

Das *Pharynxepithel* ist etwa gleich hoch wie das der Buccalhöhle. Dorsal besitzt es im vorderen Teil einen auffallenden, starken Cilienbesatz, der ventral fehlt. Das ventral vorhandene Epithel ist stark gefaltet und mit einer kollagenhaltigen Kutikula bedeckt. Im hinteren Abschnitt des Pharynx ist umgekehrt dorsal eine Kutikula und ventral eine Bewimperung vorhanden; das Epithel ist in beiden Teilen stark gefaltet (Abb. 58 c und Abb. 59 b). Während der Entwicklung ist das Epithel dieser Vorderdarmabschnitte zunächst vollständig bewimpert; erst allmählich wird dann die Bewimperung von vorn nach hinten zunehmend reduziert und durch Kutikula ersetzt (Hoffmann, 1899; Menzi, 1919; Abb. 53). Die funktionelle Bedeutung der Cilienstreifen und -felder ist bisher noch unbekannt.

Auf dem Pharynx liegt dorsal eine umfangreiche Masse aus Drüsen, Muskeln und Bluträumen, die insgesamt als *Pharynxbulbus* bezeichnet wird und die Funktion einer Speicheldrüse hat. Dieser Pharynxbulbus reicht bis zum ersten erhaltenen Dissepiment, das an der Grenze der Segmente 5/6 liegt. Der Pharynxbulbus ist ringsum durch zahlreiche Muskeln mit dem Hautmuskelschlauch verbunden. Je nach Insertion können diese als Pro- und Retraktoren fungieren. Außerdem gibt es noch Roller; das sind Muskeln, die eine Drehung des Pharynx und seines Bulbus um die Längsachse ermöglichen. Auf dem vorliegenden Medianschnitt wird durch die vielen Pro- und Retraktoren das Erkennen der Dissepimente sehr erschwert. Der zentrale Teil des Pharynxbulbus erscheint unübersichtlich und wenig kompakt. Er besteht vorwiegend aus unregelmäßig verlaufenden Muskelfasern und Bluträumen, sowie einzelnen oder als kleinere Gruppen vorkommenden Drüsenzellen. Im dorsalen und hinteren Teil ist der Pharynxbulbus mit einer lockeren und verschieden dicken Schicht aus Drüsenzellen bedeckt, die ihrerseits von Peritonealepithel überlagert ist (Abb. 59 a).

Das Sekret dieser Drüsenzellen wird über lange, feine Kanäle ausgeleitet, die nur dann erkennbar sind, wenn sie gefüllt sind. Die Sekrete gelangen nicht direkt in den Pharynx, sondern zunächst in die *Pharynxtasche*, den *Speichelgang,* der sich als blind endende Einstülpung vom vorderen Pharynx aus in die ventrale Partie des Pharynxbulbus erstreckt. In Querschnitten erweist sich diese Einstülpung als ein flacher Sack. Die dorsale Partie ist mit langen Wimpern versehen, während die ventrale Partie mit einer Kutikula bedeckt ist. Die Ausführgänge der Drüsenzellen sind im allgemeinen sehr schwer erkennbar. Am besten erkennt man sie auf Semidünn-

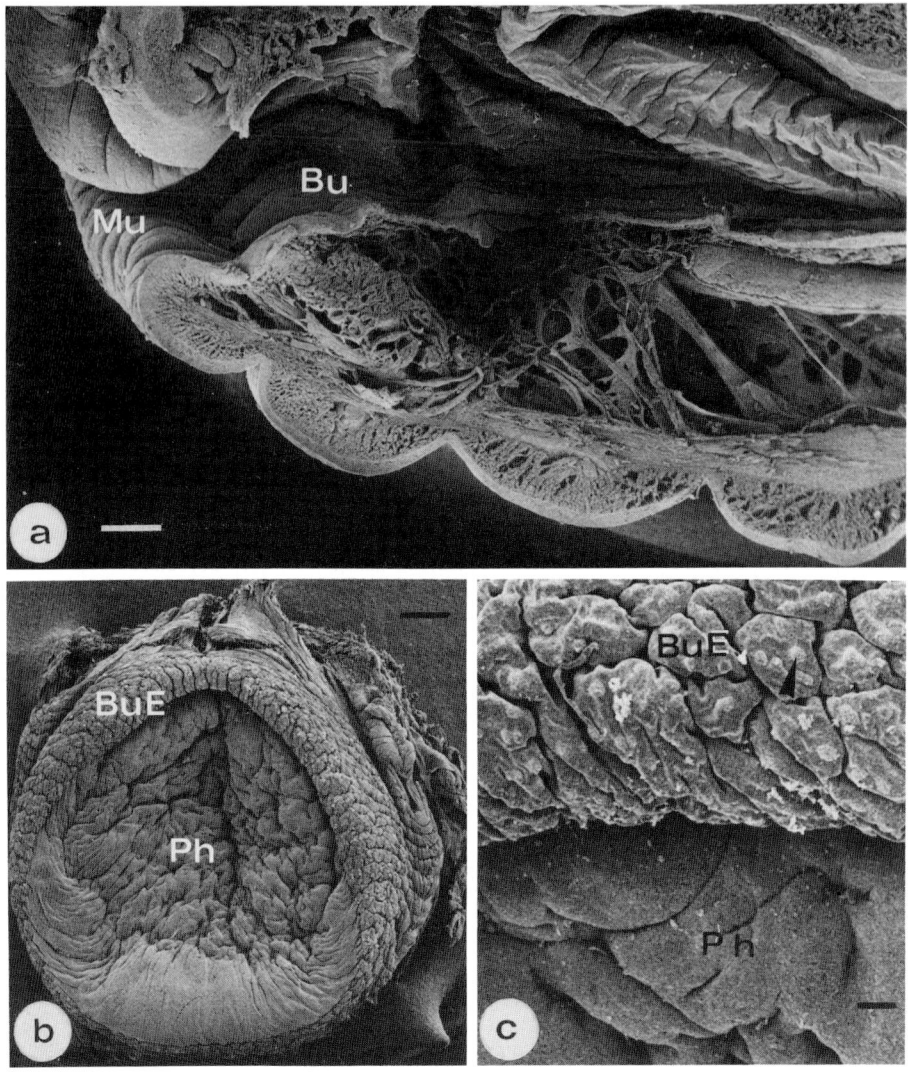

*Abb. 58:* Vorderdarm
Rasterelektronenmikroskopische Aufnahmen zeigen sehr deutllch die starke Zerklüftung und damit Dehnungsfähigkeit des Epithels der Buccal- oder Mundhöhle (Bu), das zahlreiche cilientragende Sinneszellgruppen aufweist (Pfeil ln c).
Mu Mundöffnung, Ph Pharynx, der am Ende der Buccalhöhle mit einer stempelartigen, aus der Mundhöhle ausstülpbaren Partie beginnt (Abb. 12), die sich vom Mundhöhlenepithel (BuE) durch das Fehlen von Sinnesorganen und durch eine andere Oberflächenstruktur unterscheidet (b und c).
Vergrößerung:
a. 80 x. Maßstab (a. und b.) = 100 μm
b. 60 x
c. 460 x. Maßstab (c.) = 10 μm

142

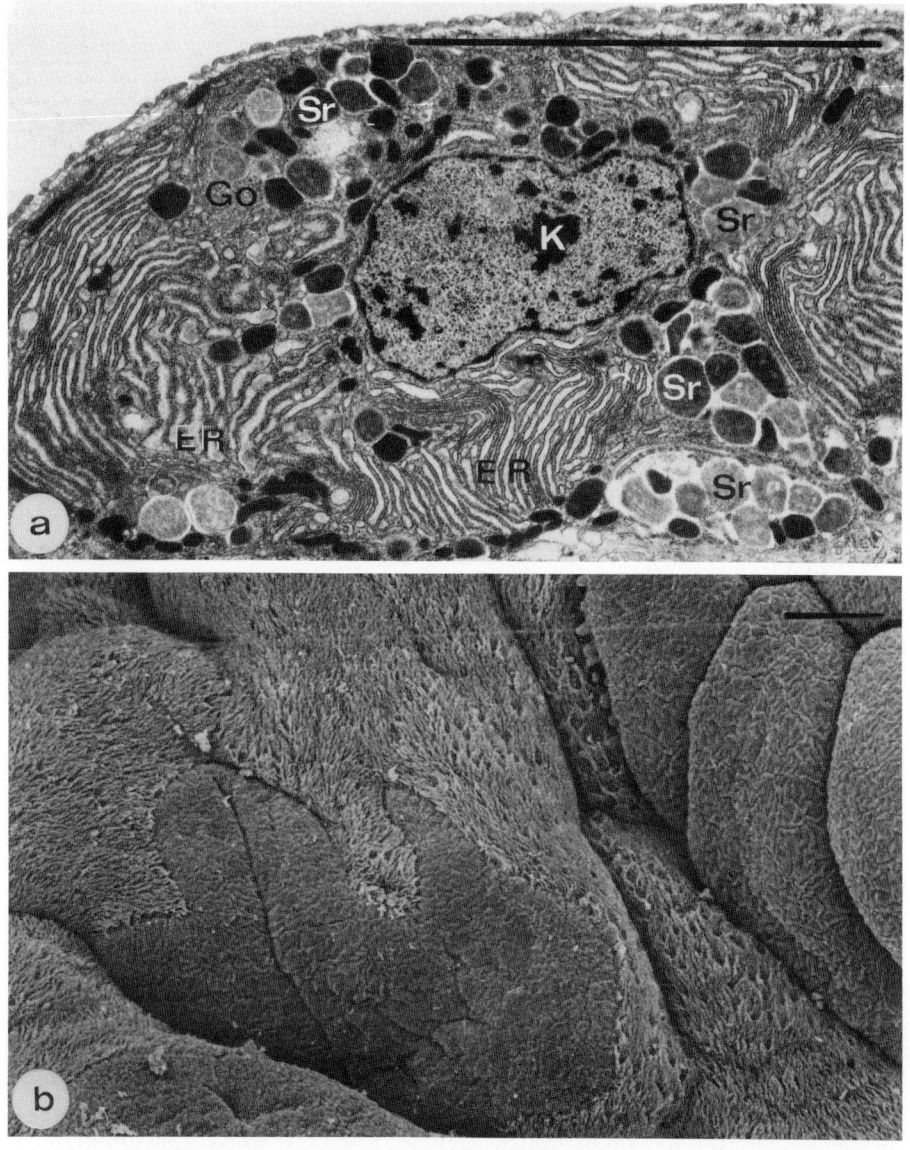

*Abb. 59:* a. Die Pharynxdrüsen sind im lichtmikroskopischen Präparat recht unscheinbare Gebilde. Im Elektronenmikroskop erkennt man ihre intensive Sekretionstätigkeit sehr deutlich an dem stark entwickelten Endoplasmatischen Retikulum (ER), an Golgifeldern (Go) und Sekreten (Sr), K Kern. Vergrößerung 6 300 x. Maßstab = 10 μm
b. Der Oesophagus weist bewimperte und unbewimperte Partien auf; rasterelektronenmikroskopische Aufnahme. Vergrößerung 1 300 x. Maßstab = 10 μm

schnitten (S. 160). Kurz vor ihrer Mündung besitzen die Drüsenzellen eine kleine Auftreibung. Selbst so erfahrene Histologen wie Retzius hielten die Drüsenmündungen für Sinneszellen, weil diese sich mit der Silbermethode nach Golgi anfärben lassen. Das Sekret der Pharynxdrüsen enthält Amylasen und Proteasen.

Der auf den Pharynx folgende Anfangsteil des *Oesophagus* besitzt ein sehr stark gefaltetes, mit Drüsen versehenes Epithel, das von einer dünnen, kollagenhaltigen Kutikula bedeckt ist.

## 6.5. Längsschnitt durch den Muskelmagen

Der Regenwurm hat neben den üblichen Abschnitten des Vorderdarms, Pharynx und Oesophagus, noch einen Kropf und einen Muskel- oder Kaumagen (engl. gizzard; Abb. 12). Beide sind ganz ähnlich gebaut, nur hat der Kropf eine wesentlich schwächer ausgebildete Muskulatur und Kutikula als der Kaumagen.

Für die Untersuchung sind am besten Längsschnitte durch den Muskelmagen geeignet, da sie besser als Querschnitte die Muskulatur zeigen; als Färbung eignet sich besonders die Azanfärbung nach Heidenhain (S. 157).

Die mächtige Muskulatur wird von der Ringmuskelschicht geliefert, die hier außerordentlich verstärkt ist (Abb. 12). Bei der Präparation fällt sofort auf, daß sie nicht einfach ringförmig, parallel zu den Dissepimenten angeordnet ist, so wie das in Lehrbüchern immer dargestellt wird. Sie zieht vielmehr etwas schräg von dorsal nach ventral. Die Dorsal- und Ventralpartie sind ein wenig gegeneinander versetzt, so daß die Dorsalpartie etwas weiter hinten liegt als die Ventralpartie. Aus diesem Grunde ist die Muskulatur auf Querschnitten sehr unübersichtlich. Das Peritonealepithel und die schwach entwickelte Längsmuskulatur sind an der Außenseite des Muskelmagens leicht zu finden. In mit Azan gefärbten Präparaten (S. 157) treten die bindegewebigen Septen der Muskelschicht und die besonders stark entwickelte *Basallamina* an der Grenze zwischen der Ringmuskulatur und dem Epithel an der Innenseite des Kaumagens sehr deutlich durch ihre intensive Blaufärbung hervor. Unterhalb der Basallamina trifft man zahlreiche Anschnitte von *Blutlakunen*, die auf eine sehr gute Blutversorgung schließen lassen.

Das Epithel des Muskelmagens besteht aus einheitlichen hochprismatischen Zellen, die eng miteinander verzahnt sind und auf diese Weise wohl die beträchtliche mechanische Beanspruchung aushalten, die durch die starke Muskulatur verursacht wird; wahrscheinlich ist auf diese Weise auch die erhebliche Verstärkung der Basallamina zu erklären. Zwischen den Basen der Epithelzellen und der Basallamina verlaufen ebenso wie in den übrigen Darmabschnitten Bündel von Nervenfasern. In den langgestreckten Epithelzellen liegt der Kern fast basal. Die Epithelzellen sind mit *Sekretmassen* gefüllt, die apikal zur Bildung einer Kutikula abgegeben werden. Apikal besitzen die Zellen auffallend lange Mikrovilli.

Die bis zu 0,5 mm dicke Kutikula wird vom Anilinblau der Azanfärbung nur blaßblau gefärbt. Im Gegensatz dazu wird die kollagenhaltige Kutikula des Hautmuskelschlauchs durch Anilinblau intensiv blau gefärbt. Die Kutikula des Muskelmagens enthält etwa 45% Protein, nicht quantitativ bestimmte Mengen Proteoglykane (saure Mucopolysaccharide) und etwa 28% *Chitin*. Rudall (1955) hat dieses

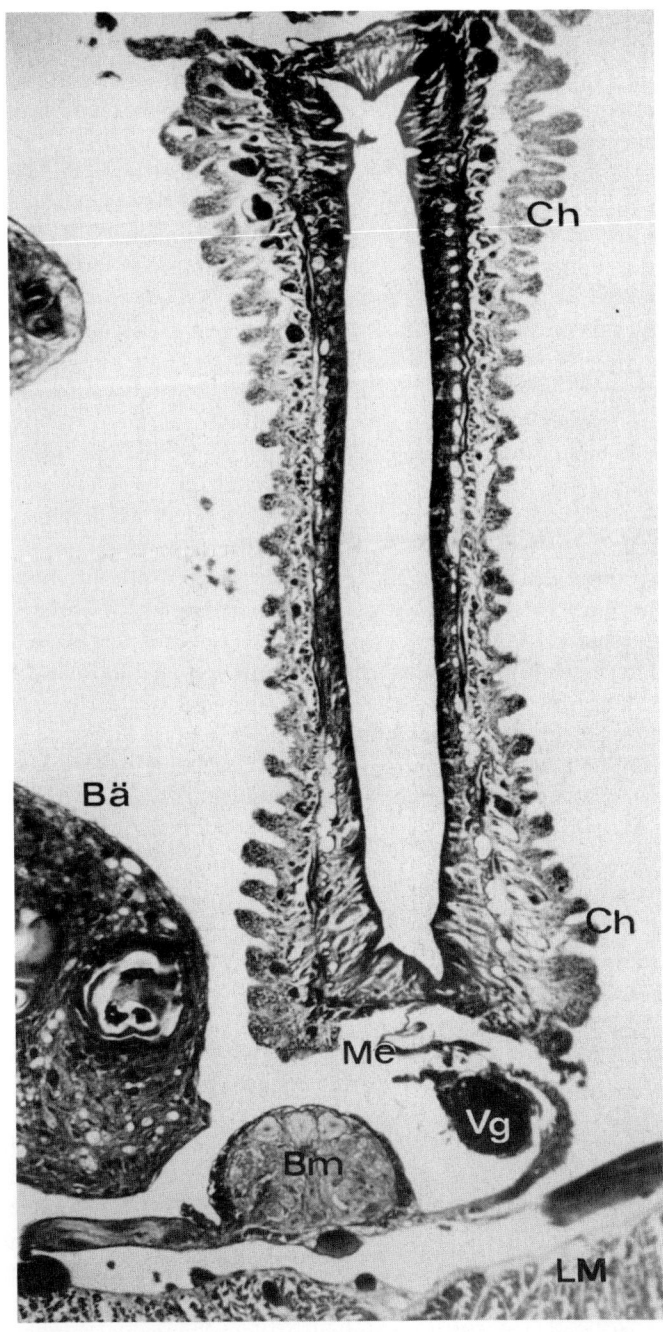

*Abb. 60:* Querschnitt durch den Enddarm im 140. Segment
Die für den Mitteldarm charakteristische Typhlosolis fehlt hier. Zwei im Coelom liegende Bällchen (Bä)
sind links zu sehen.
Bm Bauchmark, Ch Chloragog, LM Längsmuskulatur, Me Mesenterium, Vg Ventralgefäß. Paraffinschnitt
gefärbt mit Molybdathämatoxylin nach Dobell. Vergrößerung 130 x

145

Vorkommen von Chitin eindeutig mit der Röntgenbeugung bestätigt. Chitinhaltige Mikrofibrillen bilden in der Muskelmagenkutikula eine filzartige *Streuungstextur*. Kollagen und Elastin kommen in der Muskelmagenkutikula nicht vor (Vierhaus, 1971). Sie enthält beträchtliche Mengen an Enzymen, Amylase und Protease (Nachweismöglichkeiten S. 161 f.).

Auf Sagittalschnitten durch den Muskelmagen erkennt man, vor allem im Phasenkontrast, eine Schichtung der Kutikula parallel zur Oberfläche des Epithels, die allen Unebenheiten dieser Oberfläche folgt. An der Lumenseite wird die Kutikula schichtweise vermutlich durch rauhe und harte Nahrungsbestandteile abgeschilfert. Die enzymhaltige Kutikula gelangt auf diese Weise in die Nahrung und wird durch die Peristaltik mit dieser vermischt. Entsprechendes gilt anscheinend auch für die viel geringer entwickelte Kutikula des Kropfes.

Die Bildungsrate der Muskelmagenkutikula läßt sich autoradiographisch nachweisen. Injiziert man dem Regenwurm mit Tritium markierte Glukose, so wird diese innerhalb einer Stunde in die basale Schicht der Kutikula eingebaut. Nach 24 Stunden befindet sich die markierte Schicht mitten in der Muskelmagenkutikula und nach 48-60 Stunden ist sie bereits in zunehmendem Maße abgeschilfert und mit der Nahrung vermischt.

Dieses Verfahren der Beimischung von Enzymen zur Nahrung durch eine abgeschilferte, enzymhaltige Kutikula ist bei den Mollusken weit verbreitet und in dieser Tiergruppe bereits wesentlich besser untersucht als bei den Anneliden (Owen, 1966). Der Magenschild der Mollusken hat ebenfalls eine Chitin und Enzyme enthaltende Struktur, die ständig nachgebildet und ebenso wie der enzymhaltige Kristallstiel von der Nahrung abgeschilfert und mit ihr vermischt wird. Diese Parallele deutet ebenso wie eine Reihe anderer Merkmale auf eine nähere Verwandtschaft der Anneliden mit den Mollusken hin. Man könnte daher in beiden Gruppen diese Struktur als Magenschild (engl. gastric shield) bezeichnen.

## 6.6. Sagittalschnitte durch die Genitalregion

Für Praktikumszwecke ist es am besten, eine Paraffinschnittserie auf Glimmerplättchen (S. 158) aufzukleben, zu färben (S. 156 ff.), geeignete Schnitte in Xylol auszusuchen und anschließend einzeln einzudecken. Die Durchsicht einer vollständigen Schnittserie ist für Fortgeschrittene zwar wesentlich interessanter, als die Untersuchung einzelner Schnitte, kann aber wegen der Zahl der Praktikanten zu Schwierigkeiten führen. Zur Ergänzung oder an Stelle der aus Paraffinschnittserien ausgewählten Schnitte kann man auch Semidünnschnitte (S. 160) von den einzeln präparierten, fixierten und in Kunststoff eingebetteten Teilen des Geschlechtsapparates des Regenwurms herstellen; besonders ist dies für Hoden, Ovar und Receptaculum seminis (Abb. 62 und Abb. 63) zu empfehlen; vom Samenblaseninhalt stellt man besser Ausstriche her (Kap. 5.2.1.).

Eine Orientierung über die Lage der einzelnen Geschlechtsorgane soll Abbildung 61 ermöglichen. Im folgenden sollen noch einige histologische Einzelheiten zur Ergänzung der bei der Präparation gewonnenen Erkenntnisse behandelt werden (Kap. 5.2.1.).

146

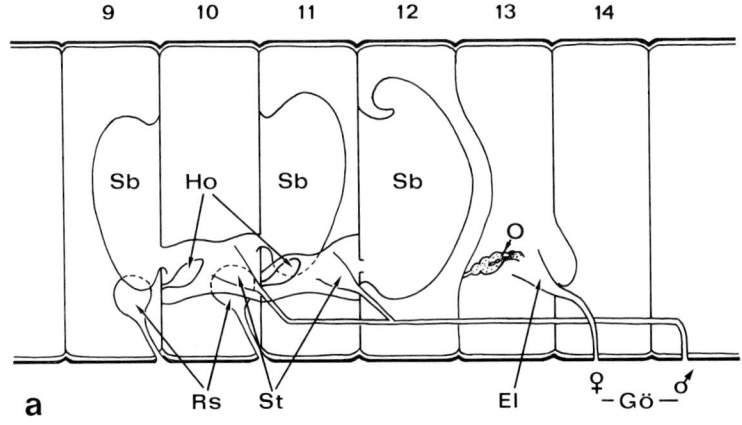

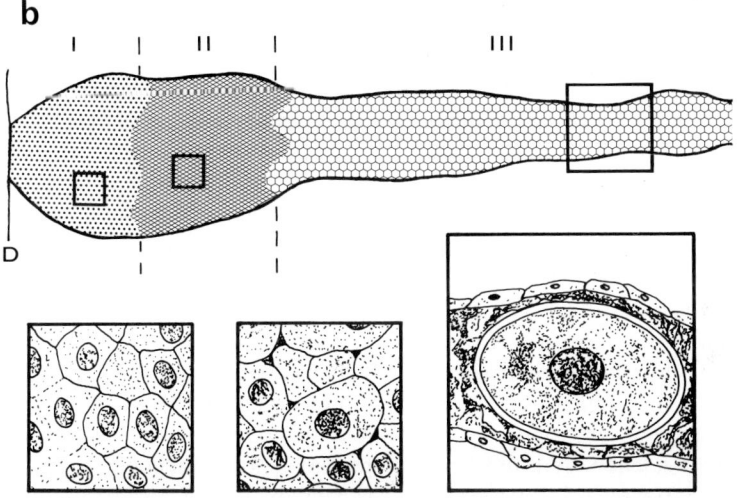

*Abb. 61:* a. Schematisierte Darstellung der Genitalregion in der Seitenansicht (vergl. die Aufsicht Abb. 15 a)

El Eileiter, Gö Geschlechtsöffnung, Ho Hoden, O Ovar, Rs Receptaculum seminis, Sb Samenblasen, St Samentrichter, 9–14 = Segmentnummer

b. Die drei Regionen des Ovars im Längsschnitt; D Dissepiment. Die Kästchen geben an, aus welchem Bereich die unten dargestellten Zellen stammen: I. In der Zone der Oocyten-Ruhestadien trifft man Oocyten in früher meiotischer Prophase; II. Die Zone der Synapsis-Stadien enthält Leptotän- bis Pachytän-Stadien; synaptonemale Komplexe sind elektronenmikroskopisch nachweisbar; III. In der Zone des Oocyten-Wachstums erreichen die Oocyten das Zehnfache ihrer ursprünglichen Größe, bilden aber nur wenig Dotter; sie werden von Peritonealzellen umgeben.

147

Die paarigen *Hoden* sitzen in den Segmenten 10 und 11 am ventralen Teil der vorderen Dissepimente (Abb. 15 a und Abb. 61 a). Im distalen Teil weisen sie eine auffallend starke Blutversorgung auf. Sie sind von einem zarten Peritonealepithel überzogen und stellen eine kompakte Masse aus zahlreichen kleinen Keimzellen, den *Spermatogonien*, dar. Das Plasma der Spermatogonien wird von Kernfarbstoffen stark angefärbt, so daß auf Übersichtspräparaten die Zellgrenzen meist nicht zu erkennen sind. Sollen die Zellgrenzen erkennbar sein, so muß man nach dem Färben sehr gründlich differenzieren; dann sind allerdings diese Schnitte nicht mehr als Übersichtspräparat zu gebrauchen. Kernteilungen kann man in allen Bereichen der Hoden antreffen. Sie führen zur Vermehrung der Spermatogonien. Diese verlassen im allgemeinen in Gruppen aus 8 Zellen die Hoden (Bergh, 1886) und gelangen schließlich in die Samenblasen.

Die Hoden liegen paarweise in besonderen Coelomräumen des 10. und 11. Segments (Abb. 61 a). Man bezeichnet diese Räume als *Samenkapseln* (engl. testis sacs). Beide Samenkapseln werden nicht, wie man aus den üblichen schematischen Darstellungen einer Seitenansicht vermuten könnte, nur dorsal durch ein Septum vom übrigen, größeren Coelomraum abgegrenzt. Es handelt sich vielmehr um schlauchförmige Räume, die von einer von den Dissepimenten ausgehenden eigenen Wandung umgeben sind. Die Seitenpartien werden also nicht von der Körperwand gebildet. Die Wand der Samenkapseln besteht aus zwei Lagen Peritonealepithel, zwischen denen Bindegewebe und Muskulatur vorhanden sind. Die Samenkapseln liegen unterhalb des Darms und des Ventralgefäßes; sie umschließen aber seitlich den Bauchmarkstrang. Unmittelbar vor dem Dissepiment sieht der Querschnitt einer Samenkapsel bohnenförmig aus, wobei die konkave Partie dorsal liegt (Hesse 1894). Am vorderen Dissepiment der Segmente 10 und 11 liegen innerhalb der Samenkapseln die Hoden. Durch Öffnungen in den Dissepimenten der Segmente 10 und 11 können die Spermatogoniengruppen aus den Samenkapseln in die Samenblasen gelangen. Die Öffnungen zu den hinteren Samenblasen liegen am hinteren Dissepiment des 11. Segments. Regenwürmer der Gattung Allolobophora haben keine Samenkapseln; ihre männlichen Geschlechtsprodukte sind in den gesamten Coelomräumen der Hoden tragenden Segmente verteilt.

Die Samenblasen *Vesiculae seminales* (engl. seminal vesicles) sind Ausstülpungen der Dissepimente in den Hoden enthaltenden Segmenten (Abb. 15a und Abb. 61a). Die beiden vorderen Samenblasen entstehen aus dem Dissepiment 9/10, die mittleren aus dem Dissepiment 10/11 und die hinteren aus dem Dissepiment 11/12. Die hinteren Samenblasen können je nach Reifezustand und Schnittlage bis weit in das 13. Segment reichen. Wie die Spermatogonien in die Samenblasen gelangen, ist noch unklar. Hesse (1894) nahm an, sie seien zu amöboider Bewegung befähigt und könnten aktiv in die Samenblasen wandern. Andere Autoren vermuteten, daß die Körperbewegung des Wurms oder Kontraktionen der Samenblasenwand die Spermatogonien passiv in die Samenblasen befördern dürften. Die Samenblasenwand enthält Muskulatur (Bergh, 1886); Präparate, die mit Eisenhämatoxylin nach Heidenhain bzw. Dobell gefärbt sind (S. 156 ff.), lassen das ohne weiteres erkennen. Unbekannt ist aber immer noch, ob diese Muskulatur für Kontraktionsbewegungen ausreicht, die zu einer Verfrachtung der Spermatogonien führen könnten.

In den Samenblasen findet die Spermiogenese statt, die in Ausstrichpräparaten besser als in Schnitten untersucht werden kann (Kap. 5.2.1.). Auf den Schnitten ist zu sehen, daß die Stadien der Spermiogenese nicht in einer räumlich geordneten

Reihenfolge vorkommen, sondern ganz ungeordnet vorliegen. Die fertigen Spermatozoen dürften aktiv die Samenblasen verlassen, um zu den Samentrichtern zu gelangen.

*Die Samentrichter* liegen im hinteren Teil der Hoden enthaltenden Segmente, und zwar innerhalb der Samenkapseln (Abb. 15a und Abb. 61a). In geschlechtsreifen Tieren haben die Trichter eine beträchtliche Ausdehnung mit einer sehr stark gefalteten Mündungspartie. Sie weisen ein zweischichtiges Epithel auf. Das auf der Innenseite liegende Epithel ist bewimpert und vom Peritonealepithel abzuleiten. Zwischen beiden Schichten ist Bindegewebe vorhanden, in dem zahlreiche Blutlakunen liegen. Die reiche Blutversorgung soll nach Hesse das schnelle Wachstum der Trichter ermöglichen. Hering (1857) war dagegen der Ansicht, sie lasse auf Sekretion schließen; dafür lassen sich in der Feinstruktur keinerlei Anhaltspunkte finden.

Die paarigen *Ovarien* sitzen im 13. Segment mit ihren Basen am ventralen Teil des vorderen Dissepiments beiderseits des Bauchmarks (Abb. 15a und Abb. 61). Ebenso wie die Hoden sind auch die Ovarien von Peritonealepithel überzogen und ragen je nach Entwicklungszustand verschieden weit in das Segment hinein. Im reifen Zustand reichen sie fast bis zum hinteren Segment und damit bis in unmittelbare Nähe des Eihälters. Das Ovar des Regenwurms ist ein sehr schönes Untersuchungsobjekt, denn die einzelnen Stadien der Eibildung sind gleichzeitig vorhanden und können nebeneinander beobachtet werden, so wie sie zeitlich nacheinander entstanden sind. Die jüngsten Stadien der Eibildung findet man im basalen Teil des Ovars in der Nähe des Dissepiments, während die ältesten, reifen Stadien am distalen Ende perlschnurartig hintereinander aufgereiht sind (Abb. 61 und Abb. 62). In der Literatur findet man über die einzelnen Stadien unterschiedliche, zum Teil einander widersprechende Angaben, die eine Klärung erfordern. Hesse (1894) unterschied im Ovar des Regenwurms drei Zonen:

1. Die Zone der Keimzellen,
2. die Zone der Zellvermehrung,
3. die Zone der Eizellen.

Die Ausdehnung der einzelnen Zonen ändert sich im Laufe der Entwicklung des Ovars. Zunächst existiert nur die 1. Zone, dann entsteht apikal die 2. Zone, und schließlich erlangt die 3. Zone eine beträchtliche Ausdehnung im Ovar (Kap. 5.2.). Diese Gliederung des Ovars in drei Zonen ist ohne weiteres erkennbar. Leider ist sie von Hesse falsch gedeutet worden. Die von ihm verwendeten Bezeichnungen, die in die Literatur eingegangen sind, können daher nach neueren Ergebnissen nicht mehr beibehalten werden. Wir werden zunächst nur die neutralen Bezeichnungen 1.–3. Zone verwenden und am Schluß des Kapitels Bezeichnungen vorschlagen, die dem heutigen Kenntnisstand entsprechen.

In der *1. Zone* sind kleine Zellen vorhanden, deren Zellgrenzen im Lichtmikroskop kaum oder gar nicht zu erkennen sind. Für die Benennung dieser Zellen ist wesentlich, ob sie sich teilen oder nicht. Antonie Heumann (1931) hat in diesem Bereich keine Teilungen beobachtet. Die Autorin nimmt an, daß diese Zellen aus dem Coelomepithel in das Ovar einwandern - was noch zu beweisen wäre - und ihre Vermehrung bereits im Coelombereich abgeschlossen haben. Bei der verwandten Art Eisenia foetida haben jedoch Chapron und Relexans (1971) festgestellt, daß während der ersten zehn Tage nach dem Verlassen des Kokons in den Ovar- ebenso

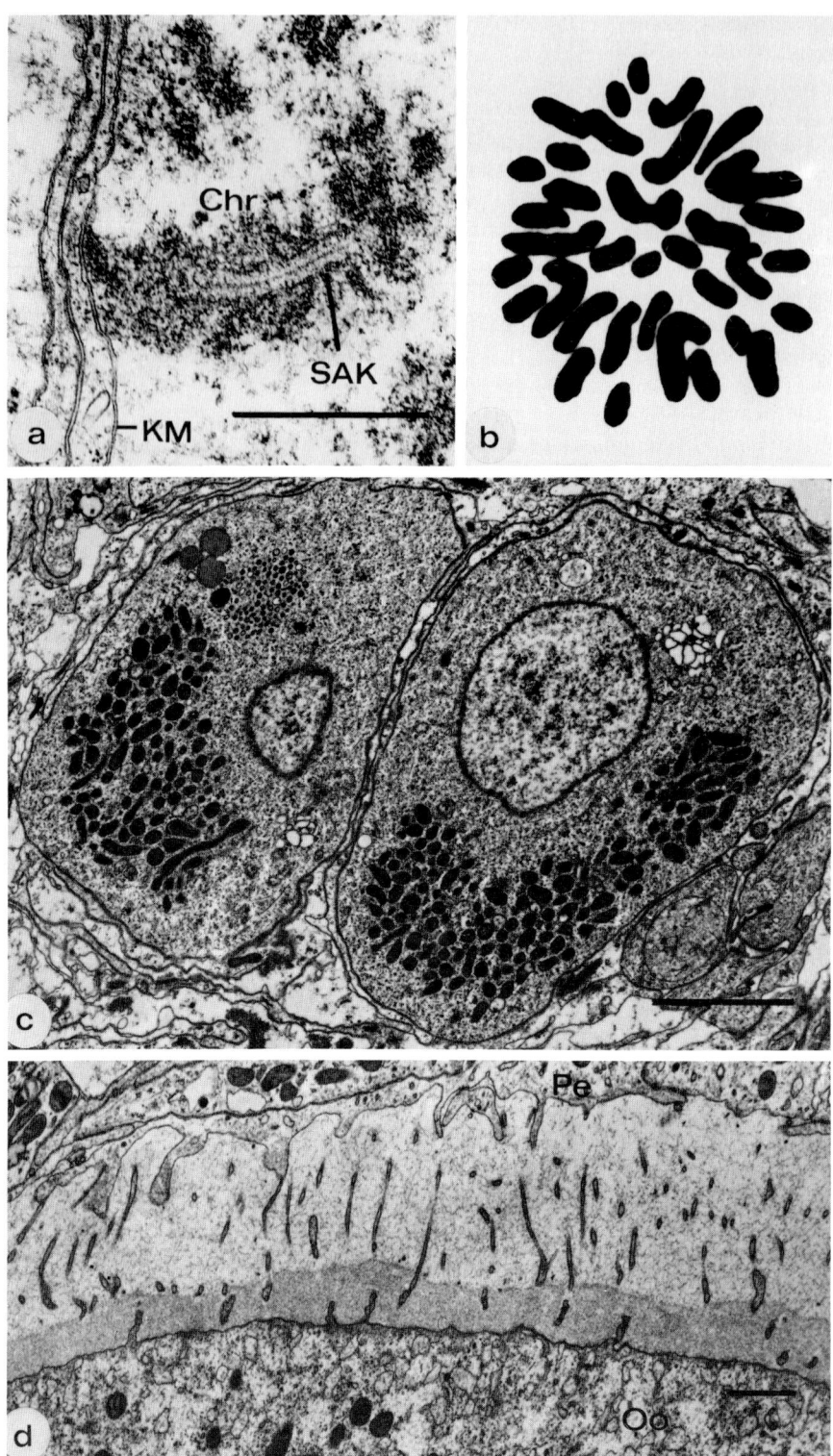

wie in den Hodenanlagen schnell aufeinanderfolgende Teilungen stattfinden. Anschließend erfolgen anscheinend keine weiteren Teilungen mehr. Entsprechendes dürfte auch für Lumbricus terrestris zutreffen, denn dieser Befund paßt sehr gut zu einer bei Wirbellosen wie Wirbeltieren beobachteten Tendenz, die Zellteilungen in den Ovaranlagen bereits auf einem frühen Entwicklungsstadium abzuschließen. Mit anderen Worten, durch intensive Teilungen werden früh in der Entwicklung mehr Eizellen gebildet als später gebraucht werden, und das betreffende Tier muß mit der vorhandenen Zahl an Eizellen lebenslang auskommen. Eine derartige frühe Vermehrungsphase der Oogonien ist bei Vögeln und Säugetieren auf einen kurzen Zeitraum während der Embryonalentwicklung beschränkt. Beim Menschen ist diese Vermehrung 3 ½ Monate nach Beginn der Embryonalentwicklung abgeschlossen und ergibt 400 000–500 000 Oogonien, die sich anschließend nicht weiter vermehren; es erfolgt lediglich noch die Teilung der Oocyten bei der Meiose. Bei vielen wirbellosen Tieren bleibt allerdings die Teilungsfähigkeit der Oogonien erhalten, um eine hohe Fortpflanzungsrate gewährleisten zu können.

Falls sich die im basalen Teil des Ovars des Regenwurms vorhandenen Zellen nicht mehr teilen, würde es sich um *Oocyten I Ordnung* handeln, die vor Beginn der Meiose ein Wartestadium aufweisen, dessen Dauer wir noch nicht kennen. Im Elektronenmikroskop erkennt man, daß die einzelnen Zellen über kurze Stiele miteinander in Verbindung stehen können. Wahrscheinlich bilden sie ebenso wie das für Eisenia foetida von Chapron und Relexans (1971) beschrieben wurde, Zellgruppen gleicher Herkunft, die über einen gemeinsamen Cytophor miteinander verbunden sind.

*Die 2. Zone* des Regenwurms fällt schon bei schwacher Vergrößerung durch die charakteristische Anordnung des Chromatins in den Kernen auf. Es handelt sich um eine unterschiedlich breite Querbande. Hesse glaubte, in dieser Zone Zellteilung neben Zellteilung gesehen zu haben. Finden Sie bei höherer Vergrößerung ebenfalls Metaphasestadien? Antonie Heumann (1931) hat in einer Nachuntersuchung die Befunde von Hesse korrigiert und festgestellt, daß es sich nicht um Metaphasestadien, sondern um die Anfangsstadien der Meiose handelt. Diese beginnen in der 2. Zone mit dem Spiralisieren der Chromosomenfäden (*Leptotän*). Schon während dieser Phase beginnt eine Ausrichtung der Chromosomenfäden durch das Zentriol. In welcher Weise diese Ausrichtung zustande kommt, ist noch nicht bekannt. Allmählich kommt so eine exzentrische Anordnung der schleifenförmigen Chromosomenfäden an der dem Zentriol zugekehrten Seite des Kerns zustande, die man als *Bukettstadium* bezeichnet. Während des folgenden *Zygotän* werden die

*Abb. 62:* Ovar

a. Das Elektronenmikroskop zeigt eindeutig, daß im mittleren Abschnitt des Ovars Synapsis-Stadien vorliegen; der synaptonemale Komplex (SAK) verbindet die homologen Chromosomen (Chr) und hat im Zygotän-Stadium Verbindung mit der Kernmembran (KM), d. h. die Aufnahme zeigt einen Teil einer Oocyte I. Ordnung im Zygotän. Vergrößerung 28 500 x

b. In Quetschpräparaten kann man die Zahl der Chromosomen im diploiden Zustand bestimmen: 2 n = 36 (Nach Muldal, 1952)

c. Heranwachsende Oocyten. Vergrößerung 21 000 x

d. In der eigentlichen, distal im Ovar liegenden Wachstumszone vergrößert sich die Oocyte auf das Zehnfache. Ihre Oberfläche wird durch die Ausbildung unregelmäßiger Mikrovilli vergrößert, die in den zunehmend erweiterten Raum zwischen Oocyte (Oo) und Peritonealepithel (Pe) ragen. Zwischen den Mikrovilli befindet sich proximal dichteres und weiter distal lockeres filamentöses Material. Das Peritonealepithel umhüllt nicht nur das Ovar, sondern umgibt auch die einzelnen Oocyten. Vergrößerung 10 300 x. Maßstab = 1 μm

Chromosomen stärker kondensiert. Dies entspricht nicht dem Spiralisieren bei der Vorbereitung der Mitose. Es werden vielmehr die Chromosomenfäden in besonderer Weise zu Schleifen angeordnet. Die homologen Chromosomen legen sich dabei parallel zueinander. Sie werden durch proteinhaltige Strukturen zusammengehalten, die man als *synaptonemalen Komplex* bezeichnet (Abb. 62a).

Die Chromosomenpaarung wird auch *Synapsis* genannt; die gepaarten, einander homologen Chromosomen heißen *Bivalente*. Während des Zygotän nehmen die synaptonemalen Komplexe Verbindungen mit der Kernhülle auf (Abb. 62 a). In der folgenden Vorbereitungsphase der Meiose kondensieren die Chromosomen noch stärker; man nennt diese Phase daher *Pachytän*. Die synaptonemalen Komplexe sind im Lichtmikroskop nicht zu sehen; sie lassen sich jedoch elektronenmikroskopisch im Ovar des Regenwurms nachweisen. Die Stadien der Chromosomenpaarung, Zygotän und Pachytän, können bei höheren Vergrößerungen in Quetschpräparaten von Ovarien (Kap. 5.2.2.) im Lichtmikroskop beobachtet werden. Diese Befunde und der elektronenmikroskopische Nachweis des synaptonemalen Komplexes zeigen eindeutig, daß in der 2. Zone des Ovars keine Teilungsstadien, sondern die Anfangsstadien der Meiose, die Stadien der Synapsis, vorliegen. An dieser Stelle soll noch darauf hingewiesen werden, daß Fuge (1981) ein etwas aufwendigeres, ursprünglich für elektronenmikroskopische Zwecke entwickeltes Spreitungsverfahren beschrieben hat, das für die lichtmikroskopische Untersuchung von meiotischen Paarungsstadien geeignet ist. Es könnte für die Untersuchung dieser Stadien beim Regenwurm ebenfalls brauchbar sein.

Im Anschluß an das Pachytän würde man die eigentliche Reifeteilung erwarten, aber diese findet zunächst noch nicht statt. Es folgt vielmehr eine *Wachstums- und Dotterbildungsphase,* die *in der 3. Zone des Ovars* abläuft (Abb. 61 und Abb. 62 d). Diese Phase beginnt damit, daß die synaptonemalen Komplexe die Verbindung mit der Kernhülle aufgeben; anschließend werden sie aufgelöst und die Chromosomenfäden in zunehmendem Maße aufgelockert. Die Eizellen wachsen in der 3. Zone erheblich, und zwar von etwa 10–15 μm Durchmesser auf annähernd das Zehnfache. Sie bilden schließlich einen mit zunehmender Reife immer länger werdenden, einreihigen, perlschnurartigen Strang, der von *Peritonealzellen* zusammengehalten wird. Das gesamte Ovar ist von Peritonealzellen überzogen. Die sehr flachen Zellen können in mehreren Schichten einander überlagern und besitzen auffallend stark ausgebildete Desmosomen. Die Peritonealzellen bilden nicht nur eine Hülle um das Ovar, sondern umgeben auch die einzelnen Oocyten. Da die Peritonealzellen sehr klein sind, kann man dies nur im Elektronenmikroskop eindeutig erkennen (Abb. 62). Im Bereich der 3. Zone des Ovars zeigt der Überzug aus Peritonealzellen besonders starke, schon im Lichtmikroskop auffallende Oberflächenvergrößerungen. Diese Peritonealzellen wurden von Beddard (1886) als Follikelepithel aufgefaßt. Er vermutete eine alimentäre Eibildung. Dieser Auffassung widersprach Hesse schon 1894. Die elektronenmikroskopische Untersuchung der Peritonealzellen hat gezeigt, daß sie wahrscheinlich keine nennenswerten Syntheseleistungen vollbringen können. Sie nehmen vermutlich Nährstoffe aus der Coelomflüssigkeit auf und leiten sie zu den Eizellen weiter. Zwischen den einzelnen heranwachsenden Eizellen und den zwischen diesen und außen am Ovar vorhandenen Peritonealzellen bildet sich ein immer größer werdender Spaltraum. Im Elektronenmikroskop erkennt man, daß in diesen Spaltraum zahlreiche, während des Eiwachstums länger werdende, schlanke Mikrovilli der Eizellen hineinragen (Abb. 62 d). Diese dürften eine Oberflächenvergrößerung zur Aufnahme von Nährstoffen darstellen, die über die Peritonealzellen aus der Coelomflüssigkeit eingeschleust werden. Lichtmikroskopisch ist eine *Dotterbildung* kaum zu sehen; auch die elektronenmikroskopische Untersuchung zeigt eine sehr dürftige Dotterbildung.

Das ablagereife Regenwurmei ist daher sehr dotterarm und auf die frühzeitige Versorgung mit Nährflüssigkeit im Kokon angewiesen. Die reifen Eier haben einen Durchmesser von 80–120 µm. Sie gelangen zunächst in den *Eihälter* (engl. ovisac) und werden darin bis zur Eiablage verwahrt. Der Eihälter ist eine Aussackung des Anfangsteils des benachbarten *Eitrichters*. Die Eier werden vermutlich durch die Wimpern des Eitrichters in den Eihälter gestrudelt. In diesem sind durch Septen aus Bindegewebe Kammern abgeteilt. Das Ganze ist, entsprechend seiner Entstehung aus dem Dissepiment, außen mit Peritonealepithel bedeckt. Während der Entwicklung entsteht zunächst der Eihälter und dann erst der Eitrichter (Bergh, 1886). Zur *Eiablage* gelangen die Eier über den Eitrichter in den kurzen *Oviduct* und schließlich nach außen.

*Der Zeitpunkt der eigentlichen Reifeteilungen* wird in der Literatur verschieden angegeben. Antonie Heumann (1931) fand Reifeteilungen bei Eiern, die sich im Eihälter befanden. Foot und Strobell (1905) haben bei Eisenia foetida ebenfalls Reifeteilungen im Eihälter gesehen, während Vejdovsky (1892) bei Lumbricus rubellus beide Reifeteilungen erst im Kokon beobachtete. Nach Antonie Heumann erscheinen die vor der 1. Reifeteilung wieder spiralisierten Chromosomen sofort in Tetradenform; d.h. während der Wachstumsphase der Eizelle dürften die Tetraden in stark aufgelockerter und daher unsichtbarer Form erhalten geblieben sein.

Zum Abschluß dieses Kapitels soll noch einmal die Frage nach der Bezeichnung der drei schon von Hesse 1894 im Ovar gefundenen Zonen erörtert werden. Das Ovar des Regenwurms enthält nach heutiger Kenntnis nur Oocyten I. Ordnung. In der 1. Zone findet man keine Zellteilungen. Diese dürften, ähnlich wie das Chapron und Relexans (1971) bei Eisenia foetida gefunden haben, schon in den ersten Tagen nach dem Schlüpfen aus dem Kokon stattgefunden und zu einer Vermehrung der Oogonien geführt haben. Wir können daher unterscheiden:

1. *Die Zone der Oocyten-Ruhestadien;* sie liegt im basalen Teil des Ovars und enthält Oocyten in der frühen meiotischen Prophase, in welcher sie eine unbekannte Zeitlang verharren.

2. *Die Zone der Synapsis-Stadien;* sie weist Leptotän-, Zygotän- und Pachytän-Stadien auf, die lichtmikroskopisch beobachtet werden können, synaptonemale Komplexe, die elektronenmikroskopisch nachweisbar sind.

3. *Die Zone des Oocyten-Wachstums* liegt im distalen Teil des Ovars. In ihr wachsen die Oocyten auf etwa das Zehnfache ihrer ursprünglichen Größe heran. Die Dotterbildung ist sehr dürftig. Die Einschaltung einer Wachstums- und Dotterbildungsphase, in der die Vorbereitungen zur 1. Reifeteilung eine Zeit ausgesetzt werden, ist keine Besonderheit des Regenwurms, sondern im Tierreich weit verbreitet.

# Anhang: Technische Hinweise

Bei einem stark kontraktilen Tier wie dem Regenwurm ist es notwendig, vor dem Fixieren eine *Erschlaffung der Muskulatur* zu erreichen. In der Literatur findet man eine Fülle von Ratschlägen, wie man das erreichen kann. Es hängt natürlich von der Aufgabe und dem dafür erforderlichen Erhaltungszustand ab, welche Methode man wählt. Für die Präparation genügt es, die Würmer einfach in 20–30%iges Äthanol zu legen; sie sind dann nach einigen Minuten erschlafft. Man kann sie auch in eine Schale mit Wasser legen und sie durch Zugabe von Chloroform oder Naphthalin betäuben.

Wir haben die besten Streckungs- und Betäubungsresultate gehabt, wenn 0,2 g Chloreton (1,1,1-Trichlor-2-methyl-2-propanol) in 100 ml einer 0,4%igen wäßrigen Natriumchloridlösung gelöst und die Würmer darin betäubt wurden. Die Wirkung des Chloretons ist reversibel! Sind die Würmer betäubt, so entfernt man den massenhaft abgegebenen Schleim mit 30–40%igem Äthanol und kann anschließend oder nach Töten der Würmer in 70%igem Äthanol mit der Präparation beginnen.

Ein sehr einfaches Verfahren, die Würmer erschlaffen zu lassen, das bei licht- und vor allem elektronenmikroskopischen Arbeiten angewendet werden kann, haben Heumann und Zebe (1967) vorgeschlagen. Man hält die Würmer zur Abkühlung etwa eine halbe Stunde bei 4° C und bringt sie dann für etwa fünf Minuten in eiskaltes Mineralwasser. Sind sie erschlafft, so können sie ins Fixierungsmittel gelegt bzw. präpariert werden.

Die Tiere sollten übrigens in keinem der genannten Betäubungsmittel länger als unbedingt notwendig liegen bleiben.

*Regenwurm-Ringerlösung:* Zur Feuchthaltung von erschlafften, nicht fixierten Tieren bei der Präparation, sowie bei physiologischen Untersuchungen ist eine physiologische Salzlösung erforderlich, die die *niedrige Osmolarität* des Blutes und der Coelomflüssigkeit des Regenwurms von *etwa 150 mOsmol* berücksichtigt.

Diese Eigenschaften hat die *Regenwurm-Ringerlösung nach Prosser und Zimmermann (1943)*. Wesentlich ist daran neben der niedrigen Osmolarität das Ca/K-Verhältnis und der gegenüber Frosch-Ringerlösung geringere Salzgehalt. Regenwurm-Ringerlösung besteht aus:

$$0,6 \text{ g } NaCl$$
$$0,012 \text{ g } KCl$$
$$0,02 \text{ g } CaCl_2$$
$$0,01 \text{ g } NaHCO_3$$

Es wird mit aqua dest. auf 100 ml aufgefüllt und der $p_H$ auf 7,4 eingestellt.

Nach Ramsay (1949) wird der osmotische Druck der Coelomflüssigkeit des Regenwurms zur Hälfte von den Chloriden und zur anderen Hälfte von organischen Substanzen bestimmt.

*Vorbereitung zum Fixieren:* Wenn Wurmstücke mit darin enthaltenem Darm für histologische Zwecke fixiert werden sollen, ist es unbedingt notwendig, vor dem Fixieren Sand und harte Nahrungspartikel durch eine *Darmreinigung* zu entfernen. Dazu bringt man die Tiere in größere Glasschalen, in die man angefeuchtetes Filterpapier gelegt hat. Die Schalen mit den Regenwürmern werden anschließend in einen dunklen und kühlen Raum gestellt. Das Filterpapier wird von den Würmern gefressen und muß täglich erneuert werden. Nach einigen Tagen ist das Bodenmaterial aus dem Darm entfernt. Da sich Filterpapier nicht gut schneiden läßt, wechselt man nun die Nahrung und gibt anstelle des Filterpapiers mehrfach gründlich ausgelaugten Kaffeesatz in die Schalen. Nach ein bis zwei Tagen können die Würmer nunmehr erschlafft und fixiert werden.

*Allgemeines zum Thema Fixieren:* Man fixiert möglichst lebendfrische Objekte. Es gibt keine Fixierungsflüssigkeit, die alle Zell- und Gewebebestandteile gleich gut erhält. Die Wahl des Fixierungsmittels richtet sich nach der Aufgabe und der Objektbeschaffenheit (Wasser-, Fettgehalt usw.). Stückgröße und Fixierungsdauer werden durch das Eindring- oder Diffusionsvermögen des Fixierungsmittels begrenzt. Bei Fixierungsmittelgemischen dringen die einzelnen Komponenten verschieden schnell in das zu fixierende Gewebe ein. Die Dauer der Fixierung ist bei kleinen Stücken mit Hohlräumen kürzer als bei großen, kompakten, schwer durchdringbaren Proben. Veränderungen, die bei der Fixierung, der nachfolgenden Entwässerung und der Paraffineinbettung zustande kommen, können beträchtlich sein. Die dabei eintretende Schrumpfung (nicht Kontraktion) kann 10–20 % betragen. Längenmessungen an derartigen Objekten sind daher sehr kritisch zu betrachten. Die Menge des Fixierungsmittels sollte im Vergleich zur Menge der zu fixierenden Probe reichlich bemessen sein; im allgemeinen sollte sie das 50–100fache der Probe betragen; eine Ausnahme bildet lediglich das teure Osmium.

*Die Fixierung mit dem alkoholischen Pikrinsäuregemisch nach Bouin-Duboscq-Brazil* hat sich bei der lichtmikroskopischen Untersuchung des Regenwurms besonders bewährt. Als Stammlösung wird eine gesättigte Lösung von Pikrinsäure in 70%igem Äthanol vorrätig gehalten. Zu 150 ml Stammlösung gibt man unmittelbar vor Gebrauch 60 ml 40 %iges Formalin und 10 ml Eisessig. Die zur Fixierung vorbereiteten Wurmstücke bzw. Organe bleiben in dieser Mischung 2–24 Stunden. Kleine Stücke brauchen kürzere Zeit, größere längere Zeit zur Fixierung. Anschließend wird das Fixierungsmittel in mehrfach gewechseltem 70 %igem Alkohol ausgewaschen bis nur noch eine blasse Gelbtönung der Proben vorhanden ist. Läßt man diesen Rest Pikrinsäure in den Stücken, so erleichtert das später die Lokalisation im Paraffin, vor allem beim Trimmen der Blöcke.

*Einbettung in Paraffin:* Eine ausführliche Darstellung findet man im Romeis (1968). Als Intermedium im Anschluß an die Entwässerung in der Alkoholreihe hat sich bei uns seit vielen Jahren n-Butanol bewährt.

Bei der *Fixierung für elektronenmikroskopische Zwecke,* sowie für die Herstellung von Semidünnschnitten (S. 160) ist zu bedenken, daß Blut und Coelomflüssigkeit des Regenwurms einen sehr niedrigen osmotischen Druck von etwa 150 mOsmol haben. Wird dies bei der Pufferkonzentration nicht berücksichtigt, so kommt es zu Deformationen und Schrumpfungen, sowie zu einer schlechten Erhaltung des endoplasmatischen Retikulums (Schürmann und Günther, 1973). Die besten Ergebnisse erhält man mit 2–5%igem Glutaraldehyd in 0,05 M Cacodylat-Puffer (Natriumcacodylat = Dimethylarsinsäure-Natriumsalz = $C_2H_6AsNaO_2 \cdot H_2O$; M = 214,3) mit dem $p_H$ von 7,3–7,5. Die Fixierungsdauer kann 1–4 Stunden betragen. Anschließend wird in Regenwurm-Ringerlösung oder Cacodylat-Puffer ausgewaschen und mit 2%igem $OsO_4$ in 0,05 M Cacodylatpuffer ein bis zwei Stunden nachfixiert; danach wird wieder mit Cacodylatpuffer das Fixierungsmittel ausgewaschen.

*Zur Färbung von Totalpräparaten* ist *Alaunkarmin* besonders empfehlenswert. Die Farblösung wird folgendermaßen hergestellt. 5 g Kalialaun (Kaliumaluminiumsulfat; $KAl(SO_4)_2 \cdot 12 H_2O$) und 2 g Karmin werden in 100 ml aqua dest. in einem Becherglas oder Erlenmeyerkolben verrührt und eine Stunde lang gekocht. Nach dem Erkalten wird die Farblösung filtriert und durch Zusatz von 1 ml Formalin (konz.) haltbar gemacht.

Man färbt je nach Größe der Stücke mit unverdünnter Farblösung 30 Minuten bis 6 Stunden. Anschließend wird die Farbe mit mehrfach gewechseltem aqua dest. abgespült und mit salzsaurem Alkohol (100 ml .70%iges Äthanol + 1 ml konz. Salzsäure) differenziert, bis vorwiegend nur noch die Kerne gefärbt sind. Nach dem Differenzieren werden die Objekte in der Alkoholreihe entwässert; die einzelnen Stufen erfordern entsprechend der Größe der Stücke je 10 Minuten bis eine Stunde. Das Ergebnis der Differenzierung erkennt man erst genauer, wenn die Objekte im nachfolgenden Xylol durchsichtig werden. Unter Umständen muß entweder nachgefärbt oder stärker differenziert und somit die ganze Prozedur wiederholt werden. Die fertigen Objekte werden mit Eukitt eingedeckt.

Für *die Färbung von Übersichtspräparaten* werden im allgemeinen Alaunhämatoxylin nach Delafield-Eosin oder Hämalaun nach Mayer-Eosin (die sogenannte H. E.-Färbung) verwendet. Vielfach bleichen aber beide Färbungen nach einigen Jahren ebenso aus wie die Färbung mit Eisenhämatoxylin nach Weigert-Eosin, die beliebt ist, weil die Hämatoxylinfärbung nur zwei Minuten dauert und keine Differenzierung erfordert. Wesentlich besser als diese drei Färbungen hat sich bei uns eine leider wenig bekannte Modifikation der Eisenhämatoxylinfärbung nach Heidenhain bewährt, die Dobell (1942) vorgeschlagen hat. Die Heidenhain-Methode ist für Schnitte, die dicker als 5 µm sind und für Übersichtsfärbungen nicht brauchbar, da sie zu viele Gewebebestandteile intensiv schwarz färbt. Bei der von Dobell vorgeschlagenen Variante ist das nicht in diesem Maße der Fall.

*Eisenhämatoxylinfärbung nach Heidenhain, modifiziert Molybdathämatoxylin nach Dobell:* Die Farblösung kann man von der Firma Chroma, Hindelanger Straße 19, 7000 Stuttgart 60, beziehen oder selbst herstellen. Man löst 10 g Hämatoxylin in 100 ml 96%igem Äthanol und fügt dann 900 ml aqua dest. hinzu. Diese Ausgangslösung muß unter Luftzutritt etwa drei Wochen reifen, d. h. der Farbstoff muß oxidieren. Die gebrauchsfertige Farblösung sollte stets einem Bläuetest unterzogen werden. Dazu wird ein Tropfen Lösung auf ein Stück Filterpapier gebracht und mit fließendem Leitungswasser behandelt. Wird der Fleck blau, so ist die Farblösung brauchbar, bleibt er braun, so ist sie zum Färben ungeeignet. Vor und nach Gebrauch muß sie filtriert werden; gebrauchte Farblösung ist noch mehrfach verwendbar.

Das Prinzip dieser Färbung stammt aus der Textilfärberei. Es werden zunächst Metallionen in das Gewebe gebracht – bei der Originalmethode nach Heidenhain sind es Eisenionen, bei der Modifikation nach Dobell Molybdationen; diese Ionen lagern sich an verschiedene Zellbestandteile an. Bei der Textilfärbung nennt man diesen Vorgang Beizen. Nach dem Auswaschen überschüssiger Ionen folgt die eigentliche Färbung, bei der Metallionen und Hämatoxylin einen sehr haltbaren Farblack bilden.

Paraffinschnitte von 7–10 µm Dicke werden folgendermaßen behandelt:

| | |
|---|---:|
| Xylol I zum Entparaffinieren der Schnitte | 15 Min. |
| Xylol II zum Entfernen von Paraffinresten | 5 Min. |
| Absteigende Alkoholreihe (100%, 96%, 80%, 70%, 50%, 30% Äthanol) je Stufe | 2–5 Min. |
| Aqua dest. | 2 Min. |
| Beizen in 2%iger wäßriger Lösung von Ammonmolybdat | 1–3 Std. |
| Abspülen mit aqua dest. | 3 x je 2 Min. |
| Färben mit Hämatoxylin nach Heidenhain; die gebrauchsfertige Lösung (s. o.) wird 1 : 1 mit aqua dest. verdünnt | 2–24 Std. |
| Abspülen mit aqua dest. | 3 x |

Differenzieren in 2%iger wäßriger Lösung von Eisenalaun (Ammoniumeisen (III)-sulfat = Ferroammoniumsulfat = $(NH_4)_2Fe(SO_4)_2 \cdot 6\,H_2O$.

Verlangsamt wird das Differenzieren in stärker verdünnter Lösung, unterbrochen wird es in aqua dest.

| | |
|---|---:|
| Hat die mikroskopische Kontrolle ergeben, daß die Differenzierung ausreicht, so folgt als nächstes Bläuen in fließendem Leitungswasser | 30 Min. |
| Aqua dest. | 2 Min. |
| Aufsteigende Alkoholreihe zum Entwässern (30%, 50%, 70%, 80%, 96% Äthanol) | je 2–5 Min. |
| Gegenfärbung in einer 1%igen Lösung von Chromotrop 2R in 96%igem Äthanol | nur kurz tauchen |
| Absoluter Alkohol | 2 x nur kurz tauchen |
| Xylol | 2 x je 10 Minuten |

Einschluß in Eukitt

Als Wartestufen können nur 70%iger Alkohol oder Xylol dienen, auf keinen Fall aqua dest.!

*Azanfärbung nach Heidenhain:* Der Name ist aus den Anfangsbuchstaben der wichtigsten Farbstoffkomponenten entstanden: *Az*ocarmin und *An*ilinblau.

Vor dem Färben müssen folgende Lösungen bereitgestellt werden:

1. Azocarminlösung:
   0,1 g Azocarmin G werden in 100 ml aqua dest. kurz gekocht. Anschließend läßt man auf Zimmertemperatur abkühlen, gibt 1 ml Eisessig hinzu und filtriert die Farblösung.
2. Alkoholische Anilinlösung:
   1 ml Anilinöl + 100 ml 90% Äthanol
3. Essigsaurer Alkohol:
   1 ml Eisessig + 100 ml 96% Äthanol
4. 5% wäßrige Phosphorwolframsäurelösung
5. Anilinblau-Orange-Gemisch:
   0,5 g wasserlösliches Anilinblau + 2 g Orange G + 8 ml Eisessig + 100 ml aqua dest. aufkochen. Nach dem Abkühlen filtrieren. Diese Stammlösung wird vor Gebrauch mit der ein- bis dreifachen Menge aqua dest. verdünnt.

Färbung:

| | |
|---|---|
| Xylol (nur zum Entparaffinieren verwenden) | 10 Min. |
| Xylol | 5 Min. |
| abs. Alkohol | 2–5 Min. |
| 96% Alkohol | 2 Min. |
| 80% Alkohol | 2 Min. |
| 70% Alkohol | 2 Min. |
| 50% Alkohol | 2 Min. |
| 30% Alkohol | 2 Min. |
| Aqua dest. | |
| Azocarminlösung bei 60° C | 60 Min. |
| Abkühlen | 10 Min. |
| Abspülen mit aqua dest. | |
| Differenzieren in alkoholischer Anilinlösung bis vorwiegend nur noch die Kerne gefärbt sind. | |
| Stoppen der Differenzierung in essigsaurem Alkohol | |
| Beizen in Phosphorwolframsäurelösung | 1–3 Std. |
| Abspülen mit aqua dest. | |
| Färben in Anilinblau-Orange-Gemisch | 1–3 Std. |
| Abspülen in aqua dest. | |
| Differenzieren in 96% Alkohol, mehrmals wechseln | |
| abs. Alkohl | 2 x 2–5 Min. |
| Xylol | 2 x 5–10 Min. |
| Eindecken in Eukitt. | |

Beim Differenzieren ist zu beachten, daß nicht ein buntes Präparat zustande kommen soll, sondern daß auch bei höheren Vergrößerungen die einzelnen Strukturen deutlich zu erkennen sind; sie dürfen nicht durch die Färbung verdeckt werden. Die Färbung ist haltbar und lichtbeständig.

*Herstellung von Glimmerpräparaten:* Sehr lehrreich sind Präparate, die zwei bis drei Einzelschnitte von der gleichen Region eines Objektes nach verschiedenen Färbungen zeigen. Außerdem kann man mit dieser Methode besonders geeignete Schnitte aus Schnittserien herausschneiden und einzeln oder als kurze Serie eindekken.

Den zur Herstellung solcher Präparate erforderlichen Glimmer kann man bei Lieferanten von Zubehör für die Elektronenmikroskopie beziehen (Balzers, Siemensstraße 11, 6200 Wiesbaden-Nordenstadt; Polaron, neuerdings BIO-RAD Laboratories, Dachauer Straße 364 + 511, 8000 München 50). Die Glimmerplättchen müssen zunächst auf das Format von Objektträgern zurechtgeschnitten werden. Damit der Glimmer dabei nicht splittert, wird er zunächst kurz in eine 5%ige Lösung aus Paraffin in Xylol getaucht und nach dem Verdunsten des Lösungsmittels mit der Schere zurechtgeschnitten. Nach dem Entfernen des Paraffins in zweimal gewechseltem Xylol können die Serienschnitte wie üblich aufgeklebt und gefärbt werden.

Um ein Verbiegen und Verkleben der Glimmerplättchen im Färbekörbchen zu verhindern, stützt man sie, indem man an ihre Rückseite jeweils einen Objektträger stellt. Nach dem Färben und nach dem Erreichen der Xylolstufe werden die einzelnen Glimmerplättchen in ein Schälchen mit Xylol gelegt. Unter dem Binokular kann man nun prüfen, welche Schnitte brauchbar sind. Anschließend werden die Glimmerplättchen kurz in Xylol getaucht, in dem Paraffin gelöst ist. Nach dem Trocknen kann man die gewünschten Schnitte mit einer Schere herausschneiden. In einem Schälchen mit Xylol werden die Glimmerplättchen wieder vom Paraffin befreit und können nach zweimaligem Wechsel des Xylols in der gewünschten Kombination und in üblicher Weise auf Objektträger mit Eukitt oder einem anderen Einschlußmittel eingedeckt werden. Besonders bewährt haben sich Präparate, auf denen nebeneinander ein mit Molybdathämatoxylin nach Dobell-Chromotrop und ein mit Azan nach Heidenhain gefärbter Schnitt angeordnet sind.

Für die *Beurteilung eines gefärbten Präparats* ist es wichtig, zu wissen, welche Zellbestandteile von den einzelnen Farbstoffen gefärbt werden.

*Tab. 1:* Anfärbung von Zell- und Gewebebestandteilen bei drei Mehrfachfärbungen für Übersichtspräparate

|  | Hämatoxylin-* Eosin ("H. E.-Färbg.") | Eisenhämatoxylin n. Heidenhain/ Dobell-Chromotrop | Azan nach Heidenhain (Azocarmin-Anilin-blau-Orange G) |
|---|---|---|---|
| Kern | blau | blauschwarz | rot |
| Plasma | blaßrot | braunrot | rötlich |
| Basallamina |  |  |  |
| (Basalmembran) | blaßrot/ ungefärbt | braunrot | blau |
| Kollagenfasern | rot | braunrot | blau |
| Muskelfasern | rot | schwarz | orangerot |

* *Hierbei kann sowohl Hämalaun nach Mayer als auch Alaunhämatoxylin nach Delafield verwendet werden. Leider bleichen beide Färbungen im allgemeinen nach einigen Jahren aus.*

*Chromalaun-Gelatine* dient an sich dazu, Filmmaterial für Autoradiographien auf Objektträgern besser haften zu lassen. Sie läßt sich aber auch sonst in der Lichtmikroskopie verwenden, wenn es darum geht, eine bessere Haftung zu erreichen als durch das übliche Eiweiß- oder Serum-Glyzerin. Man taucht die Objektträger kurz in eine Lösung aus 5 g Gelatine und 0,5 g Chromalaun ($KCr(SO_4)_2 \cdot 12H_2O$) in einem Liter aqua dest. Nach dem Tauchen stellt man die Objektträger senkrecht und läßt die überschüssige Lösung in untergelegtes Filterpapier ablaufen. Man kann sich einen Vorrat so behandelter Objektträger anlegen und staubfrei in einem Präparatekasten aufbewahren. Die Gelatinelösung ist nicht einmal im Kühlschrank längere Zeit haltbar; sie wird schnell von Mikroorganismen befallen.

*Giemsa-Färbung:* Das von Giemsa entwickelte Farbstoffgemisch enthält vier Komponenten: Methylenazur, Methylenviolett, Methylenblau und Eosin. Ein korrektes Färbeergebnis wird nur bei $p_H$ 6,8 erreicht. Man verdünnt daher die käufliche Farblösung nicht einfach mit aqua dest., sondern mit entsprechend eingestelltem Phosphatpuffer. 0,1 M Natriumphosphat-Puffer wird vor Gebrauch aus zwei Stammlösungen hergestellt:
Stammlösung A: 13,8 g $NaH_2PO_4 \cdot H_2O$ oder 15,6 g $NaH_2PO_4 \cdot 2 H_2O$ auf 1 000 ml aqua dest.

Stammlösung B: 14,2 g $Na_2HPO_4$ oder 26,8 g $Na_2HPO_4 \cdot 7 H_2O$ oder 35,8 g $Na_2HPO_4 \cdot 12 H_2O$ auf 1 000 ml aqua dest. Zum Ansetzen von 100 ml Puffer $p_H$ 6,8 mischt man 50,8 ml von A und 49,2 ml von B. Der $p_H$-Wert sollte mit einem $p_H$-Meter überprüft werden.

Gefärbt wird in verdünnter Lösung. Man mischt 10 Tropfen oder 0,3 ml käuflicher Farblösung mit 10 ml Phosphatpuffer und färbt damit 60 Minuten. Anschließend spült man die Farblösung mit Puffer ab, läßt den Ausstrich trocken werden und deckt mit Eukitt ein.

*Karmin-Essigsäure* kann man entweder gebrauchsfertig kaufen (Chroma Gesellschaft, Hindelanger Straße 19, 7000 Stuttgart 60) oder selbst herstellen. In einer Mischung aus 45 ml Eisessig und 55 ml aqua dest. wird 1 g Karmin verrührt. Diese Suspension muß ein bis zwei Stunden in einem Becherglas kochen, das man mit einem Uhrglas so abdeckt, daß das Kondenswasser von der konvexen Unterseite wieder in das Becherglas tropfen kann. Nach dem Abkühlen wird die Lösung in eine gut schließende Vorratsflasche filtriert. Sie ist lange haltbar, muß aber wie alle Farblösungen vor Gebrauch stets fixiert werden.

*Orcein-Essigsäure* stellt man folgendermaßen her: 1 g Orcein wird in 100 ml 50%iger Essigsäure gelöst, filtriert und in einer braunen Vorratsflasche aufbewahrt. Vor Gebrauch muß die Lösung ebenfalls filtriert werden. Die gebrauchsfertige Lösung kann auch von der Firma Chroma (s. o.) bezogen werden.

*Semidünnschnitte:* In der Elektronenmikroskopie verwendet man zur Orientierung Probeschnitte von 1–2 µm Dicke, die auf Objektträger geklebt, mit Methylenblau, Azur oder Toluidinblau gefärbt und im Lichtmikroskop untersucht werden. Derartige Semidünnschnitte von schonend fixiertem und in Kunststoff (Araldit, Epon, Butylmethacrylat u. a.) eingebettetem Material werden in zunehmendem Maße auch als Kursmaterial eingesetzt. Sie sind für die Untersuchung bestimmter Einzelheiten bei Metanephridien (Kap. 5.6.), Bauchmark (Kap. 6.1.5.) usw. hervorragend geeignet. Dennoch können sie in anderer Hinsicht Paraffinschnitte nicht ersetzen, die für größere Übersichtspräparate, für Serienschnitte, für die Anwendung der verschiedensten Färbemethoden, sowie für histochemische Nachweisverfahren nach wie vor unerläßlich sind. Wesentlich ist in diesem Zusammenhang, daß man rechtzeitig die Möglichkeiten und Grenzen der einzelnen Methoden kennenlernt, um sie bei späteren Arbeiten sinnvoll einsetzen zu können.

Da die Herstellung von Semidünnschnitten ein elektronenmikroskopisches Labor mit Ultramikrotom voraussetzt, soll dieses Thema hier nicht näher behandelt werden.

*Rasterelektronenmikroskopie:* Für die Untersuchung im Rasterelektronenmikroskop werden die isolierten Organe bzw. Teile des Regenwurms in 5%igem Glutaraldehyd in 0,05 M Cacodylatpuffer $p_H$ 7,3–7,5 fixiert (S. 155) und nach mehrfachem Waschen im gleichen Puffer mit entsprechend gepufferter 1%iger Osmiumlösung nachfixiert; hierfür kann gebrauchte Osmiumlösung verwendet werden. Nach erneutem Waschen in Pufferlösung wird in der Alkoholreihe entwässert. Falls Schnitte untersucht werden sollen, wird in Paraffin eingebettet; Handschnitte werden wie dicke Mikrotomschnitte in mehrfach gewechseltem Xylol von Paraffin befreit und ebenso wie nicht in Paraffin eingebettete Teile in Aceton übertragen. Derartiges Material kann dann über flüssigem Kohlendioxid nach der Kritischen Punkt-Methode getrocknet werden. Zum Aufkleben der trockenen Objekte dient Leitsilber oder Leit-C nach Göcke.

Sehr bewährt hat sich auch billiger Heißkleber (Firma Reka, Olpe; in Baumärkten und Geschäften für Bastlerbedarf vorhanden). Die als Objektträger dienenden Nieten oder Rändelschrauben werden auf einer Heizplatte erwärmt und dann mit dem Heißkleber bestrichen. Sobald die Abkühlung so weit fortgeschritten ist, daß die Objekte gut haften, aber nicht mehr zu tief in den Kleber einsinken, werden die Objektstücke angeklebt. Anschließend können die Präparate mit Gold besputtert und im Rasterelektronenmikroskop untersucht werden.

*Der Chitosantest* zum Nachweis von Chitin in den Borsten des Regenwurms wird folgendermaßen durchgeführt. Man behandelt die isolierten Borsten (Kap. 5.7.2) in einem Röhrchen mit 20%iger Kalilauge; am besten läßt man das Ganze mindestens über Nacht im Wärmeschrank bei 60° C stehen. Anschließend gießt man die Kalilauge ab, neutralisiert sorgfältig mit Eisessig oder Salzsäure und gibt die Borsten in ein Blockschälchen. Nach kurzem Waschen in aqua dest. bedeckt man die Borsten mit Jodjodkalium (Lugolscher Lösung) und säuert mit einigen Tropfen 1%iger Schwefelsäure an. Bei der Behandlung mit Kalilauge entstehen Bruchstücke der Chitinketten, die in ihrer Größe nicht näher definiert werden können; man bezeichnet sie als Chitosan. Bei der Reaktion mit Jodjodkalium wird das Chitosan gelbbraun und nach dem Ansäuern rotviolett; dieser Farbton ist charakteristisch.

*Toluidinblaufärbung:* Paraffinschnitte werden entparaffiniert in Xylol und in der Alkoholreihe abwärts bis in aqua dest. gebracht, wie bei der Eisenhämatoxylinfärbung angegeben (S. 156). Anschließend werden sie sechs Stunden mit einer 0,5%igen wäßrigen Toluidinblaulösung gefärbt und dann kurz mit aqua dest. abgespült. Bevor die Schnitte in Glycerin-Gelatine eingeschlossen werden, prüft man, wo ein Umschlag der Blaufärbung in Rotfärbung eingetreten ist. Diesen Farbumschlag bezeichnet man als Metachromasie. Die Änderung des Absorptionsspektrums eines Farbstoffs beruht wahrscheinlich auf der Polymerisierung der Farbstoffmoleküle. Sie wird in diesem Falle verursacht durch Proteoglykane (saure Mucopolysacharide), insbesondere sulfatierte, und durch Nukleinsäuren.

*Alcianblaufärbung:* Paraffinschnitte werden wie bei Eisenhämatoxylinfärbung entparaffiniert und durch die Alkoholreihe bis in aqua dest. gebracht (S. 157). Dann werden sie eine Stunde in einer wäßrigen Lösung gefärbt, die 0,2% Alcianblau und 3% Essigsäure enthält. Nach dem Färben werden sie mit aqua dest. gespült, in der aufsteigenden Alkoholreihe und Xylol entwässert und in Eukitt eingedeckt. Proteoglykane (saure Mucopolysacharide) werden blau gefärbt.

*Einfacher qualitativer Nachweis von Amylase:* Zunächst wird eine 5%ige wäßrige Lösung aus *löslicher* Stärke hergestellt. Auf Objektträger werden davon je zwei Tropfen pipettiert, von denen der eine als Probe und der andere als Kontrolle dient. Die Tropfen läßt man bei Zimmertemperatur oder im Brutschrank antrocknen. Anschließend wird als feuchte Kammer eine ausreichend große Glasschale mit feuchtem Filterpapier ausgelegt. Ein Muskelmagen wird schnell freipräpariert, halbiert, gereinigt und seine durchsichtige Kutikula abgezogen. Stücke von dieser Kutikula werden auf die mit Stärke versehenen Partien der Objektträger gelegt. Anschließend werden die Proben in der feuchten Kammer im Brutschrank bei 37° C 30–60

Minuten oder bei Zimmertemperatur einige Stunden inkubiert. Die Stärke enthaltenden Kontrollflecken werden danach mit Jodjodkaliumlösung (Lugolscher Lösung) bedeckt. Sie reagieren mit intensiver Blaufärbung. Hebt man die Kutikulastückchen ab und prüft an diesen Stellen mit Lugolscher Lösung, so erhält man keine Blaufärbung, d. h. an diesen Stellen wurde die Stärke von der aus der Kutikula ausgetretenen Amylase abgebaut. Als Kontrolle verwendet man Kutikulastückchen, die in einer kleinen Menge 0,15%iger Kochsalzlösung erhitzt wurden; durch diese Behandlung wird die Amylase inaktiviert!

*Einfacher qualitativer Nachweis von Proteasen:* An Stelle der Stärkelösung bringt man Tropfen einer 1–2%igen wäßrigen Gelatinelösung auf Objektträger, oder man verwendet die matte Schichtseite von bereits belichtetem und entwickeltem Filmmaterial. Die Gelatine des Films wird von der in der Muskelmagenkutikula vorhandenen Protease abgebaut. Man erkennt dies leicht an dem entstandenen, hellen gelatinefreien Hof unter den Kutikulastückchen.

# Literaturhinweise

Die gesamte ältere Literatur ist von Stolte in Bronns Klassen und Ordnungen des Tierreichs zitiert. Hier sollen nur zusammenfassende Darstellungen, einige lesenswerte ältere Arbeiten, sowie neuere, von Stolte noch nicht erwähnte Arbeiten aufgeführt werden. Die im Text erwähnten Autoren, deren Arbeiten in diesem Literaturverzeichnis nicht zitiert sind, findet man nach einer Methode, die bei wissenschaftlicher Arbeit immer wieder angewandt werden muß und deshalb rechtzeitig geübt werden sollte. Man findet das genaue Zitat entweder in einem umfangreichen Sammelwerk wie Bronns Klassen und Ordnungen, oder in Referatenorganen wie dem Zoological Record nach Jahrgängen geordnet, oder in neueren Arbeiten über verwandte Themen. Die allerneuesten Arbeiten sind in den Current Contents enthalten.

*Zusammenfassende Darstellungen:*

Edwards, C. A. and J. R. Lofty: Biology of earthworms. Chapman and Hall, London 1972, 2nd edition 1977
Füller, H.: Die Regenwürmer. Neue Brehm-Bücherei, Heft 140, Ziemsen, Wittenberg 1954
Laverack, M. S.: The physiology of earthworms. MacMillan, New York 1963, Pergamon Press, London 1963
Michaelsen, W.: Oligochaeta. In: Kükenthal-Krumbach: Handbuch der Zoologie, Bd. 2, Berlin und Leipzig, 1928
Mill, P. J. (Ed.): Physiology of annelids. Acadmic Press, London, New York, San Francisco 1978
Schneider, K. C.: Lehrbuch der vergleichenden Histologie. Fischer, Jena 1902
Schneider, K. C.: Histologisches Praktikum der Tiere. Fischer, Jena, 1908
Stephenson, J.: The Oligochaeta. Clarendon Press, Oxford 1930, Reprint: Cramer, Lehre 1972
Stolte, H. A.: Oligochaeta. In Bronns Klassen und Ordnungen des Tierreichs *4* (3), Akad. Verlagsges. Geest und Portig, Leipzig 1933–1963
Whitehouse, R. H. and A. J. Grove: The dissection of the earthworm. University Tutorial Press, London 1943, Reprint 1963

## Systematische Stellung

Bouché, M. B.: Commentaires: Lumbricus terrestris Linnaeus, 1758. Bull. Zool. Nom. *30*, 68, 1973

Brinck, P.: Comment on the proposed designation of a neotype of Lumbricus terrestris Linnaeus 1758. Bull. zool. Nom. *30*, 132, 1973

Brohmer, P., fortgeführt von Schaefer, M.: Fauna von Deutschland. 16. Aufl. Quelle und Meyer, Heidelberg 1984

Cernosvitov, L. and A. C. Evans: Synopsis of the British Fauna (6): Lumbricidae. Linn. Soc., London 1947

Füller, H.: Annelida. In: Stresemann, E.: Exkursionsfauna. Wirbellose I. 5. Aufl. Volk und Wissen, Berlin 1976

Gates, G. E.: Memorandum on the species name Lumbricus terrestris. Bull. zool. Nom. *30*, 34, 1973

Graff, O.: Die Regenwürmer Deutschlands. Schriftenreihe des Forschungsdienstes für die Landwirtschaft, Heft 7, Hannover 1953

Sims, R. W.: Lumbricus terrestris Linnaeus 1758 (Annelida, Oligochaeta): designation of a neotype in accordance with accustomed usage. Problems arising from the misidentification of the species by Savigny (1822 & 1862). Bull. zool. Nom. *30*, 27-33, 1973

Stresemann s. Füller

Ude, H.: Oligochaeta. In Dahl, F.: Die Tierwelt Deutschlands, Teil 15, Fischer, Jena 1929

Wilcke, D. E.: „Lumbricus terrestris Linnaeus 1758" does it mean a correct species name? Rev. Ecol. Biol. Sol. *11*, 319-324, 1974

Wilcke, D. E.: Bestimmungstabelle für einheimische Lumbriciden. Senckenbergiana *30*, 171-181, 1949

## Beschaffung und Hälterung von Regenwürmern

Meinhardt, Ursula: Vergleichende Beobachtungen zur Laboratoriumsbiologie einheimischer Regenwurmarten. Z. angew. Zool. *60*, 233-255, 1974

## Beobachtungen am lebenden Tier

Avel, M.: Recherches expérimentales sur les charactères sexuels somatiques des lombriciens. Bull. Biol. France Belg. *63*, 149-318, 1929

Bullock, T. H. and G. A. Horridge: Structure and function in the nervous systems of invertebrates. Freeman, San Francisco & London 1965

Burke, Janice M.: Wound healing in Eisenia foetida (Oligochaeta). II. A fine structural study of the role of the epidermis. Cell and Tissue Res. *154*, 61-82, 1974

Burke, Janice M: - III. A fine structural study of the role of non-epidermal tissues. Cell and Tissue Res. *154*, 83-102, 1974

Burke, Janice M. and R. Ross: A radioautographic study of collagen synthesis by earthworm epidermis. Tissue and Cell *7*, 631-650, 1975

Chapman, G.: On the movement of worms. J. exp. Biol. *27*, 29-39, 1950

Chapman, G.: The hydrostatic skeleton in the invertebrates. Biol. Rev. *33*, 338-371, 1958

Darwin, Ch.: The formation of vegetable mould through the action of worms with some observations on their habits. London 1881

Darwin, Ch.: Die Bildung der Ackererde durch die Tätigkeit der Würmer, mit Beobachtungen über deren Lebensweise. Aus dem Englischen von J. Victor Carus. März-Verlag, Berlin 1983

Drewes, C. D., Landa, K. B. and J. L. McFall: Giant nerve fibre activity in intact, freely moving earthworms. J. exp. Biol. *72*, 217-227, 1978

Evans, A. C.: A method of studying the burrowing activities of earthworms. Ann. Mag. Nat. Hist. (11) *14*, 643-650, 1947

Friedländer, B.: Beiträge zur Kenntnis des Zentralnervensystems von Lumbricus. Z. wiss. Zool. *47*, 47-84, 1888

Friedländer, B.: Beiträge zur Physiologie des Zentralnervensystems und des Bewegungsmechanismus der Regenwürmer. Pflügers Arch. ges. Physiol. *58*, 168-207, 1894

Füller, H.: Die Regenwürmer. Neue Brehm-Bücherei, Heft 140, Ziemsen, Wittenberg 1954

Gray, J. and H. W. Lissman: Studies in animal locomotion. VII. Locomotory reflexes in the earthworm. J. exp. Biol. *51*, 506–517, 1938

Gruner B. and E. Zebe: Studies on the anaerobic metabolism of earthworms. Comp. Biochem. Physiol. *60 B*, 441–445, 1978

Günther, J.: Giant motor neurons in the earthworm. Comp. Biochem. Physiol. *42 A*, 967–973, 1972

Günther, J.: Overlapping sensory fields of the giant fiber systems in the earthworm. Naturwiss. *60*, 521–522, 1973

Günther, J. und F. W. Schürmann: Zur Feinstruktur des dorsalen Riesenfasersystems im Bauchmark des Regenwurms. I. Die Somata der Riesenfasern. Z. Zellforsch. *139*, 351–368, 1973

Günther, J. und F. W. Schürmann: Zur Feinstruktur des dorsalen Riesenfasersystems im Bauchmark des Regenwurms. II. Synaptische Beziehungen der proximalen Riesenfaserkollateralen. Z. Zellforsch. *139*, 369–396, 1973

Günther, J. und J. B. Walther: Funktionelle Anatomie der dorsalen Riesenfaser-Systeme von Lumbricus terrestris L. (Annelida, Oligochaeta). Z. Morph. Tiere *70*, 253–280, 1971

Hescheler, K.: Über Regenerationsvorgänge bei Lumbriciden. Jen. Z. Naturwiss. *30*, 177–290, 1896

Hescheler, K.: Über Regenerationsprozesse bei Lumbriciden. 2. Teil: Histo- und organogenetische Untersuchungen. Jen. Z. Naturwiss. *31*, 521–604, 1898

Holst, E. v.: Untersuchungen über die Funktionen des Zentralnervensystems beim Regenwurm (L. terrestris = L. herculeus Sav.) Zool. Jb. Physiol. *51*, 547–588, 1932

Holst, E. v.: Weitere Versuche zum nervösen Mechanismus der Bewegung beim Regenwurm (L. terrestris L.) Zool. Jb. Physiol. *53*, 67–100, 1933

Jordan, H. J.: Vergleichende Physiologie wirbelloser Tiere. I. Die Ernährung. Fischer, Jena 1913

Kao, C. J. and H. Grundfest: Postsynaptic electrogenesis in septate giant axons. I. Earthworm median giant axon. J. Neurophysiol. *20*, 553–573, 1957

Mulloney, B.: Structure of the giant fibres of earthworms. Science *168*, 994, 996, 1970

Myhrberg, H. E.: Monoaminergic mechanisms in the nervous system of Lumbricus terrestris (L.). Z. Zellforsch. *81*, 311–343, 1967

Nachtigall, W.: Zoophysiologischer Grundkurs. Verlag Chemie, Weinheim 1972

Newell, G. E.: The role of the coelomic fluid in the movements of earthworms. J. exp. Biol. *27*, 110–121, 1950

Oesterle, Doris and F. G. Barth: Dorsal giant fibre septum of earthworm. Fine structural details and further evidence for gap junctions. Tissue and Cell *13*, 9–18, 1981

Ressler, R. H., Cialdini, R. B., Ghoca, M. L. and S. M. Kleist: Alarm pheromone in the earthworm Lumbricus terrestris. Science *161*, 597–599, 1968

Rosenkoetter, J. S. and R. Boice: Earthworm pheromones and T-maze performance. J. comp. physiol. Psychol. *88*, 904–910, 1975

Roots, B. J. and R. R. Phillips: Burrowing and the action of the pharynx of earthworms. Med. Biol. Illustr. *10*, 28–31, 1960

Rude, Sonia: Monoamine-containing neurons in the nerve cord and body wall of Lumbricus terrestris. J. comp. Neurol. *128*, 397–412, 1966

Seymour, M. K.: Locomotion and coelomic pressure in Lumbricus terrestris L. J. exp. Biol. *51*, 47–58, 1969

Trueman, E. R.: The locomotion of soft-bodied animals. Arnold, London 1975

Unteutsch, W.: Über den Licht- und Schattenreflex des Regenwurmes. Zool. Jb. Abt. Physiol. *58*, 69–112, 1937


*Äußere Merkmale*

Delkeskamp, E.: Über den Eisenstoffwechsel bei Lumbricus terrestris L. Z. vergl. Physiol. *48*, 332–340, 1964

Delkeskamp, E.: Über den Porphyrinstoffwechsel bei Lumbricus terrestris. Z. vergl. Physiol. *48*, 400–412, 1964

Laverack, M. S.: The identity of the porphyrine pigments of the integument of earthworms. Comp. Biochem. Physiol. *1*, 259–266, 1960

Schmidt, W. J.: Zur Morphologie des Porphyrins in dem Hautmuskelschlauch von Lumbricus terrestris. Z. Morph. Ökol. Tiere *28*, 178–183, 1934

*Präparation*

Anderson, W. A., Weismann, A. and R. A. Ellis: Cytodifferentiation during spermiogenesis in Lumbricus terrestris. J. Cell Biol. *32*, 11–26, 1967

Arthur, D. R.: The post-pharyngeal gut of the earthworm Lumbricus terrestris L. Proc. Zool. Soc. Lond. *141*, 663–674, 1963

Benham, W. B.: The nephridium of Lumbricus and its blood supply, with remarks on the nephridia of other Chaetopoda. Quart. J. microsc. Sci. *32*, 293–334, 1891

Ben-Shaul, Y.: Electron microscopy of earthworm erythrocruorin. J. Mol. Biol. *87*, 101, 1974

Bugnion, E. et U. Popoff: La spermatogenèse du lombric terrestre (L. agricola). Arch. Zool. exp. gén. *3*, 339–389, 1905

Cerfontaine, P.: Recherches sur le système cutané et sur le systeme musculaire du lombric terrestre. Arch. Biol. *10*, 327–428, 1890

Chateaureynaud-Duprat, Pierette et F. Izoard: Etude comparée des mécanismes de défense de l'organisme dans deux genres de lombriciens: Elsenia et Lumbricus. Ann. biol. *17*, 455–473, 1978

Coggeshall. R. E.: A fine structural analysis of the epidermis of the earthworm Lumbricus terrestris L. J. Cell Biol. *28*, 95–108, 1966

Cox, F. E. G.: Parasites of British earthworms. J. Biol. Educ. *2*, 151–164, 1968

David, M. M. and E. Daniel: Subunit structure of earthworm erythrocruorin. J. Mol. Biol. *87*, 89–101, 1974

Dorsett, D. A.: Organization of the nerve cord. In: P. J. Mill (Ed.): Physiology of annelids. Academic Press, London, New York, San Franciso 1978

Feldkamp, J.: Untersuchungen über die Geschlechtsmerkmale und die Begattung der Regenwürmer. Zool. Jb. Anat. *46*, 609–632, 1924

Fuchs, K.: Die Topographie des Blutgefäßsystems der Chaetopoden. Jen. Z. Naturwiss. *42*, 375–484, 1907

Gatenby, J. B. and A. J. Dalton: Spermatogenesis in Lumbricus herculeus. An electron microscope study. J. biophys. biochem. Cytol. *6*, 45–52, 1959

Gegenbaur, C.: Über die sogenannten Respirationsorgane des Regenwurms. Z. wiss. Zool. *4*, 221–232, 1853

Graszynski, K.: Die Feinstruktur des Nephridialkanals von Lumbricus terrestris L. Eine elektronenmikroskopische Untersuchung. Zool. Beitr. *8*, 189–296, 1963

Hartwich, G.: Rhabditida und Ascaridida. In: Dahl: Die Tierwelt Deutschlands, 62. Teil. Fischer, Jena 1975

Henley, C.: Ultrastructure of the spermatozoon of the earthworm as revealed by negative staining. J. Morph. *140*, 197–213, 1973

Henry, Laura M.: The nervous system and the segmentation of the head in the Annulata. Microentomology *12*, 65–110, 1947

Heran, H.: Ein Beitrag zur Verdauungsphysiologie von Lumbricus terrestris L. Z. vergl. Physiol. *39*, 44–62, 1956

Hering, E.: Zur Anatomie und Physiologie der Generationsorgane des Regenwurms. Z. wiss. Zool. *8*, 400–424, 1857

Hess, W. N.: Nervous system of the earthworm Lumbricus terrestris L. J. Morph. *40*, 235–259, 1925

Hesse, R.: Zur vergleichenden Anatomie der Oligochaeten. Z. wiss. Zool. *58*, 394–439, 1894

Heumann, Antonie: Vergleichend-histologische Untersuchungen über Geschlechtsorgane und Clitellum der Regenwürmer. Z. wiss. Zool. *138*, 515–554, 1931

Humphreys, Susie and K. S. Porter: Collagenous and other organizations in mature annelid cuticle and epidermis. J. Morphol. *149*, 33–52, 1976

Johnston, J. B.: On the blood vessels, their valves and the course of the blood in Lumbricus. Biol. Bull. *5*, 74–84, 1903

165

Knop, J.: Bakterien und Bakteroiden bei Oligochaeten. Z. Morph. Ökol. Tiere 6, 588–624, 1926

Kümmel, G.: Der gegenwärtige Stand der Forschung zur Funktionsmorphologie exkretorischer Systeme. Versuch einer vergleichenden Darstellung. Verh. Dtsch. Zool. Ges. 1977, 154–174, Fischer, Stuttgart 1977

Langdon, Fanny E.: The sense organs of Lumbricus agricola Hoffm. J. Morph. 11, 193–234, 1895

Lanzavecchia, G. and C. L. L. Donin: Morphogenetic effects of microtubules. 2. Spermiogenesis in Lumbricus terrestris. J. submicrosc. Cytol. 4, 247–260, 1972

Levin, N. L.: Life history studies on Porrocaecum ensicaudatum, an avian nematode, J. Parasitol. 43, 47–48, 1957.

Levin, N. L.: Life history studies on Porrocaecum ensicaudatum (Nematoda), an avian nematode. I. Experimental observations in the chicken. J. Parasitol. 47, 38–46, 1961

Liebmann, E.: The coelomocytes of Lumbricidae. J. Morph. 71, 221–249, 1942

Mackinnon, Doris and R. S. J. Hawes: An introduction to the study of Protozoa. Clarendon Press, Oxford 1961

Menzi, J. J.: Das Stomodaeum der Lumbriciden. Rev. Suisse Zool. 27, 405–476, 1919

Miles, H. B.: The mode of transmission of acephaline gregarine parasites of earthworms. J. Protozool. 9, 303, 1962

Omodeo, P.: Cariologia dei Lumbricidae. Caryologia 4, 173–275, 1952

Osche, G.: Über Entwicklung, Zwischenwirt und Bau von Porrocaecum talpae, Porrocaecum ensicaudatum und Habronema mansioni (Nematoda). Z. Parasitenk. 17, 144–164, 1955

Peters, R.: Geschlechtsformen von Gregarinen – eine Seltenheit? Gregarinen aus den Samenblasen des Regenwurms. Mikrokosmos 54, 161–166, 1965

Peters, R.: Fadenwürmer aus dem Boden. Mikrokosmos 61, 17–23, 1972

Peters, W.: Possible sites of ultrafiltration in Tubifex tubifex Müller (Annelida, Oligochaeta). Cell. Tiss. Res. 179, 367–375, 1977

Ramsay, J. A.: The site of formation of hypotonic urine in the nephridium of Lumbricus terrestris. J. exp. Biol. 26, 65–75, 1949

Rieger, R. M. and G. E. Rieger: Fine structure of the archiannelid cuticle and remarks on the evolution of the cuticle within the Spiralia. Acta zool. 57, 53–68, 1976

Schmidt, W. J.: Zum physikalischen Verhalten der Cuticula von Lumbricus terrestris. Z. Naturforschg. 20 b, 356–9, 1965

Stang-Voss, Christiane: Zur Ultrastruktur der Blutzellen wirbelloser Tiere. IV. Die Hämocyten von Eisenia foetida L. (Sav.) (Annelida). Z. Zellforsch. 117, 451–462, 1971

Troyer, D. and M. L. Cameron: Spermiogenesis in lumbricid earthworms revisited. I. Function and fate of centrioles, fusion of organelles and organelle movement. Biol. cell. 37, 279–286, 1980

Tu, T. J.: Über die Bällchen in der Leibeshöhle der Regenwürmer. Zool. Jb., Abt. Anat. 63, 73–124, 1937

Ude, H.: Über die Rückenporen der terrikolen Oligochäten nebst Beiträgen zur Histologie des Leibesschlauches und zur Systematik der Lumbriciden. Z. wiss. Zool. 43, 87–143, 1885

Völk, J.: Die Nematoden der Regenwürmer und aasbesuchenden Käfer. Zool. Jb., Abt. Syst. 79, 1–70, 1950

Walsh, M. P.: Spermatogenesis of Lumbricus terrestris L. Trans. Amer. microsc. Soc. 73, 59–65, 1954

Wilson, E. B.: Embryology of the earthworm. J. Morph. 3, 387–462, 1889

Zerbst-Boroffka, Irene and J. Haupt: Morphology and function of the metanephridia in annelids. Fortschr. Zool. 23, 31–47, 1975

*Histologie*

Alumets, J., Häkanson, R., Sundler, F. and J. Thorell: Neuronal localization of immunoreactive enkephalin and β-endorphin in the earthworm. Nature 279, 805, 1975

André, F., Barbe, L. et S. Rivière: Mécanisme neuroendocrines du dépôt des cocons chez Eisenia foetida. Bull. Soc. zool. Fr. 96, 399–403, 1971

Bergh, R. S.: Untersuchungen über den Bau und die Entwicklung der Geschlechtsorgane der Regenwürmer. Z. wiss. Zool. 44, 303–332, 1886

Berridge, M. J. and J. L. Oschman: Transporting epithelia. Academic Press, New York und London 1972

Burke, Janice M. and R. Ross: A radioautographic study of collagen synthesis by earthworm epidermis. Tissue and Cell 7, 631–650, 1975

Chapron, C. et J.-C. Relexans: Connexions intercellulaires et évolution nucléaire au cours de la préméiose ovocytaire. Étude ultrastructurale chez le lombricien Eisenia foetida. C. R. Acad. Sc. Paris 272, D, 3307–3310, 1971

Coggeshall, R. E.: A fine structural analysis of the ventral nerve cord and associated sheath of Lumbricus terrestris L. J. comp. Neurol. 125, 393–438, 1965

Coggeshall, R. E.: A fine structural analysis of the epidermis of the earthworm Lumbricus terrestris L. J. Cell. Biol. 28, 95–108, 1966

Delkeskamp, E.: Über den Eisenstoffwechsel bei Lumbricus terrestris L. Z. vergl. Physiol. 48, 332–340, 1964

Delkeskamp, E.: Über den Porphyrinstoffwechsel bei Lumbricus terrestris. Z. vergl. Physiol. 48, 400–412, 1964

Dotterweich, H. und H. Franke: Die Ausscheidung von Calciumkarbonat, Strontiumkarbonat und Calciumphosphat in den Kalkdrüsen von Lumbricus terrestris L. Z. vergl. Physiol. 23, 42–50, 1936

Friedmann, M. M. and L. Weiss: The fine structure of blood follicles in the earthworm genera Amynthas and Lumbricus (Annelida: Oligochaeta). J. Morph. 161, 123–144, 1979

Fuge, H.: Darstellung meiotischer Paarungsstrukturen durch Kernspreitung. Biologie in unserer Zeit 11, 28–31, 1981

Grove, A. J.: On the reproductive processes of the earthworm Lumbricus terrestris. Quart. J. micr. Sci. 69, 245–290, 1925

Grove, A. J. and L. F. Cowley: On the reproductive processes of the brandling worm, Eisenia foetida (Sav.) Quart. J. micr. Sci. 70, 559–581, 1926

Günther, J.: Der cytologische Aufbau der dorsalen Riesenfasern von Lumbricus terrestris L. Z. wiss. Zool. 183, 51–70, 1971

Günther, J.: Mikroanatomie des Bauchmarks von Lumbricus terrestris L. (Annelida, Oligochaeta). Z. Morph. Tiere 70, 141–182, 1971

Günther, J.: A new type of "node" in the myelin sheath of an invertebrate nerve fibre. Experientia 29, 1763–5, 1973

Günther, J.: Neuronal syncytia in the giant fibres of earthworms. J. Neurocytol. 4, 55–62, 1975

Günther, J. und F. W. Schürmann: Zur Feinstruktur des dorsalen Riesenfasersystems im Bauchmark des Regenwurms. I. Die Somata der Riesenfasern. Z. Zellforsch. 139, 351–368, 1973

Günther, J. und F. W. Schürmann: Zur Feinstruktur des dorsalen Riesenfasersystems im Bauchmark des Regenwurms. II. Synaptische Beziehungen der proximalen Riesenfaserkollateralen. Z. Zellforsch. 139, 369–396, 1973

Günther, J. und J. B. Walther: Funktionelle Anatomie der dorsalen Riesenfaser-Systeme von Lumbricus terrestris L. (Annelida, Oligochaeta). Z. Morph. Tiere 70, 253–280, 1971

Haase, E.: Zur Histophysiologie des Regenwurmdarmes. Verh. Dtsch. Zool. Ges. 1969, Zool. Anz. Suppl. 33, 535–539, 1970

Hama, K.: Some observations on the fine structure of the giant nerve fibres of the earthworm Eisenia foetida. J. biophys. biochem. Cytol. 6, 61–66, 1959

Hama, K.: Fine structure of some blood vessels of the earthworm Eisenia foetida. J. biophys. biochem. Cytol. 7, 717–724, 1960

Hanson, Jean: The structure of the smooth muscle fibres in the body wall of the earthworm. J. biophys. biochem. Cytol. 3, 111–122, 1957

Harrington, N. R.: The calciferous glands of the earthworm. J. Morph. Suppl. 15, 105–168, 1889

Hering, E.: Zur Anatomie und Physiologie der Generationsorgane des Regenwurms. Z. wiss. Zool. 8, 400–424, 1857

Hesse, R.: Zur vergleichenden Anatomie der Oligochaeten. Z. wiss. Zool. 58, 394–439, 1894

Hesse, R.: Untersuchungen über die Organe der Lichtempfindlichkeit bei niederen Tieren. I. Die Organe der Lichtempfindung bei den Lumbriciden. Z. wiss. Zool. 61, 393–419, 1896

Heumann, Antonie: Vergleichend-histologische Untersuchungen über Geschlechtsorgane und Clitellum der Regenwürmer. Z. wiss. Zool. *138*, 515–554, 1931

Heumann, H. G. und E. Zebe: Über Feinbau und Funktionsweise der Fasern aus dem Hautmuskelschlauch des Regenwurms, Lumbricus terrestris L. Z. Zellforsch. *78*, 131–150, 1967

Hoffmann, R. W.: Beiträge zur Entwicklungsgeschichte der Oligochaeten. Z. wiss. Zool. *66*, 335–357, 1899

Jeuniaux, Ch.: Chitine et chitinolyse. Masson, Paris 1963

Knapp, M. F. and P. J. Mill: The fine structure of ciliated sensory cells in the epidermis of the earthworm Lumbricus terrestris L. Tissue and Cell *3*, 623–636, 1971

Langdon, Fanny, E.: The sense organs of Lumbricus agricola Hoffm. J. Morph. *11*, 193–234, 1895

Laverack, M. S.: The identity of the porphyrine pigments of the integument of earthworms. Comp. Biochem. Physiol. *1*, 259–266, 1960

Lindner, E.: Ferritin und Hämoglobin im Chloragog von Lumbriciden (Oligochaeta). Z. Zellforsch. *66*, 891–913, 1965

Menzi, J. J.: Das Stomodaeum der Lumbriciden. Rev. Suisse Zool. *27*, 405–476, 1919

Mill, P. J. (Ed.): Physiology of annelids. 683 S. Academic Press, London, New York, San Francisco 1978

Mill, P. J. und M. F. Knapp: The fine structure of obliquely striated body wall muscles in the earthworm, Lumbricus terrestris Linn. J. Cell Sci. *7*, 233–261, 1970

Muldal, S.: The chromosomes of the earthworms. I. The evolution of polyploidy. Heredity *6*, 55–76, 1952

Myhrberg, H. E. (L.): Monoaminergic mechanisms in the nervous system of Lumbricus terrestris Z. Zellforsch. *81*, 311–343, 1967

Myhrberg, H. E.: Ultrastructural localization of monoamines in the central nervous system of Lumbricus terrestris L. with remarks on neurosecretory vesicles. Z. Zellforsch. *126*, 348–362, 1972

Myhrberg, H. E.: Ultrastructural localization of monoamines in the epidermis of Lumbricus terrestris L. Z. Zellforsch. *117*, 139–154, 1971

Nakahara, H. and G. Bevelander: An electron microscope and autoradiographic study of the calciferous glands of the earthworm, Lumbricus terrestris. Calc. Tiss. Res. *4*, 193–201, 1970

Nappi, A. J.: Parasite encapsulation in insects. In: K. Maramorosch and R. E. Shope (Ed.) Invertebrate Immunity. Academic Press, New York, San Francisco, London 1975

Oesterle, D. und F. G. Barth: Zur Feinstruktur einer elektrischen Synapse. Die Septen der dorsalen Riesenfasern von Regenwürmern (Lumbricus terrestris, Eisenia foetida). Z. Zellforsch. *136*, 139–152, 1973

Owen, G.: Digestion in: Physiology of Mollusca (K. M. Wilbur and C. M. Yonge, Ed.) Vol. II, 53–96. Academic Press, New York, London 1966

Peters, W.: Zur Frage des Vorkommens und der Definition peritrophischer Membranen. Verh. Dtsch. Zool. Ges. Göttingen 1966. Zool. Anz. Suppl. *30*, 142–152, 1967

Peters, W.: Vorkommen, Zusammensetzung und Feinstruktur peritrophischer Membranen im Tierreich. Z. Morph. Ökol. Tiere *62*, 9–57, 1968

Retzius, G.: Das Nervensystem der Lumbriciden. Biol. Untersuch. N. F. *3*, 1–16, 1892

Richards, K. S.: The histochemistry of the large granular, orthochromatic, mucous cells of some lumbricids (Annelida: Oligochaeta). Ann. Histochim. *18*, 289–300, 1973

Richards, K. S.: The ultrastructure of the cuticle of some British lumbricids (Annelida). J. Zool. (Lond.) *172*, 303–316, 1974

Richards, K. S.: The ultrastructure of the orthochromatic mucous cells of some British lumbricids (Annelida). J. Zool. (Lond.) *174*, 575–590, 1974

Richards, K. S.: The histochemistry of the metachromatic mucous cells of some lumbricids (Annelida: Oligochaeta). Ann. Histochim. *19*, 187–197, 1974

Richards, K. S.: The histochemistry of the small granular proteinaceous cells (albumen cells) of the epidermis of some lumbricids (Annelida: Oligochaeta). Ann. Histochim. *19*, 239–251, 1974

Richards, K. S.: The histochemistry of the cuticle of some lumbricids (Annelida: Oligochaeta). Ann. Histochim. *20*, 133–143, 1975

Richards, K. S.: The ultrastructure of the metachromatic mucous cells of some British lumbricids (Annelida). J. Zool. (Lond.) *177*, 233–246, 1975

Richards, K. S.: The ultrastructure of the small granular proteinaceous epidermal cells of some British lumbricids (Annelida) and a reassessment of the identity of the so-called albumen cells. J. Zool. (Lond.) *177*, 517–527, 1975

Robertson, J.: The function of the calciferous glands of earthworms. J. exp. Biol. *13*, 279–297, 1936

Röhlich, P., Aros, B. and Sz. Virágh: Fine structure of photoreceptor cells in the earthworm, Lumbricus terrestris. Z. Zellforsch. *104*, 345–357, 1970

Scharrer, E. and St. Brown: Neurosecretion XII. The formation of neurosecretory granules in the earthworm Lumbricus terrestris L. Z. Zellforsch. *54*, 530–540, 1961

Schmidt, W. J.: Zur Morphologie des Porphyrins in dem Hautmuskelschlauch von Lumbricus terrestris. Z. Morph. Ökol. Tiere *28*, 178–183, 1934

Schürmann, F. W. und J. Günther: Zur Feinstruktur des dorsalen Riesenfasersystems im Bauchmark des Regenwurms. I. Die Somata der Riesenfasern. Z. Zellforsch. *139*, 351–368, 1973

Shay, J. W.: Ultrastructural observations on the acrosome of Lumbricus terrestris. J. Ultrastruct. Res. *41*, 572–578, 1972

Tu, F. J.: Über die Bällchen in der Leibeshöhle der Regenwürmer. Zool. Jb., Abt. Anat. *63*, 73–124, 1937

Urich, K.: Über die Funktion des Regenwurmchloragogs, insbesondere über Fettresorption und Fettspeicherung bei Lumbricus terrestris L. Z. vergl. Physiol. *41*, 342–363, 1958

Urich, K.: Über den Stoffbestand der Chloragosomen von Lumbricus terrestris L. Zool. Beitr. N. F. *5*, 281–289, 1960

Vierhaus, H.: Über peritrophische Membranen und andere chitinhaltige Strukturen bei Anneliden, unter besonderer Berücksichtigung von Lumbricus terrestris L. Dissertation Universität Düsseldorf 1971

Voigt, O.: Die Funktion der Regenwurmkalkdrüsen. Zool. Jb., Abt. Physiol. *52*, 677–708, 1933

*Anhang: Technische Hinweise*

Adam, H., und G. Czihak: Arbeitsmethoden der makroskopischen und mikroskopischen Anatomie. Fischer, Stuttgart 1964

Arnold, M.: Histochemie. Springer, Berlin, Heidelberg, New York 1968

Barka, T., and P. J. Anderson: Histochemistry. Harper and Row, New York 1963

Dobell, C.: Some methods for studying intestinal amoebae and other Protozoa. Parasitology *34*, 101–112, 1942

Heumann, H. G. und E. Zebe: Zur Lokalisation des Myosins in den Muskelfasern aus dem Hautmuskelschlauch des Regenwurms. Z. Naturforsch. *21b*, 62–65, 1966

Humason, G. L.: Animal tissue techniques. 4. Aufl. Freemann, San Francisco 1979

Lojda, Z., R. Gossrau, T. H. Schiebler: Enzymhistochemische Methoden, Springer, Berlin, Heidelberg, New York 1976

Prosser, C. L. and G. L. Zimmermann: Effects of drugs on the heart of Arenicola and Lumbricus. Physiol. Zool. *16*, 77–83, 1943

Ramsay, J. A.: The site of formation of hypotonic urine in the nephridium of Lumbricus terrestris. J. exp. Biol. *26*, 65–75, 1949

Rauen, H. M.: Biochemisches Taschenbuch. 2. Aufl., Springer, Berlin, Göttingen, Heidelberg, New York 1964

Romeis, B.: Mikroskopische Technik, 16. Aufl., Oldenbourg, München 1968

Ruthmann, A.: Methoden der Zellforschung. Franckhsche Verlagshandlung, Stuttgart 1966

Schürmann, F. W. und J. Günther: Zur Feinstruktur des dorsalen Riesenfasersystems im Bauchmark des Regenwurms. I. Die Somata der Riesenfasern. Z. Zellforsch. *139*, 351–368, 1973

Spannhof, L.: Einführung in die Praxis der Histochemie. 2. Aufl., VEB Fischer, Jena 1967

# Sachregister

# Namenregister

# 1906  1986

## 80 Jahre Quelle & Meyer Verlag

**Weitere Titel aus dem Programmbereich Biologie**

**Brohmer, P.:**
**Fauna von Deutschland**

16., neu gestaltete und erweiterte Auflage von Matthias Schaefer.

Dieses handliche Bestimmungsbuch ermöglicht es dem Benutzer, die vielfältigen Formen der heimischen Tierwelt so einfach und soweit wie möglich eindeutig zu bestimmen.

X/583 Seiten, 1195 Abbildungen im Text und auf 9 Tafeln, DM 48,–
ISBN 3-494-00043-3

**Mühlenberg, M.:**
**Freilandökologie**

Eine praktische Anleitung zu quantitativem ökologischem Arbeiten an Beispielen aus dem zoologischen Bereich. Die statistische Auswertung der Versuche wird ausführlich beschrieben. Hinweise zur Geländekartierung, Anleitungen zum Bau von Meß- und Fanggeräten (v. a. für Insekten) und eine umfangreiche Literaturliste machen dieses Buch zu einem wertvollen Helfer bei der Vorbereitung und Durchführung von ökologischen Freilandpraktika.

214 Seiten, zahlreiche Abbildungen und Tabellen, DM 14,80
(UTB 595) ISBN 3-494-02062-0

**Topp, W.:**
**Biologie der Bodenorganismen**

Dieses Buch vermittelt einen Einblick in das Leben der Bodenorganismen und erklärt die Möglichkeiten ihrer Anpassung an die Umwelt, ihre Entwicklung, ihren Einfluß auf den Boden und ihre gegenseitige Beeinflussung.

224 Seiten, 83 Abbildungen, 8 Tabellen, DM 23,80 (UTB 1101)
ISBN 3-494-02129-5

# Quelle & Meyer Verlag Heidelberg · Wiesbaden

# 1906 1986
# 80 Jahre Quelle & Meyer Verlag

**Krommenhoek, W./Sebus, J./van Esch, G. J.:**
**Biologie in Bildern**

Dieser Bildband informiert über den Bau von Zellen, Geweben und Organen an ausgewählten Beispielen von Pflanze, Tier und Mensch. Gleichzeitig werden moderne Untersuchungstechniken vorgestellt. Durch die hervorragenden Aufnahmen, über die Hälfte davon in Farbe, wird die Beschäftigung mit dem zellulären Aufbau wichtiger Organismen zum ästhetischen Erlebnis.

142 Seiten mit 154 vierfarbigen Fotos und 109 Schwarzweißaufnahmen, DM 39,– ISBN 3-494-01005-6

**Follmann, H.:**
**Chemie und Biochemie der Evolution**

Vor Milliarden von Jahren entstanden auf einer noch unwirtlichen Erde aus einfachen chemischen Verbindungen sich selbst vermehrende Molekülverbände und schließlich Zellen, aus denen sich alle heute lebenden Organismen entwickelten. Dieses Buch zeigt reale Möglichkeiten für den chemisch-biochemischen Ablauf des Geschehens auf.

283 Seiten, zahlreiche Abbildungen, DM 25,80 (UTB 1098) ISBN 3-494-02130-5

**Vogel, K.:**
**Lebensweise und Umwelt fossiler Tiere**
Eine Einführung in die Ökologie der Vorzeit

Fossilien werden in diesem Buch nicht als tote Reste längst gestorbener Organismen gesehen, sondern als Lebewesen, die funktionsfähig konstruiert gewesen sein müssen, die sich mit den Anforderungen ihrer Umwelt auseinandergesetzt haben müssen und die Rückschlüsse auf die Verhältnisse zu den Zeiten und in den Regionen, in denen sie lebten, ermöglichen.

171 Seiten, 79 Abbildungen, DM 29,80 ISBN 3-494-01127-3

Preisänderungen vorbehalten

## Quelle & Meyer Verlag Heidelberg · Wiesbaden